W0084170

Eine Arbeitsgemeinschaft der Verlage

Böhlau Verlag · Wien · Köln · Weimar
Verlag Barbara Budrich · Opladen · Toronto
facultas.wuv · Wien
Wilhelm Fink · München
A. Francke Verlag · Tübingen und Basel
Haupt Verlag · Bern
Verlag Julius Klinkhardt · Bad Heilbrunn
Mohr Siebeck · Tübingen
Nomos Verlagsgesellschaft · Baden-Baden
Ernst Reinhardt Verlag · München · Basel
Ferdinand Schöningh · Paderborn · München · Wien · Zürich
Eugen Ulmer Verlag · Stuttgart
UVK Verlagsgesellschaft · Konstanz, mit UVK / Lucius · München
Vandenhoeck & Ruprecht · Göttingen · Bristol
vdf Hochschulverlag AG an der ETH Zürich

Grundzüge der Politikwissenschaft

Begründet von Mir A. Ferdowsi

Bisher erschienen:

Christian Schwaabe: *Politische Theorie 1.*
Von Platon bis Locke UTB 2931

Christian Schwaabe: *Politische Theorie 2.*
Von Rousseau bis Rawls UTB 2932

Maren Becker/Stefanie John/Stefan A. Schirm:
Globalisierung und Global Governance UTB 2965

Petra Stykow: *Vergleich politischer Systeme*, UTB 2933

Petra Stykow / Christopher Daase / Janet MacKenzie / Nikola
Moosauer: *Politikwissenschaftliche Arbeitstechniken*, UTB 3137

Julian Nida-Rümelin: *Politische Philosophie der Gegenwart,*
UTB 3242

Lars C. Colschen: *Deutsche Außenpolitik*, UTB 3195

Werner Weidenfeld: *Die Europäische Union*, UTB 3347

Werner Weidenfeld

Die Europäische Union

unter Mitarbeit von Edmund Ratka

3., aktualisierte Auflage

Wilhelm Fink

Der Herausgeber:
Mir A. Ferdowsi, Dr. phil. habil., war apl. Professor für Politikwissenschaft und Akademischer Direktor am Geschwister-Scholl-Institut für Politikwissenschaft der Ludwig-Maximilians-Universität München. Er starb 2009.

Der Autor:
Prof. Dr. Dr. h. c. Werner Weidenfeld ist Direktor des Centrums für angewandte Politikforschung an der Ludwig-Maximilians-Universität München. Er ist Herausgeber mehrerer Standardwerke zur europäischen Integration.

Online-Angebote oder elektronische Ausgaben sind erhältlich unter **www.utb-shop.de**

Bibliografische Information der Deutschen Nationalbibliothek

Die Deutsche Nationalbibliothek verzeichnet diese Publikation in der Deutschen Nationalbibliografie; detaillierte bibliografische Daten sind im Internet über http://dnb.d-nb.de abrufbar.

3., aktualisierte Auflage 2013

© 2010 Wilhelm Fink, München
(Wilhelm Fink GmbH & Co. Verlags-KG, Jühenplatz 1, D-33098 Paderborn)

Internet: www.fink.de

Printed in Germany.
Herstellung: Ferdinand Schöningh, Paderborn
Einbandgestaltung: Atelier Reichert, Stuttgart

UTB-Band-Nr: 3347
ISBN 978-3-8252-3986-2

Inhaltsverzeichnis

Verzeichnis der Infokästen, Tabellen und Abbildungen

Vorwort

Europa kommt nicht zur Ruhe. Die Krisen, denen sich der Kontinent seit einigen Jahren mit zunehmender Schärfe ausgesetzt sieht, haben die Europäische Union erneut auf den Prüfstand gestellt. Die Notwendigkeit, sich mit dem einzigartigen Phänomen der Europäischen Integration auseinanderzusetzen, hat dies aber keineswegs geschmälert – im Gegenteil. Die Innenpolitiken der europäischen Staaten können heute genauso wie die internationalen Beziehungen ohne Berücksichtigung der EU nicht wirklich verstanden werden. Die Europäische Union bleibt ein politischer Machtfaktor, der zunehmend in die Alltagswirklichkeit der Menschen eingreift. Es ist Aufgabe der Politikwissenschaft diesen Machtfaktor, seine Funktionsmechanismen, seine Entscheidungsprozesse, seine Konflikte und Strategien sowie den dies allem zu Grunde liegenden Integrationsprozess erklären und einordnen zu können.

Ich verbinde mit diesem Lehrbuch den Wunsch, zu einer qualifizierten Ausbildung der Studierenden in einem Bereich beizutragen, der nicht nur für die Politikwissenschaft, sondern auch für die praktische berufliche Zukunft vieler Absolventen unseres Fachs von wachsender Bedeutung ist. Außerdem soll diese Einführung die Grundlagen schaffen und die Neugier wecken, sich im Laufe des Studiums vertieft mit der europäischen Einigung und der Europäischen Union auseinanderzusetzen.

Vor diesem Hintergrund freue ich mich, dass dieses Lehrbuch so breiten Anklang findet und nun bereits in einer dritten, aktualisierten Auflage erscheint. Nach einer Einführung, welche die strukturelle Krisenlage skizziert, in der sich die Europäische Integration heute befindet, folgen die drei Großteile des Buches.

Im ersten Teil werden die konzeptionellen und historischen Grundlagen der Integration aufgearbeitet, die für eine tiefergehende Analyse des Integrationsprozesses unverzichtbar sind. Das „deutsch-französische Tandem" beispielsweise oder die Frage nach „differenzierter Integration" sind Grundmuster aus der Geschichte der Europäischen Union, die im gegenwärtigen alltäglichen Krisenmanagement der EU und in der Diskussion um ihre Entwicklungsperspektiven sehr präsent sind.

Der zweite Teil führt in die institutionelle Architektur der Europäischen Union ein. Neben den „klassischen" Organen und Entscheidungsprozessen, wie sie der Vertrag von Lissabon vorsieht, werden auch weitere Akteure wie die verschiedenen Interessenvertretungen in Brüssel behandelt.

Der dritte Teil des Lehrbuchs zeigt anhand zweier bedeutender Handlungsfelder – Wirtschafts- und Währungsunion sowie Außenpolitik – die Politik der EU in der Praxis auf. Im Kapitel zur Wirtschafts- und Währungsunion wird auch die Reaktion der Europäischen Union auf die Krisen dargestellt, die den Kontinent seit 2008 erschüttern. Im Bereich der Außenbeziehungen der EU wurden die hochfliegenden Erwartungen, die mancher mit den Neuerungen des Vertrages von Lissabon verband, zunächst gedämpft. Zwar hat sich der Europäische Auswärtige Dienst mit etwas Verzögerung nun als neues Instrument etabliert. Zugleich haben sich im Zuge der Libyen-Intervention im Frühjahr 2011 aber erneut die fortbestehenden Unterschiede in den sicherheitspolitischen Kulturen der Mitgliedstaaten gezeigt. Europa – und damit die Europapolitik – steht also vor großen Herausforderungen, die im Schlusskapitel des Buches zusammenfassend reflektiert werden.

Für ein systematisches Verständnis der Europäischen Integration und der EU ist es zwar ratsam, der Konzeption des Buches zu folgen, doch kann das Lehrbuch auch als Nachschlagewerk genutzt werden. Hier helfen Querverweise, die größeren Zusammenhänge nicht aus den Augen zu verlieren. Wichtige Kernbegriffe und anschauliche Beispiele des Einigungsprozesses werden in Infokästen knapp und präzise erklärt. Am Ende jedes Kapitel befinden sich Hinweise auf weiterführende Lektüre.

Für viele Anregungen und Diskussionen über europapolitische Fragestellungen danke ich den Mitarbeitern am Centrum für angewandte Politikforschung in München. Mein besonderer Dank gilt dabei Edmund Ratka für seine Mitwirkung an diesem Lehrbuch. Angela Werner und Michael Wallner sei für redaktionelle Assistenz und Nadine Albert vom Wilhelm Fink Verlag für die konstruktive Begleitung der Publikation ebenfalls herzlich gedankt.

Prof. Dr. Dr. h.c. Werner Weidenfeld

Einführung: Europa in der Krise

Das Krisen-Europa bewegt sich in einem merkwürdigen Konglomerat an Stimmungen. Da gibt es die Angst um die eigene Währung, aber auch die Sorge um die Zukunft des Kontinents. Überschriften wie „Europa am Abgrund" verweisen praktisch täglich auf die höchst ungewöhnliche Dramatik der Lage. Dagegen gestellt werden politisch beruhigende Hinweise auf das Krisenmanagement der politisch Verantwortlichen. Vom Europäischen Stabilitätsmechanismus (ESM) bis zum Fiskalpakt wird zumindest Zeitgewinn angezeigt. Diese Irritation spiegelt sich auch unter den Bürgern Europas wider. Einerseits wächst Distanz und Misstrauen gegenüber dem bürokratisch organisierten „Brüssel-Europa". Andererseits herrscht die Meinung vor, der einzelne Staat allein sei überfordert. Mehr als zwei Drittel geben in Umfragen an, man könne das alles, die komplizierte Lage, sowieso nicht verstehen.

Im Blick auf die höchst komplexe und höchst spannungsreiche atmosphärische Lage sind zwei völlig gegensätzliche politische Reaktionen in Europa zu registrieren:

– Historisch kann man an vielen Ereignissen der Europapolitik die Suche nach einfachen Antworten bei komplizierten Lagen festmachen. Die Unüberschaubarkeit verlockt zur Rhetorik der simplen Lösung. Entsprechend haben in fast allen Mitgliedstaaten der Europäischen Union die populistischen Angebote hohe Konjunktur. Und diese Konjunktur lässt sich auch in Wahlerfolge umsetzen. Man blicke nur nach Ungarn, in die Niederlande, nach Frankreich. Die Liste ließe sich beliebig fortsetzen. In Deutschland blieb ein populistischer Groß-Erfolg bisher aus. Aber erste wahlstrategische Versuche, Anschluss an europapolitischen Populismus zu finden, laufen an.
– Viele verantwortliche Entscheidungsträger reagieren auf das aktuelle Paket an Herausforderungen mit einem völlig anderen, zunächst auch einfach klingenden Ausruf: „Mehr Europa!" Manch einem Bürokraten mag dabei das Herz höher schlagen. Grundsätzlich wirkt diese merkwürdige Vereinfachung auf den schlichten Ausruf „Mehr Europa" geradezu provozierend. Aber lässt sich in diesem vereinfachenden Ausruf wirklich eine Lösung für die krisenhaften Schwierigkeiten Europas finden? Die Lage ist doch viel

komplizierter. Man muss sich zunächst einmal Klarheit über die
Problemlage verschaffen.

Europa heute ist nicht mehr mit Lösungsangeboten von vor 20 oder
30 Jahren zu befriedigen. Früher hätte man auf die Frage, wofür
Europa denn zuständig ist, neben dem feierlichen Hinweis auf die
normativen Grundlagen locker auf Agrarpolitik und Außenzoll hingewiesen. Aber seitdem hat ein immenser Machttransfer stattgefunden. Thema für Thema ist auf die europäische Ebene abgewandert
oder von dort einvernommen worden. Europa ist nicht mehr bloß ein
Ornament des Politischen, sondern das Schlüsselstück politischer
Machtarchitektur geworden. Es gibt nur noch sehr wenige Aus-
schnitte der Politik, die nicht in europäischer Hand sind: Die Finanzierung der sozialen Sicherungssysteme und weite Teile der Kultur-
politik und des Steuerrechts. Vieles andere dagegen ist europäisiert.
Und es kommt nicht von ungefähr, wenn im intellektuellen Leben der
Begriff „Monster Europa" (Hans Magnus Enzensberger) eine hohe
Konjunktur aufweist. Diese „Vermonsterisierung" Europas hat einen
zusätzlichen, markanten Macht-Schub durch das finanzpolitische
Krisenmanagement im Zuge der dramatischen Verschuldungs- und
Währungskrise Europas erhalten.

Diese Krisen hätten vermieden werden können. Alle sachlichen
Details dazu lagen bereits bei den Vorverhandlungen zum Vertrag von
Maastricht, also vor rund 20 Jahren, auf dem Tisch. Man wusste: Eine
gemeinsame Währung kann auf Dauer nur stabil bleiben, wenn es
einen starken, handlungsfähigen politischen Rahmen gibt. Währungsunion und Politische Union sind zwei Seiten einer Medaille. In
Maastricht fehlten Kraft und Zeit, diese Erkenntnis politisch direkt
zu realisieren. Man nahm sich dazu neue Verträge vor. Aber angesichts ökonomischer Schönwetterzeiten wurde der notwendige Re-
formkern nicht realisiert. Als die Griechenlandkrise begann, wurde
das Erkenntnisdefizit vielfältig klar: Die Europäische Union verfügte
nicht über eigene Daten. Sie erhielt auch keine frühzeitigen Informationen aus den Mitgliedsstaaten zu deren nationalen Budgetvorhaben.
Nun, unter ökonomischem und politischem Druck, wurde dies korri-
giert. Ein ergänzender Fiskalpakt wurde möglich: eine verschärfte
Schuldengrenze und Schuldenbremse; ein Sanktionsmechanismus
mit effektiveren Abläufen unter Einbeziehung des Europäischen Gerichtshofs. Erst unter massivem Druck negativer Realitäten konnte
der überfällige Lernprozess realisiert und politisch umgesetzt werden. Krisen haben in der Geschichte der Europäischen Integration

immer wieder heilsame Wirkung erzielt – so auch dieses Mal. Langfristig jedoch müssen die erforderlichen Schritte über diesen Status quo der Reform hinausgehen.

Die gegenwärtige Europapolitik bedeutet einen Machttransfer, in dem drei Grundprobleme unübersehbar sind:

1. Die Führungsfrage ist ungeklärt. Wer übernimmt dafür die Verantwortung? Das Europäische Parlament kritisiert die „Gipfelitis" der Regierungen. Alle Entscheidungen werden auf Gipfeltreffen verlagert, die sich den herkömmlichen Kontrollmechanismen entziehen. Im Vertraulichkeitsrahmen hinter verschlossenen Türen werden Kernfragen Europas entschieden – und den Europäern bleibt nur auf die nächste Pressekonferenz zu warten, auf der die Ergebnisse verkündet werden. Subtilere Beobachter können zusätzlich die Spannungsfelder zwischen dem (ständigen) Präsidenten des Europäischen Rates, dem (rotierenden) Präsidenten des Rates der EU (Ministerrat), dem Präsidenten der EU-Kommission, dem Vorsitzenden der Euro-Gruppe, den Sprechern des Europäischen Parlaments, den Staats- und Regierungschefs der Mitgliedsstaaten und je nach Fall noch zusätzlich dem Präsidenten der Europäischen Zentralbank und der Hohen Vertreterin für Außen- und Sicherheitspolitik beobachten. Das ist eine lange Liste von Verantwortlichen. Aber wer hat für welche europäische Aufgabe wirklich die Führungsverantwortung? Diese Frage bleibt in der Praxis ungeklärt.

2. Mit ungeklärter Führungsverantwortung ist eine zweite Problemkategorie eng verwoben: die Notwendigkeit, Transparenz zu schaffen. Die Europäische Union gehört zweifellos zu den höchst intransparenten Phänomenen, mit denen das politische Leben bisher umzugehen hatte. Das gilt unter anderem für die vertraglichen Grundlagen. Der Lissabon-Vertrag ist ein kompliziertes juristisches Konvolut geworden. Es gibt etliche Beispiele, z. B. im Umfeld der Fiskalpaktverhandlungen, bei denen nicht einmal die Regierungen der EU-Mitgliedstaaten den Lissabon-Vertrag verstanden hatten. Und wie soll nun ein schlichter europäischer Bürger mit solchen Sachverhalten umgehen? Intransparenz veranlasst Distanzierung. Deshalb findet man in der Literatur immer wieder Kritik und Warnung hinsichtlich der „Entmündigung Europas".

3. Alles dies wird grundiert von der elementaren Problemkategorie aller politischen Systeme: die Frage nach der Legitimation. Unübersehbar sind die Distanzierungsbewegungen der Bürger gegenüber der Administration Europas. Sie fühlen sich in diesem „Mon-

ster der Macht" nicht angemessen orientiert. Sie fühlen sich nicht
beheimatet. Sie verstehen die Entscheidungsprozesse nicht. Europa hat dramatisch an Macht gewonnen – aber nicht an Zustimmung der Bürger. Der Euro-Rahmen hat über viele hunderte
Milliarden Euro zu entscheiden – aber Hintergründe, Anlässe,
Interessen, Ziele, werden von den Europäern nicht verstanden.
Wer ist auf diese Weise denn zu solch weitreichenden und tiefgreifenden Entscheidungen überhaupt legitimiert? Ein großes Fragezeichen taucht auf ohne ebenso große und klare Antworten.
Natürlich ist das Europäische Parlament in den letzten 20 Jahren
Gewinner im Ringen um mehr Kompetenzen. Aber dennoch sehen
die Bürger dadurch die Legitimationsfrage nicht als beantwortet
an. Zu weit weg, zu abstrakt, zu wenig greifbar – so erscheint das
Europäische Parlament. Europawahlen degenerieren thematisch
zu nationalen Stellvertreterwahlen. Das Bundesverfassungsgericht erinnert in jedem Urteil zu Europa-Themen besorgt an die
Legitimationsfrage. Es hat als einen Antwortversuch den Deutschen Bundestag in eine relevantere Position gerückt. Andere
Verantwortungsträger appellieren dazu, den Präsidenten der EU-Kommission künftig doch direkt wählen zu lassen. Aber gelöst ist
das Legitimationsproblem mit diesen verschiedenen Versuchen in
der Wahrnehmung der Bürger nicht.

Wenn man vor diesem Hintergrund nun den Ruf „Mehr Europa" hört,
muss man irritiert sein – genauso wäre man ja auch irritiert, wenn
solch komplizierte Sachverhalte auf die Kontroverse „Mehr Europa"
oder „Weniger Europa" zugespitzt würde. Die Antwort muss ganz
anders angegangen werden:

In allen Aufgaben, bei denen ein einzelner Staat in Innen-, Außen-
und Sicherheitspolitik überfordert ist, muss Europa auch wirklich
handlungsfähig sein. Ein intransparentes, kaum legitimiertes Europa
mit ungeklärten Führungsstrukturen ist dies nicht. Das Defizit an
Handlungsfähigkeit, dort wo wir Europa wirklich und definitiv brauchen, ist ein Defekt, den es zu überwinden gilt.

Noch dringlicher aber erscheint es, das Legitimationsproblem zu
lösen. Der Bürger muss Europa als „sein Europa" erfahren können.
Er muss es verstehen können. Er muss partizipieren können. Er muss
positiv in Europa beheimatet sein.

Mehrere Schritte können dabei hilfreich sein:
– Zur institutionellen Fortentwicklung hat der Europäische Rat eine
hochrangige Reformkommission eingesetzt, bestehend aus Präsi-

dent des Europäischen Rates, Präsident der Europäischen Kommission, Präsident der Europäischen Zentralbank, Vorsitzendem des Euro-Rates. Eine ähnlich hochrangige Kommission sollte zum Thema „Dezentralisierung, Entbürokratisierung und Rückabwicklung von Kompetenzen" eingesetzt werden. In der Eigendynamik des Machttransfers auf europäischer Ebene hat man den Überblick verloren. Der klare Blick auf angemessene Zuordnung von Kompetenzen sollte wiederhergestellt werden.

– Ebenso wichtig aber ist das Konzept, ein Europa nah am Bürger zu schaffen. Europa im Detail verständlich machen, Europa als Ort der Partizipation zu kreieren – das wäre die Lösung. Europäische Partizipation kann sich nicht erschöpfen in Wahlen zum Europäischen Parlament und künftig vielleicht noch die Direktwahl eines europäischen Präsidenten. Nein, auch die thematischen Details, die strategischen Antworten, die elementaren Problemlösungen müssen in einer Partizipationskultur erarbeitet werden. Diese Zukunftsaufgabe rechtfertigt jeden Aufwand an Phantasie, Kreativität und methodischer Rationalität.

Europas Politik muss mit dem Konzept eines Europas der Bürger das Erklärungsdefizit eliminieren. Es ist viel Zeit und Kraft auf die Erläuterung zu richten. Wer die Deutungshoheit gewinnt, der gewinnt auch die Zukunft.

TEIL 1:

KONZEPTIONELLE UND HISTORISCHE GRUNDLAGEN

Im ersten Teil des Lehrbuchs soll ein systematisches Verständnis für die Antriebskräfte und Grundmuster des Europäischen Einigungsprozesses geschaffen werden. Dazu unternimmt Kapitel 1 eine Querschnittsanalyse zentraler Fragen der Integration. Daraufhin werden unterschiedliche Erklärungsansätze vorgestellt und bewertet, die versuchen, das Phänomen der europäischen Einigung theoretisch zu fassen (Kapitel 2). Der historische Überblick in Kapitel 3 bereitet schließlich die notwendigen Daten und Fakten der Integrationsgeschichte auf. Zudem ermöglicht er, die analytischen und theoretischen Erkenntnisse aus den vorhergehenden Kapiteln an der politischen Praxis anzuwenden und zu prüfen.

1. Grundfragen der europäischen Einigung

1.1 Motive und Leitbilder der Integration

Grundlegende Motive im Einigungsprozess

Als die europäische Integration nach dem 2. Weltkrieg begann, Gestalt anzunehmen, war sie kein hehrer Selbstzweck, sondern in erster Linie Ausdruck interessengeleiteter Politik (siehe zu den normativen und historischen Hintergründen der Integration auch Kapitel 1.5). Wenn die Interessen und Zielvorstellungen der Akteure der europäischen Einigung auch immer wieder divergierten, so zeichneten sich am Beginn des Integrationsprozesses fünf gemeinsame Motive ab. Diese lassen sich allerdings nur dann verstehen, wenn man sich die Lage in Europa nach dem Zweiten Weltkrieg in Erinnerung ruft: Eine geschichtliche Sondersituation, gekennzeichnet durch den Niedergang der europäischen Staaten und ihre unmittelbar danach entstandene Frontstellung zur Sowjetunion.

- Der Wunsch nach einem neuen Selbstverständnis: Nach den nationalistischen Verirrungen sollte Europa die Möglichkeit neuer Gemeinschaftserfahrung bieten. Ein demokratisch verfasstes Europa als Alternative zur abgelehnten nationalistischen Herrschaft.
- Der Wunsch nach Sicherheit und Frieden: Die einzelnen Nationalstaaten hatten den Zweiten Weltkrieg nicht zu verhindern vermocht, und man hoffte, dass ein geeintes Europa hierbei erfolgrei-

cher sein und zugleich Schutz vor der Gefahr einer kommunistischen Expansion gewähren würde. Europa sollte eine Friedensgemeinschaft sein.

- Der Wunsch nach Freiheit und Mobilität: Über etliche Jahre hinweg hatten die Menschen unter kriegsbedingten nationalen Beschränkungen des Personen-, Güter- und Kapitalverkehrs gelitten. Insofern war es nur allzu verständlich, dass man sich nun die ungehinderte, freie Bewegung von Personen, Meinungen, Informationen und Waren wünschte.

- Die Hoffnung auf wirtschaftlichen Wohlstand: Das vereinigte Europa sollte die Menschen in eine Ära großer wirtschaftlicher Stabilität und Prosperität führen. Ein gemeinsamer Markt sollte den Handel intensivieren und effizientes ökonomisches Verhalten möglich machen.

- Die Erwartung gemeinsamer Macht: Die europäischen Staaten hatten nach dem Zweiten Weltkrieg ihre international dominierende Rolle endgültig eingebüßt. Die neuen Weltmächte USA und UdSSR zeigten Maßstäbe für neue internationale Machtgrößen, die weit über die Einheiten der vergleichsweise kleinen europäischen Nationalstaaten hinausgewachsen waren. Die westeuropäischen Staaten hofften, durch die politische Einigung vieles von der Macht gemeinsam zurückerlangen zu können, die sie einzeln verloren hatten.

Übersetzt man diese Gründungsmotive in die Gegenwart, erweisen sich deren Leitgedanken als weiterhin gültig: Immer noch steht die europäische Integration für die Überwindung des Nationalismus, immer noch ist die EU Garant für den Frieden unter ihren Mitgliedern. Wie wichtig es ist, dass die EU diese Friedensfunktion auf den ganzen Kontinent ausdehnt, haben die Konflikte auf dem Balkan und im Kaukasus gezeigt. Auch die ökonomischen Beweggründe haben bis heute Bestand: In Zeiten von Globalisierung und einer interdependenten, arbeitsteiligen Wirtschaft tragen der Binnenmarkt und die Wirtschafts- und Währungsunion mehr denn je zum Wohlstand der Mitgliedstaaten bei. Nicht zuletzt bleibt die politische Integration die Voraussetzung für die internationale Handlungsfähigkeit der europäischen Staaten. Europa befindet sich heute nicht mehr zwischen zwei Supermächten, begegnet in der Weltpolitik aber neuen aufsteigenden Machtzentren. Für diese Machtzentren wäre ein isolierter europäischer Nationalstaat kaum ein ernsthafter Verhandlungspartner – erst recht nicht ein gleichberechtigter Akteur in der internationalen Kooperation. Zu beachten ist außerdem, dass sich viele gegenwärtige und künftige Probleme der internationalen Politik, angefangen von Klimaschutz bis zur Terrorismusbekämpfung, nicht mehr von einem einzigen Staat lösen lassen. Die europäische Integration kann deshalb auch als Versuch verstanden werden, Problemstruktur und Entscheidungsstruktur der internationalen Politik in Übereinstimmung zu bringen.

Infokasten 1: Der Begriff der Integration

Das Wort „*Integration*" – vom lateinischen *integer* bzw. dem griechischen *entagros* (unversehrt, unberührt, ganz) abgeleitet – lässt sich mit „Herstellung eines Ganzen" übersetzen. Im wissenschaftlichen und politischen Diskurs über die europäische Integration wird der Begriff uneindeutig und unterschiedlich verwendet. Oft ist damit ein bestimmtes theoretisches Vorverständnis oder politisches Programm verbunden. Während für manche Autoren mit dem Begriff der Integration immer auch Souveränitätsabgaben an eine supranationale Ebene gemeint sind, lassen andere offen, ob die Form der Integration supranational oder intergouvernemental sein soll (siehe Infokasten 2). Zu dieser zweiten Kategorie gehört die Definition von Integration, mit der in diesem Lehrbuch gearbeitet wird: Integration ist die friedliche und freiwillige Annäherung bzw. Zusammenführung von Gesellschaften, Staaten und Volkswirtschaften über bislang bestehende Grenzen hinweg.

Leitbilder und Modelle der Integration

Leitbilder und Modelle sind Zielaussagen bzw. Zustandsbeschreibungen, welche die Vollendung oder Teilschritte des Integrationsprozesses metaphorisch abbilden. Sie erleichtern nicht nur den konzeptionellen Zugriff auf die Analyse der europäischen Integration, sondern spielen auch in der politischen Praxis eine wichtige Rolle: Sie bündeln die Erwartungen der Akteure an die Integrationsentwicklung und vermitteln auf diese Weise Orientierung. Konkrete politische Auseinandersetzungen in der Europäischen Union lassen sich oft auf widerstreitende Leitbilder der Akteure zurückführen. Die beiden klassischen und gegensätzlichen Leitbilder für die Finalität der Integration sind der „Staatenbund" und der „Bundesstaat". Beim Leitbild des Staatenbundes handelt es sich um eine internationale Organisation althergebrachten Musters: Die Staaten arbeiten zur Lösung gemeinsamer Probleme in unterschiedlichen Verfahren zusammen, behalten aber ihre volle Souveränität. Die Regierungen der Mitgliedstaaten geben das Letztentscheidungsrecht nicht aus der Hand, Beschlüsse werden einstimmig getroffen. Beim Leitbild eines Bundesstaates hingegen ist die Souveränität zwischen Gesamtstaat und Gliedstaaten geteilt. Die europäische Ebene erhält alleinige Zuständigkeiten. Europäisches Recht steht über dem Recht der Mitgliedstaaten, die sich Mehrheitsentscheidungen fügen müssen. Zwischen diesen beiden konzeptionellen Polen pendelt die europäische Integration. Um es noch anschaulicher zu machen, kann man diese Erfahrung personalisieren: Die Idee Europas pendelt zwischen Jean Monnet und Charles de Gaulle. Monnet, Ideengeber für den Schuman-Plan und erster Präsident der Hohen Behörde der EGKS, war Befürworter einer neuen supranationalen Einheit. Der französische Staatspräsident de Gaulle war Verfechter eines intergouvernementalen Europas der Staaten. Die Europäische Union, wie sie uns heute begegnet, ist zwischen diesen beiden Polen einzuordnen. Das Bundesverfassungsgericht hat die EU deshalb schon 1993 treffend mit der Wortschöpfung „Staatenverbund" belegt.

Infokasten 2: Das Begriffspaar „supranational – intergouvernemental"

Mit den Kategorien „supranational" und „intergouvernemental" können die Organisationsform und die institutionelle Architektur internationaler Zusammenschlüsse und Organisationen beschrieben werden. Als entscheidendes Kriterium für Supranationalität gilt die Möglichkeit einer Organisation, verbindliche Beschlüsse auch gegen den Willen ihrer Mitgliedstaaten zu fassen. Die Mitgliedstaaten geben dazu Entscheidungskompetenzen ab und beugen sich der Rechtsetzung der höheren, *supra*nationalen Ebene. In intergouvernementalen Organisationen hingegen liegt die Entscheidungskompetenz allein bei den Regierungen der Mitgliedstaaten. Beschlüsse werden zwischen den Regierungen – also *inter*gouvernemental – ausgehandelt und einstimmig gefällt.

Ein näherer Blick auf die Integrationsgeschichte zeigt, dass die beiden klassischen Leitbilder Staatenbund und Bundesstaat weiter zu differenzieren sind, um die unterschiedlichen Strategien und Vorstellungen zur europäischen Einigung präziser zu fassen:

- Das „Kommunikationsmodell": Nach dem Zweiten Weltkrieg mündeten die von fast allen politischen Lagern getragenen Initiativen in den am 5. Mai 1949 gegründeten Europarat, mit dem man ein Forum des Gedankenaustauschs, eine Tribüne europäischer Meinungen schuf. In diesem Sinne kann der Europarat als „Kommunikationsmodell" bezeichnet werden.

- Das „funktionalistische Modell": Auf Initiative Jean Monnets und Robert Schumans kam es am 18.4.1951 zur Unterzeichnung des Vertrages über die Europäische Gemeinschaft für Kohle und Stahl (EGKS). Genauso wie die Gründung der Europäischen Wirtschaftsgemeinschaft und der Europäischen Atomgemeinschaft in den Römischen Verträgen von 1957 ist dies als „funktionalistisches Modell" zu deuten: In bestimmten wirtschaftlichen Bereich wird integriert, ohne gleichzeitig eine umfassende politische Einigung herbeizuführen.

- Das „konstitutionelle Modell": Nach dem Erfolg der EGKS scheiterten in der ersten Hälfte der 50er Jahre zwei Versuche, diese Teilintegration zu ergänzen – nämlich die Europäische Verteidigungsgemeinschaft (EVG) und die Europäische Politische Gemeinschaft (EPG). Dieser zusammenhängende Organisationsversuch einer umfassenden politischen Gemeinschaftsbildung ist als „konstitutionelles Modell" einzuordnen. Auch die späteren, aber letztlich stets gescheiterten Verfassungsentwürfe – wie der Vorschlag des Europäischen Konvents im Jahre 2003 – folgen diesem Modell.

- Das „intergouvernementale Konzert": Nachdem die Römischen Verträge in Kraft getreten waren, erfolgte der erneute Versuch, einen allgemeinen politischen Rahmen zu schaffen. Die in diesem Zusammenhang erarbeiteten Fouchet-Pläne sahen ein Verfahren der lockeren Abstimmung und Koordinierung der EG-Mitgliedstaaten vor, das eher herkömmlichen internationalen Prozeduren entsprach. Die Schaffung der „Europäischen Politischen Zusammenarbeit" (EPZ) 1970, in deren Rahmen die EG-Mitgliedstaaten ihre Außenpolitik koordinierten, lässt sich genauso diesem Modell zuordnen wie die Einsetzung des Europäischen Rates 1974.

- Das „regionale Kerneuropa": Der deutsch-französische Freundschaftsvertrag des Jahres 1963 wurde von Adenauer und de Gaulle in der Absicht vollzogen, eine weitreichende politische Zusammenarbeit zu schaffen, der sich auf Dauer die übrigen EG-Mitgliedstaaten nicht würden entziehen können. Der Freundschaftsvertrag sollte also auch ein Umweg zur politischen Gemeinschaftsbildung Europas sein. Hier schlug sich das Konzept eines „regionalen Kerneuropas" nieder.

- Das Modell des „pragmatischen Minimalismus": Als Reaktion auf drängenden Reformdruck und konkrete Probleme verständigten sich die Mitgliedstaaten immer wieder auch auf pragmatische Einzelmaßnahmen. Statt der Umsetzung eines Masterplans wurden nur kleinere Korrekturen vorgenommen. Die institutionellen Reformen auf den Vertragskonferenzen von Amsterdam (1996) und Nizza (2000) können hier eingeordnet werden.

Unterschiedliche Phasen des Integrationsprozesses sind von der Dominanz jeweils verschiedener Leitbilder und Modelle gekennzeichnet. Auch wenn das Beispiel der beiden Franzosen Monnet und de Gaulle deutlich macht, dass ein Leitbild nicht zwangsläufig immer einem Land zugeschrieben werden kann, so sind in der Europapolitik einzelner Mitgliedstaaten durchaus Grundlinien erkennbar: In Deutschland dominierte lange das Leitbild des Bundesstaates, während in Großbritannien traditionell ein intergouvernemental organisiertes Europa befürwortet wird, das sich möglichst auf die wirtschaftliche Integration beschränkt.

Paketlösungen und offene Finalität als Verhandlungsstrategie

Angesichts der unterschiedlichen integrationspolitischen Vorstellungen der Mitgliedstaaten waren es vor allem zwei Verhandlungsstrategien, die ein Voranschreiten der europäischen Einigung ermöglichten: Paketlösungen und der bewusste Verzicht auf die Formulierung einer finalen Zielvorstellung der europäischen Einigung. Schon bei den Verhandlungen zu den Römischen Verträgen 1957 zeigte sich der Erfolg der Strategie „europäische Pakete" zu schnüren. Die Tagesordnungspunkte, die Interessen und Einzelkonflikte blieben nicht unverbunden nebeneinander stehen, sondern wurden in einen dichten politischen Zusammenhang gestellt. In der Verschnürung des Pakets werden selbst gegenläufige Interessen europapolitisch produktiv gemacht. Was als Einzelvorstoß geradezu aussichtslos erscheint, kann im Gesamttableau der Themen kompromissfähig werden. Diese Strategie der Kompromisssuche durchzieht wie ein roter Faden die Geschichte der Integration.

Neben dem Instrument der Paketlösungen hat auch das Offenlassen der Finalität ein Voranschreiten der Integration ermöglicht, an dem sich Akteure mit teils widerstreitenden Zielvorstellungen beteiligen konnten. Deshalb steckt viel Wahrheit in Adenauers Bemerkung einem französischen Journalisten gegenüber: *„Man kann Europa nicht bauen, wie man ein Haus baut: Man bestellt so und soviel Beton, Sand, eiserne Träger usw., hat einen Plan und fängt an zu arbeiten. Europa, das ist eher wie ein Baum, der wächst, der eine Schicht nach der anderen ansetzt, der aber nicht konstruiert werden kann"* (zu Jean Botrot am 24.11.1960).

Aber reicht dieses „Wachsenlassen" angesichts der gegenwärtigen Herausforderungen noch aus? War dies nicht eher ein denkbarer Ansatz in einer Zeit, in der ein europapolitischer Konsens noch breit und tragfähig war? In einer Zeit, in der dieser Konsens brüchig geworden ist, in der nationale Vorbehalte und egoistische Interessen wieder nachdrücklicher geäußert werden, ist der Vertrauensvorschuss für die Sache „Europa" weitgehend verbraucht. Die fortgeschrittene Integrationstiefe und die Erweiterungen der Union, die zu einer Multiplikation der Interessenlagen und Finalitätsperspektiven führten, ließen die bisher erfolgreichen Integrationsstrategien an ihre Grenzen stoßen. Heute bedarf es einer ehrlichen Verständigung über die unterschiedlichen Zukunftsfixierungen und Erwartungshaltungen der an der Integration beteiligten Akteure. Es ist zu entscheiden, was auf europäischer Ebene zu regeln ist und wer welcher Art von Kompetenzkreis angehören will. Es wird Kreise von unterschiedlicher Integrationsdichte geben und jeder Kreis wird die Entscheidungsprozeduren definieren, die er für effizient hält (siehe dazu das Kapitel 1.4 „die Strategie der differenzierten Integration").

1.2 Der deutsch-französische Motor

Neben Paketlösungen und der Unbestimmtheit der Finalität gilt auch der deutsch-französische „Motor" oder das „Tandem" als Erfolgsfaktor der Integrationsgeschichte. Bis heute ist in Politik, Medien und Wissenschaft viel von diesem Motor die Rede, der entweder feierlich beschworen oder als Relikt vergangener Zeiten charakterisiert wird. In jedem Fall verbirgt sich hinter dieser Metapher eine lange Traditionslinie der Europapolitik nach dem Zweiten Weltkrieg. Die Erfahrung aus dieser historischen Entwicklung lässt sich zu einer Art europäischem Grundgesetz zusammenfassen. Integrationspolitische Fortschritte gibt es nur dann, wenn sich Deutschland und Frankreich vorher einigen. An den entscheidenden Wegmarkierungen der Europapolitik hat die deutsch-französische Kooperation die wesentlichen

Führungsimpulse freigesetzt und dazu beigetragen, auch die unterschiedlichen Interessen der anderen Akteure zum Ausgleich zu bringen. Diese Erfahrung gilt auch umgekehrt im negativen Sinne: Dort, wo Frankreich und Deutschland keine Einigung erzielten, ist lediglich Stagnation zu verzeichnen. Die Europapolitik bietet dazu eine Fülle von Beispielen:

- die Gründung der Europäischen Gemeinschaft für Kohle und Stahl,
- das Scheitern der Europäischen Verteidigungsgemeinschaft,
- die Gründung von EWG und Euratom,
- das Scheitern der Fouchet-Verhandlungen um eine Politische Union,
- die Einführung des Vetos in die Praxis des Ministerrates,
- die Einrichtung von EPZ und Europäischem Rat,
- die Schaffung des Europäischen Währungssystems,
- die Initiative zur Einheitlichen Europäischen Akte,
- der Vertrag von Maastricht und die Wirtschafts- und Währungsunion,
- die Mangelhaftigkeit der Reformverträge von Amsterdam und Nizza,
- die Überwindung der Verfassungskrise durch den Vertrag von Lissabon.

Überall dort findet man bei genauem Studium der Quellen im Positiven wie im Negativen als Entscheidungsimpuls eine geglückte oder aber eine missglückte deutsch-französische Kooperation. Häufig wird diese Beobachtung dann jedoch auf die naive Erwartung verkürzt, es müsse eine Art von vorgegebener deutsch-französischer Harmonie und Interessenkonvergenz geben, wenn der Aufbau Europas gelingen sollte. Dies war in vielen der historischen Beispiele nicht der Fall. Interessenkonflikte und Meinungsverschiedenheiten waren in ausgeprägter Form zu beobachten. Aber in den positiven Entscheidungskomplexen verstand man die Divergenzen zu überbrücken, Meinungsverschiedenheiten zu Verhandlungspaketen zusammenzuschnüren, um gemeinsam europäische Fortschritte zu erzielen. Die Integrationsgeschichte zeigt auch, dass effektive deutsch-französische Schritte in der Europapolitik erst nach konzentrierter, zielbewusster Vorarbeit realisierbar werden.

Als strategischer Höhepunkt der Partnerschaft beider Länder ist der deutsch-französische Freundschaftsvertrag zu werten, der nach dem Ort seiner Unterzeichnung am 22. Januar 1963 auch als „Elysée-

Vertrag" bezeichnet wird. Nach dem Scheitern der Fouchet-Pläne, die die Gründung einer Politischen Union vorsahen (siehe dazu den Infokasten 11 in Kapitel 3.1), nahmen Adenauer und de Gaulle gemeinsam die Sache in die Hand. Offen für andere europäische Staaten mit ähnlicher außenpolitischer Orientierung, sollte die Union von Deutschland und Frankreich eine handfeste Anschauung des künftigen Vereinigten Europas bieten. Weltpolitisch relevant, sicherheitspolitisch stark und außenpolitisch mit einer Stimme sprechend – so wollten es die beiden Staatsmänner. Sie hatten ursprünglich sogar daran gedacht, eine gemeinsame deutsch-französische Staatsbürgerschaft einzurichten. Hier sollte ein Schlüssel für eine neue Architektur der internationalen Politik entstehen. Doch den Vertragsgegnern in der Bundesrepublik gelang es, der Vertragsidee mit einem Zusatz der Präambel die eigentliche weltpolitische Substanz zu nehmen – was de Gaulle bitter kommentierte: „Der Vertrag ist tot, ehe er in Kraft tritt." Nichtsdestotrotz bot der deutsch-französische Freundschaftsvertrag die Grundlage für ein dichtes Geflecht gegenseitiger Konsultationen, das in den folgenden Jahrzehnten weiter ausgebaut wurde. Anlässlich des 40-jährigen Jubiläums der Vertragsunterzeichnung wurden die halbjährlichen Spitzentreffen zwischen Bundeskanzler und französischem Staatspräsident auf die Kabinette beider Regierungen ausgeweitet, die seither als „deutsch-französischer Ministerrat" abwechselnd in Deutschland und Frankreich zusammenkommen. Bereits seit 1988 treffen sich neben den Staats- und Regierungschefs auch die Außen- und Verteidigungsminister sowie die obersten Offiziere beider Länder im „Deutsch-Französischen Verteidigungs- und Sicherheitsrat". Nachdem sich während der Verhandlungen zum Vertrag von Nizza Risse im deutsch-französischen Verhältnis gezeigt hatten, die für das unbefriedigende Ergebnis der Vertragskonferenz mitverantwortlich gemacht wurden, einigten sich Gerhard Schröder und Jacques Chirac auf die Einführung der so genannten „Blaesheim-Gespräche". An diesen informellen Treffen ohne feste Tagesordnung nehmen neben dem Bundeskanzler und dem französischen Staatspräsidenten auch die Außenminister beider Länder teil. Ziel ist eine enge Abstimmung der Positionen zu den wichtigsten internationalen, europäischen und bilateralen Themen. Die Blaesheim-Gespräche, die nach der elsässischen Stadt Blaesheim benannt sind, in der 2001 das erste Treffen stattfand, sollen in regelmäßigem, etwa zweimonatigem Abstand abgehalten werden. Jenseits dieser außergewöhnlichen institutionellen Verflechtung ist die deutsch-französische Partnerschaft aber immer auch von den jeweiligen Personen an der Spitze der beiden Länder abhängig. Das derzeitige „Pärchen" Angela Merkel und Nicolas Sarkozy etwa ist von der engen persönlichen Bindung, wie sie insbesondere zwischen Adenauer und de Gaulle oder Kohl und Mitterrand bestanden hatte, weit entfernt.

Infokasten 3: Deutsch-französische „Tandempartner"

Die wichtigsten Kombinationen des Tandems aus dem französischen Präsidenten und dem Kanzler bzw. der Kanzlerin der Bundesrepublik Deutschland (in Klammern jeweils die Amtszeit):

Charles de Gaulle (1958-1969) – Konrad Adenauer (1949-1963)

Georges Pompidou (1969-1974) – Willy Brandt (1969-1974)

Valéry Giscard d'Estaing (1974-1981) – Helmut Schmidt (1974-1982)

François Mitterrand (1981-1995) – Helmut Kohl (1982-1998)

Jacques Chirac (1995-2007) – Gerhard Schröder (1998-2005)

Sarkozy (2007-2012), seither François Hollande – Angela Merkel (seit 2005)

Dass der deutsch-französische Motor seine Durchschlagskraft früherer Jahre verloren hat, liegt aber auch an den strukturellen Veränderungen innerhalb der EU. Spätestens die Spaltung Europas an der Frage des Irakkrieges im Jahre 2003 hat deutlich vor Augen geführt, dass in der erweiterten Union eine Verständigung von Deutschland und Frankreich alleine nicht mehr ausreichend ist. Die politische Führung beider Länder steht heute vor der Aufgabe, ihre enge Zusammenarbeit aufrechtzuerhalten und gleichzeitig andere Mitgliedstaaten mit einzubeziehen. Beispiele hierfür sind die Dreierkooperation mit Großbritannien bei den Verhandlungen über das iranische Nuklearprogramm oder die institutionalisierten Konsultationen mit Polen im Rahmen des „Weimarer Dreiecks".

1.3 Die Erweiterungen der Union

Die Integrationsgemeinschaft Westeuropas, die 1952 mit der Gründung der Europäischen Gemeinschaft für Kohle und Stahl (EGKS) von sechs Staaten ins Leben gerufen wurde, war von Anfang an auf Offenheit für weitere Mitglieder ausgelegt. Die Erweiterungen stellen seither eine Kernfrage des Integrationsprozesses dar. Der Beitritt neuer Mitglieder wirkt sich nicht nur auf das institutionelle Gefüge und die Machtarchitektur der Union aus, sondern bestimmt letztlich auch ihr Wesen selbst und ihre künftige Entwicklung mit.

Von der Sechsergemeinschaft zum Europa der 15

Nachdem Frankreich in den 1960er Jahren die Beitrittsgesuche von Großbritannien und Norwegen mehrmals blockiert hatte, machte der Rücktritt de Gaulles den Weg frei für die erste Erweiterungsrunde, die auch als „Norderweiterung" bezeichnet wird: 1973 traten Großbritannien, Irland und Dänemark der Europäischen Gemeinschaft bei. Bereits mit dieser ersten Erweiterungsrunde diversifizierten sich die Akteure und ihre integrationspolitischen Vorstellungen. Zum einen stand die transatlantische Orientierung Großbritanniens, das auf eine enge Beziehung zu den Vereinigten Staaten bestand, im Widerspruch zu Frankreichs traditionellen Bemühungen eine unabhängige europäische politische Kraft aufzubauen. Zum anderen bildete die Präferenz der neuen Mitglieder für eine intergouvernementale Organisationsstruktur einen Gegenpol zu den bundesstaatlichen Tendenzen, wie sie nicht zuletzt in der Bundesrepublik zu finden waren. Die zweite Erweiterungsrunde, die „Süderweiterung", erfolgte in den 80er Jahren mit den Beitritten Griechenlands (1981), Spaniens (1986) und Portugals (1986). Durch beide Erweiterungsrunden verschob sich die politische Architektur der EG. Der bisherige Entwicklungstrend mit der Zielperspektive der politischen Einigung wich einem stärker ökonomisch akzentuierten Ansatz. Unumstritten war die „EFTA-Erweiterung" 1995, in der sich Österreich, Schweden und Finnland der EU anschlossen. Diese Staaten waren bisher Mitglied der 1960 gegründeten Europäischen Freihandelszone (EFTA) und unterhielten darüber bereits sehr enge wirtschaftliche Beziehungen zur EU. Die Bevölkerung Norwegens hingegen stimmte – wie bereits 1972 – gegen einen EU-Beitritt. Damit verblieb es zusammen mit Island, Liechtenstein und der Schweiz in der EFTA. Über den Europäischen Wirtschaftsraum (EWR) nehmen die vier EFTA-Staaten mit einigen Sonderregelungen am Binnenmarkt der EU teil.

Infokasten 4: Die Beitrittskriterien

Der Union liegt seit ihrer Gründung das Konzept der offenen Integration zu Grunde. Im Primärrecht der EU heißt es, dass jeder „europäische Staat", der die Werte der Union achtet und sich für ihre Förderung einsetzt, die Mitgliedschaft beantragen kann. Zwar sind die Grenzen Europas insbesondere nach Osten hin umstritten, der Mitgliedsantrag Marokkos wurde 1987 hingegen aus geographischen Gründen abgelehnt. Vor allem mit Blick auf die Beitrittsbestrebungen der mittel- und osteuropäischen Staaten fassten die Staats- und Regierungschefs auf ihrem Gipfeltreffen in Kopenhagen 1993 weitere Voraussetzungen für einen Beitritt in einem Kriterienkatalog zusammen („Kopenhagener Kriterien"):

1. *Politisches Kriterium:* „institutionelle Stabilität als Garantie für demokratische und rechtsstaatliche Ordnung, für die Wahrung der Menschenrechte sowie die Achtung und den Schutz von Minderheiten".

2. *Wirtschaftliches Kriterium:* „eine funktionsfähige Marktwirtschaft sowie die Fähigkeit, dem Wettbewerbsdruck und den Marktkräften innerhalb der EU standzuhalten".

3. *Acquis-Kriterium:* die Fähigkeit, alle Pflichten der Mitgliedschaft – das heißt das gesamte Regelwerk der EU (den so genannten „Acquis communautaire") – zu übernehmen, sowie das Einverständnis mit den Zielen der EU einschließlich der Wirtschafts- und Währungsunion.

Ein weiteres Kriterium bezieht sich nicht auf das beitrittswillige Land, sondern auf die EU selbst. Geprüft wird dabei, ob die Union in der Lage ist, neue Mitglieder aufzunehmen und dabei die Dynamik der Integration aufrechtzuhalten. Bevor ein Land beitreten kann bedarf es der Zustimmung des Europäischen Parlaments mit absoluter Mehrheit und eines einstimmigen Beschlusses des Rats. Außerdem muss der Beitrittsvertrag von allen Mitgliedstaaten sowie dem Beitragskandidaten ratifiziert werden (zur Ratifizierung siehe Infokasten 23).

Die „Osterweiterung" 2004/2007

Als die Staaten Mittel- und Osteuropas nach dem Zusammenbruch des Ostblocks in die westeuropäische Integrationsgemeinschaft drängten, entwickelte die Union eine Heranführungsstrategie. Über Hilfsprogramme unterstützte sie die Beitrittsvorbereitungen ihrer östlichen Nachbarn: Zwischen 1990 und 2004 wurden Mittel in Höhe von rund 30 Milliarden Euro bereitgestellt. Schon in der ersten Hälfte der 90er Jahre wurden mit Staaten Mittel- und Osteuropas Assoziierungsverträge unterzeichnet. Diese „Europaabkommen" sahen einen flexiblen Stufenplan vor: Die EU sollte ihre Zoll- und Einfuhrschranken einseitig zügig abbauen und die assoziierten Länder ihrerseits schrittweise die nationalen Märkte für EU-Produkte öffnen.

Die Europaabkommen gingen jedoch weit über reinen Freihandel hinaus und eröffneten den Osteuropäern eine konkrete Beitrittsperspektive zur Europäischen Union. 1997 wurde schließlich die Aufnahme von Beitrittsverhandlungen mit Polen, Ungarn, Tschechien, Slowenien, Estland und Zypern beschlossen. Auf dem Gipfel von Helsinki im Dezember 1999 fiel der Beschluss zu Verhandlungen mit sechs weiteren EU-Anwärtern – Lettland, Litauen, der Slowakei, Bulgarien, Rumänien und Malta –, darüber hinaus wurde der Türkei der Status eines Beitrittskandidaten verliehen. Die EU setzte zum quantitativen Sprung an: Die Vergrößerung der EU von 15 auf 27 Mitgliedstaaten. Die Beitrittsverhandlungen verliefen – mit den Ausnahmefällen Bulgarien und Rumänien – zügiger als erwartet. Die EU-Kommission empfahl daher in ihrem Fortschrittsbericht vom Oktober 2002 die Aufnahme von zunächst zehn der Beitrittskandidaten. Im 16. April 2003 wurde in einer feierlichen Zeremonie auf der Athener Akropolis der Beitrittsvertrag unterzeichnet. Nach Abschluss der Ratifizierungsverfahren in alten und neuen Mitgliedstaaten traten die zehn Staaten aus Mittel-, Ost- und Südeuropa am 1. Mai 2004 der EU bei: Estland, Lettland, Litauen, Malta, Polen, die Slowakei, Slowenien, die Tschechische Republik, Ungarn und Zypern. Mit dem Beitritt Rumäniens und Bulgariens am 1. Januar 2007 konnte die große Süd- und Osterweiterung der Union, die oft nur als „Osterweiterung" bezeichnet wird, schließlich vollendet werden. Wie keine der früheren Erweiterungsrunden hat die Überwindung der jahrzehntelangen Teilung Europas die Union qualitativ verändert. Sie bedeutet das endgültige Ende der Regierungspraxis einer EU, die von den Institutionen und Politikstilen eines Europas der sechs Gründerstaaten geprägt war. Die Erweiterung hat das Wirtschaftsgefälle verdoppelt und zu einer noch größeren Divergenz der Interessenlagen geführt. Ein Blick auf den langwierigen Prozess der Integration der beiden deutschen Staaten – bei der Deutschen Einheit kamen ebenfalls 20 Prozent der Bevölkerung bei nur 5 Prozent Wirtschaftskraft hinzu – vermittelt ein Gespür dafür, wie viel an Konsolidierungsleistung im Rahmen der EU-Osterweiterung gefordert war und bis heute ist. Zu den konfliktträchtigen Folgen zählen die verschärften Verteilungskämpfe um die Strukturfonds und das Agrarbudget der EU genauso wie das Reizthema der Arbeitnehmerwanderung, das in den Jahren vor und nach der Erweiterung in der breiten Öffentlichkeit diskutiert wurde. Hier zeichnete sich aber keine einfache Neuteilung Europas in Alteingesessene und Neumitglieder ab, sondern wechselnde Koalitionen. Die Frage der nachhaltigen Akzeptanz der Neuen durch die Alteingesessenen verschränkt sich mit den strukturellen Spannungsverhältnissen zwischen den EU-Mitgliedern: zwischen Kleinen und Großen – wobei nur Polen und Rumänien zu den (Mittel-)Großen gehören –, zwischen Östlichen und Südlichen, zwischen Nettozahlern und Empfängerländern. Die Erweiterung wirkt sich aber nicht nur auf das innere Gefüge der EU, sondern auch auf ihre Außenbeziehungen aus. Der Irakkrieg im Jahr 2003 hat am sichtbarsten unter Beweis gestellt, dass sich die meisten Beitrittsländer aus historischen, aber auch aus taktischen Überlegungen gegenüber der einzigen übriggebliebenen Supermacht USA und der immer noch als bedrohlich nah empfundenen Großmacht Russland anders positionieren als EU-Gründerstaaten wie Frankreich oder Deutschland. Als Problem erweist sich auch die bis heute mangelnde Akzeptanz der Erweiterung bei der Bevölkerung einiger alter Mitgliedstaaten. Offensichtlich ist es den Erweiterungsbefürwortern nur begrenzt gelungen, die Bürger mitzunehmen. Es mangelte an Überzeugungsarbeit, die politischen und ökonomischen Gesamtvorteile offensiv darzustellen. Die Politik hat das Feld allzu oft den Populisten überlassen, die nachvollziehbare Ängste der Bürger schürten.

Selbst wenn die EU nach der Erweiterung 2004 den Fokus auf die Reform ihres dringend reformbedürftigen Institutionensystems legte, so wurde der Erweiterungsprozess nie angehalten. Bereits im Dezember 2004 haben sich die Staats- und Regierungschefs nach langem Zögern auf Beitrittsverhandlungen mit der Türkei und Kroatien geeinigt, die 2005 offiziell aufgenommen wurden. Im selben Jahr wurde Mazedonien der Beitrittskandidatenstatus verliehen. Mit den anderen Westbalkan-Staaten Albanien, Montenegro, Bosnien-Herzegowina und Serbien unterzeichnete die EU zwischen 2006 und 2008 Abkommen im Rahmen des Stabilisierungs- Assoziierungsprozesses (SAP), welche ebenfalls eine Beitrittsperspektive enthalten. In geographischer Hinsicht wäre auch der junge Kleinstaat Kosovo ein potenzieller Kandidatenstaat, der bisher allerdings nicht von allen EU-Mitgliedstaaten anerkannt wird. Mitte 2009 stellte auch das von der Wirtschafts- und Finanzkrise hart getroffene Island einen Antrag auf Mitgliedschaft in der Europäischen Union. Für 2013 ist der Beitritt Kroatiens geplant.

Die Perspektive eines Türkeibeitritts

Während die Beitrittsperspektive des West-Balkans zumindest prinzipiell und langfristig auf weitgehende Zustimmung stößt, polarisiert die Debatte um den Türkeibeitritt wie nur wenige gesamteuropäische Themen. Die Staats- und Regierungschefs haben am 16./17. Dezember 2004 einstimmig die Einleitung von Beitrittsverhandlungen mit der Türkei beschlossen. Am 3. Oktober 2005 wurden die Verhandlungen aufgenommen. Der Europäische Rat folgte damit der Empfehlung der Kommission, die der Türkei im Oktober 2004 grundsätzlich eine positive politische sowie ökonomische Entwicklung attestiert und die Aufnahme von Beitrittsverhandlungen empfohlen hatte. Damit trat der Beitrittsprozess der Türkei zur Europäischen Union in eine neue Phase. Die Entscheidung des Europäischen Rats kam jedoch keineswegs überraschend. Sie folgte vielmehr der Logik des bisherigen Heranführungsprozesses der Türkei an die EU. Die EG/EU hat der Türkei seit den frühen sechziger Jahren die Zugehörigkeit zu Europa mehrfach bescheinigt und eine EG-Mitgliedschaft wiederholt in Aussicht gestellt. Bereits 1959 hatte sich das Nato-Mitglied Türkei um einen Beitritt beworben und 1963 wurde ein Assoziationsabkommen unterzeichnet („Ankara-Abkommen").

Im Dezember 1997 bekräftigte der Europäische Rat in Luxemburg, dass die Türkei für einen Beitritt zur Europäischen Union in Frage kommt. Zwei Jahre später sprachen die EU-Staats- und Regierungschefs der Türkei dann den offiziellen Status eines Beitrittskandidaten zu. Damit haben die damals 15 Unionsländer Ankara die Möglichkeit eines Beitritts zur EU politisch zugesagt. Die Tür in Richtung Mitgliedschaft war somit offen. Im Dezember 2002 beschlossen die Staats- und Regierungschefs Verhandlungen mit der Türkei „unverzüglich" aufzunehmen, wenn der Europäische Rat auf der Grundlage des Kommissionsberichts feststellt, dass die politischen Kriterien erfüllt seien. Spätestens seit diesem Zeitpunkt lag es an der Türkei, die 1993 definierten Kopenhagener Beitrittskriterien zu erfüllen. In den letzten Jahren hat Ankara entscheidende Reformschritte eingeleitet beziehungsweise vollzogen. Der innere Reformprozess hat unter der Führung der Regierung Erdogan an Fahrt gewonnen. Das bedeutet nicht, dass die Türkei bereits heute die finale Beitrittsreife erlangt hat.

Die türkische Führung hatte schon im Vorfeld der Beitrittsverhandlungen deutlich kommuniziert, dass sie alternative Angebote zu einer

Aufnahme von Verhandlungen beziehungsweise zu einer EU-Voll-
mitgliedschaft nicht akzeptieren würde. Die Türkei ist schon seit
langem eng mit der Union verbunden. Aufgrund der seit 1995 etab-
lierten Zollunion, des intensiven politischen Dialogs und der engen
Verflechtungen im Bereich der Sicherheits- und Verteidigungspolitik
sind die Beziehungen zwischen der Türkei und der EU bereits äußerst
ausgeprägt. Damit erscheinen Ideen wie die einer vertieften politischen und funktionalen Kooperation im Rahmen einer „privilegierten
Partnerschaft" oder ähnliche Konzepte aus türkischer Perspektive
wenig attraktiv und zumindest zum gegenwärtigen Zeitpunkt nicht
realistisch. Unabhängig davon, ob die Türkei Alternativkonzepte jenseits einer Mitgliedschaft letztlich doch annimmt, sollten die Beziehungen zwischen der EU und der Türkei weiter intensiviert werden.
Eine engere Anbindung würde nicht nur den Heranführungsprozess
der Türkei an die EU erleichtern, sondern auch eine Absicherung für
den Fall darstellen, dass der Beitrittsprozess ins Stocken geraten oder
gar scheitern sollte.

Die EU-Mitgliedstaaten haben sich einen Vorschlag der Kommission zu Eigen gemacht und eine Ausstiegsklausel für den Ver-
handlungsverlauf vorgesehen. Danach können bereits begonnene
Verhandlungen unter bestimmten Bedingungen ausgesetzt werden.
Im Falle einer „schwerwiegenden und anhaltenden Verletzung der
Werte, auf die sich die Union gründet" kann die Kommission von
sich aus oder auf Antrag von einem Drittel der Mitgliedstaaten die
Aussetzung der Verhandlungen empfehlen. Ein entsprechender Beschluss des EU-Ministerrats soll im Gegensatz zum Einstimmig-
keitsgebot bei sonstigen Entscheidungen im Verhandlungsprozess
mit qualifizierter Mehrheit getroffen werden. Damit kann ein Beschluss zur Aussetzung von Verhandlungen auch gegen den Willen
einzelner Mitgliedstaaten im Rat beschlossen werden. Die Möglichkeit einer Aussetzung der Verhandlungen sollte die Kritiker
eines Türkei-Beitritts in den EU-Institutionen und in den Mitgliedstaaten beruhigen und zugleich der türkischen Führung signalisie-
ren, dass die Kommission und die Mitgliedstaaten im Verhandlungsprozess ein äußerst wachsames Auge auf die Nachhaltigkeit
der türkischen Reformbemühungen richten werden. Dass die Beratungen zwischen der EU und der Türkei langwierig und äußerst
kompliziert sein würden, hat sich schnell abgezeichnet. Zusätzlich
erschwert die Festlegung neuer Verhandlungsregeln, die im Lichte
der Erfahrungen vorangegangener Verhandlungsrunden definiert
wurden, die Eröffnung und den Abschluss der einzelnen Verhand-

lungskapitel. Demnach können die Verhandlungen über einzelne Kapitel erst dann vorläufig abgeschlossen beziehungsweise aufgenommen werden, wenn bestimmte von der Kommission vorgeschlagene und vom Ministerrat einstimmig festgelegte „benchmarks" erfüllt worden sind. Damit soll vor allem sichergestellt werden, dass Gesetzesvorschriften der EU nicht nur in die nationale Rechtsetzung der Türkei übernommen, sondern auch umgesetzt werden. Doch auch ein erfolgreicher Abschluss der Verhandlungen wird nicht automatisch zu einem EU-Beitritt der Türkei führen. Der Beitrittsvertrag müsste zunächst vom Europäischen Parlament gebilligt und von allen Mitgliedstaaten sowie der Türkei gemäß den nationalen Ratifikationsbestimmungen verabschiedet werden. Scheitert die Ratifikation auch nur in einem Land, kann ein Beitritt der Türkei zur Union nicht vollzogen werden.

Nicht ausgeschlossen werden sollte auch ein Stimmungsumschwung in der Türkei. Dass dort die Konsequenzen einer EU-Mitgliedschaft noch nicht vollständig verinnerlicht wurden hat sich beispielsweise an den kontroversen Diskussionen über die türkische Strafrechtsreform und die „Zypernfrage" (die Türkei verweigert Zypern die Anerkennung) gezeigt. Im Laufe des Beitrittsprozesses werden wiederholt Situationen aufkommen, in denen sich die Türkei dem Diktat der Europäischen Union unterwerfen muss, wenn sie im EU-Club aufgenommen werden möchte. Dabei wird die Türkei selbst entscheiden müssen, inwieweit sie bereit ist, in sensiblen Bereichen wie der Innen- und Justizpolitik, der Wettbewerbspolitik oder der Außen- und Sicherheitspolitik nationale Souveränitätseinbußen hinzunehmen. Ist dem nicht so, könnte eine Veränderung der Stimmungslage in der Bevölkerung und vor allem unter den Eliten die Folge sein. Dies gilt umso mehr, wenn der Integrationsprozess in den Jahren bis zu einem potenziellen Beitritt zunehmend voranschreitet, und die Türkei mit der Übernahme des rechtlichen Acquis weitere Souveränitätsrechte an Brüssel abgeben müsste. Der Fall Norwegens ist Beleg dafür, dass die Bevölkerung eines Kandidatenstaats bereits einmal in der Geschichte der Union in letzter Minute gegen einen EU-Beitritt votiert hat.

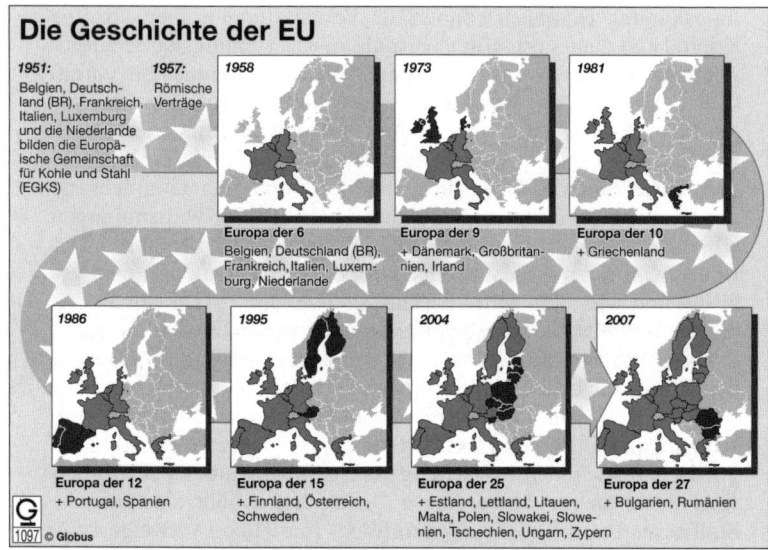

Abbildung 1: Die Erweiterungen im Überblick

1.4 Die Strategie der differenzierten Integration

In einer immer größeren Union werden gemeinsame Schritte zur weiteren Vertiefung, die von allen mitgetragen werden können oder wollen, zunehmend schwieriger. In der EU der 27 und mehr wird man nicht auf den letzten Bremser warten wollen. Es werden sich Teil-Räume bilden, in denen Politik vorangetrieben wird. Wirtschaft und Währung, Außen- und Sicherheitspolitik, Innen- und Justizpolitik bergen große Aufgaben, wo staatsähnliche Leistungen erwartet werden. 27 und mehr Mitgliedstaaten können diese nicht alle zum gleichen Zeitpunkt und mit gleicher Intensität erbringen. Ob außerhalb oder im Rahmen der EU-Verträge, ob nach innen oder außen: Differenzierung wird Europas Weg in die Zukunft markieren. Differenzierung bedeutet, dass eine Teilgruppe von EU-Mitgliedstaaten ihren Integrationsstand in einem ausgewählten Bereich vertieft. Unter dem Begriff der differenzierten Integration lassen sich unterschiedliche Konzepte wie „Europa der zwei Geschwindigkeiten", „Kerneuropa" oder „Europa der variablen Geometrie" fassen, die jeweils unterschiedliche Akzente setzen. Primärrechtlich verankert wurde die differenzierte Integration erstmalig im Vertrag von Amsterdam. Die Regeln dafür waren allerdings kompliziert und in der Realität nicht anwendbar. Im Vertrag von Lissabon wurden sie dementsprechend modifiziert.

Infokasten 5. Die „Verstärkte Zusammenarbeit" nach Lissabon

Die Verstärkte Zusammenarbeit (Art. 20 EUV) – als eine Variante der differenzierten Integration im Rahmen des EU-Rechts – ermöglicht einer Teilgruppe von Mitgliedsstaaten eine engere Kooperation. Hierfür müssen bestimmte Voraussetzungen erfüllt sein. Die Verstärkte Zusammenarbeit:

- ist nur in Politikfeldern möglich, in denen die EU nicht die ausschließliche Zuständigkeit hat;
- soll das letzte Mittel sein, wenn absehbar ist, dass bestimmte Ziele nicht innerhalb eines vertretbaren Zeitraums von der EU in ihrer Gesamtheit erreicht werden können („Letzte-Mittel-Bedingung");
- muss allen Mitgliedsstaaten jederzeit offen stehen;
- bedarf der Teilnahme von mindestens neun Mitgliedsstaaten;
- bedarf der Zustimmung des Europäischen Parlaments und des Rates der Europäischen Union.

Die Verstärkte Zusammenarbeit im Sinne des Lissabon-Vertrages kam bereits in folgenden Fällen zur Anwendung:

- Harmonisierung des Scheidungsrechts (2010 in 14, seit 2012 in 15 Mitgliedstaaten);
- Harmonisierung des Patentrechts (2011 zunächst 12, dann 25 Mitgliedstaaten – alle außer Italien und Spanien);
- Einführung einer europäischen Finanztransaktionssteuer (seit 2012 geplant; bislang haben elf Mitgliedstaaten ihre Teilnahme erklärt).

Zudem bietet der Vertrag von Lissabon den Mitgliedsstaaten die Möglichkeit einer differenzierten Integration im Rahmen der Sicherheits- und Verteidigungspolitik durch die „Ständige Strukturierten Zusammenarbeit" (Art. 46 EUV). Hierfür müssen militärische Kriterien erfüllt werden, die in einem Zusatzprotoll festgelegt sind. Die Hauptunterschiede zur Verstärkten Zusammenarbeit sind die fehlende „Letztes-Mittel-Bedingung" und die Unabhängigkeit von einer Mindestteilnehmerzahl. Ebenso wie die Verstärkte Zusammenarbeit muss die Ständig Strukturierte Zusammenarbeit jedem beitrittswilligen und -fähigen Mitgliedsstaat offen stehen. Neben diesen beiden Verfahren stärkte der Vertrag von Lissabon weitere Formen der Differenzierung. Beispielsweise ist die „Eurogruppe", in der die Mitgliedstaaten mit gemeinsamer Währung zusammenkommen, seither primärrechtlich verankert.

Auch wenn der Vertrag von Lissabon die differenzierte Integration erleichtert, so ist die Flexibilisierung des Integrationsprozesses kein neues Phänomen. In der Geschichte wurden immer wieder entsprechende Maßnahmen ergriffen oder vorgeschlagen. Schon Adenauer und de Gaulle schlossen den deutsch-französischen Freundschaftsvertrag, um nach dem Scheitern der Fouchet-Pläne die politische Union erst einmal zu zweit zu verwirklichen. Von konzeptioneller Bedeutung erwies sich auch die bereits im Tindemans-Bericht von 1975 formulierte „abgestufte Integration". Hier war eine zeitliche Abstufung vorgesehen, wobei die anderen Mitgliedstaaten später nachziehen sollten. Eine besondere und zugleich gewichtige Form der Differenzierung stellt die Wirtschafts- und Währungsunion (WWU) dar. Während Großbritannien und Dänemark dabei ein zeitlich nicht beschränktes „opting out" – also die Möglichkeit zur Nichtteilnahme – eingeräumt wurde, hängt der Beitritt der anderen Mitgliedstaaten zur WWU von der Erfüllung bestimmter Kriterien ab (siehe dazu auch Kapitel 7 zum Wirtschafts- und Währungsunion). Auch am „Schengener Abkommen", das den Abbau der Grenzkontrollen und eine verstärkte polizeiliche Zusammenarbeit vorsieht, nehmen nicht alle EU-Mitgliedstaaten in gleichem Maße teil. Großbritannien und Irland gehören ihm gar nicht an.

Seit Ausbruch der „Euro-Krise", die mit einer grundsätzlichen Krise der Europäischen Union einhergeht, ist die Strategie der Differenzierung ins Zentrum der europäischen Integrationsmethode gerückt. Sowohl der „Euro-Rettungsschirm" (also der Europäische Stabilitätsmechanismus, ESM) als auch der „Vertrag über die Stabilität, Koordinierung und Steuerung in der Wirtschafts- und Währungsunion" (der sogenannte Fiskalvertrag bzw. Fiskalpakt) sind Formen der differenzierten Integration. Es handelt sich dabei um völkerrechtliche Verträge, an denen nicht alle Mitgliedstaaten teilnehmen. Zum einen ist diese Differenzierung durch die Ungleichzeitigkeit bei der Einführung des Euro in den Mitgliedstaaten bedingt. Zum anderen haben gerade die Verhandlungen zum Fiskalvertrag gezeigt, dass Differenzierung nötig ist, um wichtige Vorhaben nicht durch ein Land – in diesem Fall Großbritannien – blockieren zu lassen und trotzdem den Befindlichkeiten aller Staaten gerecht zu werden (siehe zur Reaktion der EU auf die „Euro-Krise" Kapitel 7.3).

Neben dieser „inneren Differenzierung" innerhalb der Union lässt sich auch eine „äußere Differenzierung" im Verhältnis der EU zu Drittstaaten beobachten. Mit ihren Nachbarländern unterhält die EU unterschiedliche Beziehungsmuster. Eine deutliche Ausprägung ist etwa die im Juli 2008 gegründete „Union für das Mittelmeer", in der sich die EU-Staaten und die südlichen Mittelmeeranrainer zusammengeschlossen haben. Diese Art der an die spezifischen Bedürfnisse angepassten, funktional definierten Kooperation gilt es weiterzuentwickeln. Auch ohne die Aussicht auf eine unmittelbare Vollmitgliedschaft kann ein dichtes Kooperationsnetz geknüpft werden, das bis zu einer gesamteuropäischen Freihandelszone reicht. Auf diesem Weg der Differenzierung nach außen kann sich die Europäische Union zu einem Akteur mit gesamteuropäischer Perspektive entwickeln, ohne nach innen ihre Leistungsfähigkeit einzubüßen. Bemerkenswert ist, dass es schon heute in der Praxis zu einer stellenweisen Überlagerung von interner und externer Differenzierung kommt: Die Tatsache, dass Kosovaren und Montenegriner in Euro zahlen, die Engländer und Schweden als EU-Vollmitglieder aber nicht, lässt sich noch als Skurrilität abtun. Politisch schwerwiegender ist dagegen die Teilhabe Norwegens als Land, das die EU-Mitgliedschaft abgelehnt hat, am Schengener Abkommen, während zwei EU-Staaten daran nicht teilnehmen. Umfassende asymmetrische Freihandelsabkommen erhielten die Westbalkanländer schneller als manche EU-Kandidaten. Die Staaten des Westbalkans werden in der Kooperation im Bereich Justiz und Inneres involviert und können seit 2007 auch Zugang zu den europäischen Bildungsprogrammen erhalten, ungeachtet ihres Status als lediglich potenzielle Kandidatenländer. Diese Art der überlagerten Differenzierung ist in einem Europa der 27 und mehr Mitgliedstaaten unvermeidbar. Ohne Strategien der Differenzierung liefe die große Europäische Union Gefahr, das Schicksal klassischer Großstaatbildungen zu wiederholen, die an der Gleichzeitigkeit von innerer Konsolidierung und äußerer Herausforderung gescheitert sind.

1.5 Die Suche nach Identität und Legitimation

Europäische Identität

Die Erweiterungen der Jahre 2004 und 2007 haben nicht nur den Ruf nach neuen Strategien der differenzierten Integration lauter werden lassen. Angesichts des Zugewinns an Diversität und Größe stellen sich die Europäer wieder vermehrt die Frage nach ihrer eigenen Identität. Doch die Suche nach einer europäischen Identität, das heißt nach einem kollektiven Selbstverständnis Europas, hat den Integrationsprozess schon von Anfang an begleitet. Tatsächlich bedarf jedes politische System zu seiner Handlungsfähigkeit eines ideellen Rahmens, auf den sich die Begründungen für Prioritäten und Positionen beziehen. Ein politisches System braucht einen elementaren Grundkonsens und ein Gemeinschaftsbewusstsein, worauf sich die politischen Auseinandersetzungen und die konkreten Eingriffe der Politik stützen können. Mit der Befriedigung dieses Bedürfnisses haben sich die Europäische Union und ihre institutionellen Vorläufer EWG und EG niemals leicht getan, stets waren sie eher technisch und geschäftsmäßig. Die europäische Integration kann sich – anders als die an ihr mitwirkenden Nationalstaaten – nicht auf nationale Mythen stützen, die Zusammengehörigkeitsgefühle wecken.

Der Identitätsbegriff ist bis heute im gesellschaftlichen wie wissenschaftlichen Diskurs umstritten und wird auf vielfältige Art und Weise verwendet. Die Wissenschaft ist sich jedoch heute einig, dass kollektive Identitäten nicht vom Himmel fallen und naturgegeben sind, sondern von den Menschen selbst konstruiert werden. Jede Person erfährt ihre Umgebung als eine subjektive Welt, der sie eine bestimmte Bedeutung zuschreibt und die sie mit anderen zusammen interpretiert. Von einer europäischen Identität kann demnach gesprochen werden, wenn die Europäer ein Gemeinschaftsbewusstsein empfinden, das sie als eine gemeinsame Gruppe definiert und sie von anderen Gruppen unterscheidet. Verfügen die Europäer über ein gemeinsames Herkunftsbewusstsein, gemeinsame Interpretationen der Gegenwart und gemeinsame Zielprojektionen für die Zukunft?

Von der Stunde ihrer ersten Bezeichnung bis zum heutigen Tage sind Begriff und Bild von Europa keine selbstverständlich vorgegebenen Größen. Pauschale Erklärungen wie die „Einheit in der Vielfalt" wurden immer wieder herangezogen, um über Widersprüche und Unsicherheiten hinwegzuhelfen. Doch Europa entzieht sich solch einfachen Definitionsversuchen. Zu kompliziert und zu widersprüchlich sind die historischen Entwicklungslinien, zu vielfältig die politischen und kulturellen Faktoren, als dass sie sich auf einfache plakative Formeln verkürzen ließen. Auf der Suche nach den Wurzeln des Europa-Begriffes und des Europa-Bildes stößt man auf zwei grundlegende geistesgeschichtliche Probleme, die Europa von der Stunde seiner ersten Erwähnung im sechsten vorchristlichen Jahrhundert bis heute begleiten, sein kulturelles Unterfutter prägen und auch die aktuellen Schwierigkeiten mit der Idee „Europa" kennzeichnen. Das ist zum einen die Unsicherheit des Raumbildes von Europa und zum anderen die normative Begründung Europas. Durch alle Epochen hindurch markierte der Begriff Europa zugleich eine geographische und eine normative Größe. Bereits die Griechen grenzten Europa als ihr Festland geographisch wie normativ gegen das Land der Barbaren draußen ab. Zug um Zug schoben sie die Grenze durch Erkundungsfahrten und Eroberungen schließlich weiter hinaus. Auch Europas geistige Abgrenzungen wanderten, ausgehend nicht von Imperien, sondern von den vielen Städten und Regionen: Athen, Korinth, Kreta, Rhodos und schließlich Rom. Neben dieser ungewöhnlichen Vielfalt auf kleinstem Raum liegt die Wurzel der Eigentümlichkeit europäischer Kultur in der frühen Befreiung aus der Befangenheit im magischen Denken und im Zuge rationaler Lebensbewältigung. Die Griechen der Antike begannen mit der Entzauberung der Welt; wissenschaftliches Denken, der Drang nach neuer, systematisch begründeter Erkenntnis gewann die Oberhand über den Mythos. Die Römer übersetzten diesen Grundzug europäischen Denkens ins Praktische, in Institutionen und Ämter, Armee und Rechtsordnung, Steuersystem und Geldwirtschaft. Ihr Sinn für die Zweckmäßigkeit und das praktisch Mögliche prägte die Spuren, die sie hinterließen: Straßen, Brücken, Aquädukte und Marktplätze. Doch nicht nur in der Antike, sondern auch in der Neuzeit wies Europa markante Differenzen zur Entwicklung anderer Hochkulturen auf:

- den demokratischen Verfassungsstaat als politische Ordnungsform;
- die Nationalstaaten als territoriale Ordnungssysteme;
- die autonome Wissenschaft mit dem Ziel der rationalen Wahrheitssuche;
- den Kapitalismus als zentrale Schubkraft der industriellen Entwicklung.

Wenn man die europäische Geschichte skizzenhaft betrachtet, dann spürt man, wie dicht Licht und Schatten beieinander liegen. Europa kennt den Geist der Bergpredigt ebenso wie die Herrschaft der Tyrannen. Zu keiner Epoche war Europa politisch vereint gewesen, nie haben seine Bewohner eine gemeinsame Sprache gesprochen, nie zur gleichen Zeit unter einheitlichen sozialen Bedingungen gelebt. Nirgendwo sonst prallte eine solch ausgeprägte Vielfalt auf so engem Raum aufeinander. So standen logischerweise die vielfältigen historischen Erscheinungen Europas in Traditions- und Wirkungszusammenhängen. Die dichte

Vielfalt ließ kein isoliertes Nebeneinander, sondern nur ein Miteinander zu – ein Miteinander, das von Freundschaft bis Krieg alle Formen sozialer Beziehungen praktizierte. Nach der Selbstzerfleischung Europas in zwei Weltkriegen gelang es den Westeuropäern mit dem Integrationsprozess ihre kriegerischen Auseinandersetzungen zu überwinden und einen friedlichen Rahmen für die konstruktive Beilegung ihrer Differenzen sowie die Bündelung ihrer Kräfte zu schaffen. Der Erfolg der Integration, der immer engere Zusammenschluss der europäischen Völker, lässt schließlich die Frage nach dem Gemeinschaftsbewusstsein und nach dem Grundkonsens der Menschen, die sich in dem politischen System „Europäische Union" organisieren, unvermeidlich werden. Die Frage nach der europäischen Identität – nach einem gemeinsamen Herkunftsbewusstsein, einer gemeinsamen Interpretation der Gegenwart und einer gemeinsamen Zielprojektion – muss immer wieder neu gestellt und beantwortet werden.

Denn gerade die Finanzkrise, die im eigentlichen Sinne keine bloße Krise des Finanzsektors ist, hat diese Frage wieder aktuell werden lassen. Diese Krise, die seit 2008 Europa erfasst hat, hat viele Namen. Meist wird sie Finanzkrise, Euro-Krise oder Staatsschuldenkrise genannt. Sie ist aber, und das wird im Ringen um Milliardenbeträge oft vernachlässigt, vor allem auch eine politische Vertrauenskrise. Europa hat bei seinen Verhandlungen um eine Europäische Verfassung, um Stabilitätsmechanismen und Rettungsschirme die Bürger offenbar weitgehend vergessen. Bereits die Negativreferenden zur Europäischen Verfassung in Frankreich und den Niederlanden im Jahre 2005 haben darauf hingedeutet. Auch die Wahlbeteiligung bei Europawahlen sinkt kontinuierlich und lag 2009 bei nur noch 43 Prozent. Die politischen Verantwortungsträger in Europa haben es versäumt, den Bevölkerungen der Europäischen Union den Verfassungsvertrag zu erklären, sie versäumen es einen richtigen europäischen Wahlkampf mit europäischen Themen zu führen und Europa und europäische Politik der Öffentlichkeit zu erklären. Sie haben es zugelassen, dass Europäische Politik sich immer mehr von den Bürgern entfernt und der Nationalstaat in der identitären Selbstbeschreibung der Bürger gegenüber der EU wieder erheblich an Bedeutung gewinnt – dies machen nicht zuletzt nationalistische Wahltendenzen bei Europawahlen deutlich. Die Entscheidungen die in Brüssel getroffen werden, werden aber immer umfangreicher und beeinflussen immer mehr Bereiche des täglichen Lebens aller EU-Bürger.

Dies lässt die Frage nach der Legitimation ins Zentrum der Europa-Debatte rücken. Denn wer legitimiert die weitreichenden Kompetenzen der Union, wenn die Distanz zwischen europäischer Politik und europäischer Bevölkerung immer größer wird?

Legitimation durch eine Europäische Öffentlichkeit

Bei den Debatten um die demokratische Legitimation der EU stehen meist institutionelle Fragen im Vordergrund. Wie kann das Europäische Parlament gestärkt, wie können die nationalen Parlamente besser eingebunden und die direkten Mitspracherechte der Bürger erhöht werden? So wichtig diese Fragen und die Fortschritte, die diesbezüglich mit dem Vertrag von Lissabon gemacht wurden, auch sein mögen; eine vitale transnationale Demokratie setzt voraus, dass sich die EU-Bürger mit dem politischen System identifizieren und europäische Politik demokratisch legitimieren – etwa durch den Wahlakt zum Europäischen Parlament, vor allem aber in politischen Debatten zu europäischer Politik. Durch die Krise, die Europa seit 2008 prägt, hat sich das Interesse für Europa und die Berichterstattung über Europa verändert. Wurde vor einigen Jahren noch beklagt, dass Europa kein Raum in nationalen Debatten eingeräumt wird und europäische Themen medial uninteressant sind, hat sich dies ins Gegenteil verkehrt. Im französischen Wahlkampf 2012 rückte Europa ins Zentrum, im italienischen Wahlkampf 2013 warnten deutsche Politiker die Italiener vor einer Wahl Berlusconis. Die Berichterstattung über Bundeskanzlerin Angela Merkel steht in großem Umfang in einem europäischen Kontext – auf nationaler wie internationaler Ebene. Allerdings zeichnet sich gerade in Deutschland ein Trend ab, der vielfach auf Kritik stößt: Die Regierenden stellen ihre Europapolitik als „alternativlos" dar. Statt vermeintlicher Alternativlosigkeit braucht es aber große Kontroversen, die politisierend wirken, die mobilisieren und zu einer intensiven Beschäftigung mit europäischen Themen führen können.

Zu dieser Frage nach europäischer Öffentlichkeit kommt die Frage nach parlamentarischer Legitimation europäischer Politik. Diese kann grundsätzlich über zwei Stränge laufen: entweder über die nationalen Parlamente der Mitgliedstaaten oder über das Europaparlament. Beide Legitimationsstränge weisen derzeit aber Defizite auf. Auf die unzureichende Beteiligung nationaler Parlamente in der europäischen Entscheidungsfindung hat das Bundesverfassungsgericht in seinen Urteilen zum Vertrag von Lissabon (vom 30. Juni 2009) und zum ESM-Vertrag (am 12. September 2012) ausdrücklich hingewiesen. In beiden Urteilen hat es nachträglich die Stellung und die Mitspracherechte des deutschen Bundestags gestärkt.

Das Europäische Parlament, das im Vertrag von Lissabon aufgewertet worden war, ist im Zuge der Antworten der EU auf die „Euro-Krise" ins Hintertreffen geraten. Sowohl der „Euro-Rettungsschirm" als auch der Fiskalvertrag stehen außerhalb des EU-Rechts. Sie wurden ohne Mitentscheidungsrecht des Europäischen Parlaments auf den Weg gebracht. Vor diesem Hintergrund ist es nicht verwunderlich, dass das Europäische Parlament auch in der Wahrnehmung der europäischen Bevölkerung keine zentrale Rolle einnimmt.

Dies zeigt wie Legitimation durch Institutionen und Legitimation durch Öffentlichkeit miteinander verknüpft sind. Es bedarf einer europäischen Bevölkerung, die informiert und interessiert ist in Belangen europäischer Politik. Hierfür sind jedoch nicht nur die Bürger selbst, sondern auch die politischen Entscheidungträger auf nationaler und auf europäischer Ebene gefragt. Um das Legitimationsdefizit zu beheben, muss das Erklärungsdefizit behoben werden. Denn ein demokratisch legitimiertes Europa braucht eine aufgeklärte europäische Öffentlichkeit.

Literatur

Einführungs- und Überblicksdarstellungen zur EU

Leiße, Olaf (Hg.), 2010: Die Europäische Union nach dem Vertrag von Lissabon, VS Verlag, Wiesbaden.

Nugent, Neill, 2010: The Government and Politics of the European Union, 7. überarb. Aufl., Palgrave, Houndmills.

Reichstein, Ruth, 2012: Die Europäische Union – die 101 wichtigsten Fragen, Beck Verlag, München.

Schmidt, Sigmar/Schünemann, Wolf J. 2009: Europäische Union. Eine Einführung, Nomos Verlag, Baden-Baden.

Wallace, Helen/Pollack, Marc A./Young, Alasdair R (Hg.), 2010: Policy-Making in the European Union, 6. überarb. Auflage, Oxford University Press, Oxford.

Weidenfeld, Werner, 2008: Europa leicht gemacht. Antworten für junge Europäer, Hanser Verlag, München.

Weidenfeld, Werner (Hg.), 2008: Die Europäische Union. Politisches System und Politikbereiche, 5. Aufl., Bundeszentrale für politische Bildung, Bonn.

Weidenfeld, Werner (Hg.), 2009: Die Staatenwelt Europas, 5. Aufl., Bundeszentrale für politische Bildung, Bonn.

Weidenfeld, Werner/Wessels, Wolfgang (Hg.), 2011: Europa von A-Z. Taschenbuch der europäischen Integration, 12. Aufl., Nomos Verlag, Baden-Baden.

Weidenfeld, Werner/Wessels, Wolfgang (Hg.), 2012: Jahrbuch der Europäischen Integration, UTB/ Nomos Verlag, Baden-Baden (siehe auch die vorhergehenden Bände seit 1980).
Wessels, Wolfgang, 2008: Das politische System der Europäischen Union, VS Verlag, Wiesbaden.

Weiterführende Literatur zu den Grundfragen

Zum deutsch-französischen Motor:
Koopmann, Martin/ Schild, Joachim/Stark, Hans (Hg.), 2013: Neue Wege in ein neues Europa, die deutsch-französischen Beziehungen nach dem Ende des Kalten Krieges, Nomos Verlag, Baden-Baden.
Ratka, Edmund, 2009: Frankreichs Identität und die politische Integration Europas – der späte Abschied vom Nationalstaat, Nomos Verlag, Baden-Baden.
Weske, Simone, 2005: Deutschland und Frankreich. Motor einer Europäischen Sicherheits- und Verteidigungspolitik?, Nomos Verlag, Baden-Baden.

Zur differenzierten Integration:
Tenkin, Funda, 2012: Differentiated integration at Work: The Institutionalisation and Implementation of Opt-Outs from European Integration in the Area of Freedom, Security and Justice, Nomos Verlag, Baden-Baden.

Zur europäischen Identität:
Nida-Rümelin, Julian/Weidenfeld, Werner 2007 (Hg.): Europäische Identität. Voraussetzungen und Strategien, Nomos-Verlag, Baden-Baden.
Schmale, Wolfgang, 2008: Geschichte und Zukunft der Europäischen Identität, Verlag W. Kohlhammer, Stuttgart.
Weigl, Michael, 2008: Tschechen und Deutsche als Nachbarn – Spuren der Geschichte in grenzregionalen Identitäten, Nomos Verlag, Baden-Baden.

2. Theorien der europäischen Integration

Die theoretische Erklärung der Integration und des politischen Systems der EU hat den politischen Prozess der europäischen Einigung nach dem Zweiten Weltkrieg von Beginn an begleitet und sich mittlerweile zu einem breiten Forschungsfeld entwickelt. Im Folgenden werden mit dem Föderalismus (Kapitel 2.2), dem Neofunktionalismus (Kapitel 2.3) und dem Intergouvernementalismus (Kapitel 2.4) die grundlegenden Integrationstheorien und ihre spätere Weiterentwicklung vorgestellt. Zuvor zeigt Kapitel 2.1 die Funktionen von Theorien und die Entwicklung der Theoriedebatte in der Integrationsforschung auf.

2.1 Die Funktionen und Entwicklungsphasen der Integrationstheorien

Warum brauchen wir Integrationstheorien?

Wenn wir als Politikwissenschaftlerinnen und Politikwissenschaftler politische Prozesse und historische Ereignisse analysieren, zeichnet uns ein konzeptioneller Zugriff aus. Wir wollen verstehen und erklären wer was warum zu einem bestimmten Zeitpunkt getan hat. Dazu fragen wir nach den Rahmenbedingungen und den zentralen Akteuren, deren Interessen, Motive und Strategien wir zu untersuchen haben. Wir ordnen das uns vorliegende Material in Kategorien und wägen Erklärungen gegeneinander ab. Die Politikwissenschaft ist dabei immer auch an Mustern, Konzepten und Paradigmen jenseits des Einzelfalls interessiert. Das Erkennen genereller Trends und wiederkehrender Erklärungsmuster kann uns nicht nur helfen, die Vergangenheit zu begreifen, sondern erlaubt es uns, aktuelle Politik fundiert zu analysieren und Prognosen für die Zukunft zu treffen. Theorien können uns bei dieser Aufgabe unterstützen und anleiten. Ganz allgemein sind Theorien als über den Einzelfall hinausweisende, verallgemeinernde Aussagen zu verstehen. Eine Theorie besteht aus einem System von Begriffen, Annahmen, Kausalmechanismen, und Hypothesen. Mit einer Integrationstheorie soll das Ziel oder der Weg zur Integration mit einer überschaubaren Zahl von Bedingungen, Akteuren und Handlungsoptionen beschrieben werden, die in einem logischen Zusammenhang stehen und als Filter zur Reduktion der vorgefundenen komplexen Realität dienen. Theorien sollen dabei politische Prozesse nicht nur erklären und beschreiben, sondern darüber hinaus der Politik auch Leitbilder und Handlungsoptionen zur Erreichung bestimmter Ziele aufzeigen.

Infokasten 6: Die Funktionen von Integrationstheorien

1. *Selektionsfunktion*: Relevante Faktoren und Akteure eines Integrationsprozesses sollen gegenüber irrelevanten herausgefiltert werden. Die Komplexität des Integrationsprozesses wird dadurch reduziert.

2. *Ordnungsfunktion*: Die ausgewählten Faktoren müssen geordnet, strukturiert und systematisch beschrieben werden. So kann zum Beispiel zwischen unterschiedlichen Analyseebenen und Akteursgruppen differenziert werden.

3. *Erklärungsfunktion*: Die vermuteten Zusammenhänge der selektierten Faktoren und ihr Einfluss auf den Integrationsprozess werden hypothetisch erläutert, anhand der Realität überprüft und die ermittelten Ergebnisse entsprechend interpretiert.

4. *Prognosefunktion*: Mögliche Phasen, Schwellen und Szenarien für die weitere Entwicklung der Integration werden auf den erarbeiteten Grundlagen der ersten beiden Funktionen benannt.

Bei der Arbeit mit Theorien sollten wir uns bewusst sein, dass es eine allseits akzeptierte Integrationstheorie nicht gibt. Theorien konkurrieren miteinander, können aber auch komplementär angewandt werden. Wir sollten eine bestimmte Theorie also nicht als allgemeingültige und nicht mehr zu hinterfragende Wahrheit begreifen, sondern eher als Orientierungshilfe, die uns einen strukturierten Blick auf die Welt ermöglicht und mögliche Erklärungen vorschlägt. Letztlich liegt es aber an uns selbst, zu entscheiden, mit welchem konzeptionellen Zugriff wir die Ereignisse und Prozesse europäischer Integration erfassen und analysieren wollen.

Phasen der Theorieentwicklung

Theorien sind kein Selbstzweck, sondern sie dienen der Analyse politischer Praxis. Deshalb ist es wenig verwunderlich, dass sich mit dem Fortgang der europäischen Integration auch die Theoriediskussion weiterentwickelt hat. Außerdem spielten Impulse von Theorien aus verwandten Disziplinen wie den Internationalen Beziehungen eine wichtige Rolle für die integrationstheoretische Debatte. Vor allem seit den 1990er Jahren hat sich die Theorielandschaft sehr ausdifferenziert. Nichtsdestotrotz können die Grundlinien vieler Ansätze auf die bis heute auch politisch wirkungsmächtigsten „klassischen" Integrationstheorien zurückgeführt werden, die im Mittelpunkt dieses Kapitels stehen sollen: Föderalismus, Neofunktionalismus und Intergouvernementalismus.

Eine erste Phase der politisch-normativen Theoriebildung beginnt unter dem Eindruck der zerstörerischen Gewalt des Zweiten Weltkrieges. Die *Föderalisten* waren der Überzeugung, dass das Prinzip des Nationalstaats und die zwischenstaatliche Anarchie überwunden werden mussten, um erneute Kriege zu verhindern. In einem qualitativen Sprung sollte die nationale Souveränität zu Gunsten eines föderal strukturierten Verfassungs- und Bundesstaates aufgegeben werden. Die *Funktionalisten* teilten das Ziel der Überwindung des Nationalstaats, schlugen aber eine andere Methode vor. Sie setzten auf einen elitengestützten und technokratischen Prozess, der nach und nach über wirtschaftliche Verflechtung zu neuen supranationalen Strukturen zur Friedenssicherung und Wohlstandsmehrung führen sollte. Frühe Funktionalisten wie David Mitrany hatten dabei allerdings weniger eine neue europäische Ordnung, sondern vielmehr den globalen Rahmen im Blick. Gegen das Ziel eines Bundestaates, wie ihn die Föderalisten wollten, argumentierten die *Unionisten* und andere Vertreter einer Konföderation. Sie plädierten für eine Kooperation souveräner Nationalstaaten im Rahmen eines Staatenbundes.

Mit der Gründung der Montanunion 1952 hatten sich in der praktischen Politik die Vertreter eines funktionalistischen Ansatzes durchgesetzt. Nicht ein großer föderalistischer Verfassungssprung, sondern die Integration eines vorerst begrenzten Politikfeldes, der Kohle- und Stahlwirtschaft, sollte den Einigungsprozess vorantreiben. Der Erfolg dieser Methode setzte sich 1957 in den Römischen Verträgen fort, die mit der Gründung zweier weiterer Gemeinschaften (Europäische Wirtschaftsgemeinschaft und Euratom) die wirtschaftliche Integration fortsetzten. Aufgrund seiner überzeugenden Erklärungskraft für diese Entwicklung stieg der Neo-Funktionalismus in den 50er Jahren zur dominierenden Theorie auf. Diese Zeit kann als zweite Phase der Theorieentwicklung bezeichnet werden. *Die Neo-Funktionalisten*, als deren prominentester Vertreter Ernst B. Haas anzusehen ist, knüpfen an die Elemente des Funktionalismus an. Sie nehmen seine normativ-teleologische Komponente zurück und entwickeln ihn zu einer empirisch-analytischen Theorie weiter, die den westeuropäischen Integrationsprozess als ihren Referenzpunk nimmt.

Ab Mitte der 1960er Jahre beginnt mit der Infragestellung des Neofunktionalismus eine dritte Phase. Wiederum waren es realpolitische Ereignisse, die eine neue Wendung in der Theoriedebatte auslösten. Der auf den Erhalt der nationalstaatlichen Souveränität Frankreichs bedachte General de Gaulle blockierte ein Voranschreiten der supranationalen Integration. Mit seiner berüchtigten „Politik des leeren Stuhls" setzte er 1965/66 faktisch ein Vetorecht für die Mitgliedstaaten durch, falls diese ihr nationales Interesse gefährdet sahen. Es war vor allem Stanley Hoffmann, der vor diesem Hintergrund eine Theorie des Intergouvernementalismus formulierte, mit der die Grenzen des Integrationsprozesses erklärt werden konnten. Letztlich musste Ernst Haas selbst zugeben, dass das Stocken der Integration und die ungebrochene Gestaltungsmacht der Staaten und ihrer politischen Führer seiner neofunktionalistischen Theorie zuwider lief: „De Gaulle has proved us wrong" (Haas 1966: 327).

Nachdem sich die integrationstheoretische Debatte im Laufe der 70er Jahre abgeschwächt hatte, nahm sie – parallel zum Integrationsschub durch die Einheitliche Europäische Akte – ab Ende der 80er Jahre wieder Schwung auf. Diese Phase knüpfte an die „Neo-Funktionalismus versus Intergouvernemtalismus"-Debatte an, verfeinerte und modifizierte allerdings die klassischen Ansätze. Besonders hervorzuheben ist dabei der liberale Intergouvernementalismus von Andrew Moravcsik, der sich auch als Theoretiker in den Internationalen Beziehungen einen Namen gemacht hat. Für ihn ist die europäische Integration in erster Linie Produkt und Ergebnis primär ökonomisch definierter Machtstrategien der Nationalstaaten, denen weiterhin die Schlüsselfunktion im Einigungsprozess zukommt. Eine fünfte und bis heute andauernde Phase wurde in mehreren Schritten im Laufe der 90er Jahre eingeläutet. Hier zeichnete sie sich ein Perspektivenwechsel ab. Während sich die meisten Theorien bisher auf die Erklärung des Einigungsprozesses und seiner Triebkräfte konzentriert hatten, so stand jetzt zunehmend die Beschaffenheit und Funktionsweise des EU-Systems im Mittelpunkt integrationstheoretischer Überlegungen. Am deutlichsten wird dies im Multi-Level Governance-Ansatz, der sich mit den Formen des Regierens im europäischen Mehrebenensystem beschäftigt. Diese Phase ist außerdem von einer weiteren Ausdifferenzierung und von integrationstheoretischen Brückenschlägen geprägt. Neue Impulse kamen dabei wiederum aus der Theoriedebatte in den Internationalen Beziehungen. Dazu ist beispielsweise der Sozialkonstruktivismus zu zählen, der die Bedeutung von ideellen Faktoren wie Identitäten und Normen hervorhebt, die durch intersubjektive Konstruktionsprozesse entstehen.

Der europäische Einigungsprozess ist historisch einzigartig und die EU ein System *sui generis*. Dieser Umstand stellte die Theoriedebatte schon von Anfang an vor große Herausforderungen. In den letzten Jahren ist die Europäische Union noch größer und komplizierter geworden und der Integrationsprozess verliert zunehmend an Einheitlichkeit (siehe dazu auch die Kapitel 1.3 und 1.4 zur Erweiterung und zur differenzierten Integration). Die Integrationstheorie steht deshalb heute mehr denn je vor der Aufgabe, überzeugende Modelle und Erklärungen zu finden, mit denen diese Komplexität reduziert und verstanden werden kann.

2.2 Föderalismus

Grundlagen: Altiero Spinelli und Caspar J. Friedrich

Die Idee einer föderalen Gesellschaftsordnung für Europa hat eine lange Tradition, die bis zu Immanuel Kant zurückreicht. Beispiele föderaler Zusammenschlüsse sind die Schweiz oder die Vereinigten Staaten von Amerika. In Anlehnung an diese Leitidee und die genannten Beispiele forderten viele Föderalistengruppen nach dem zweiten Weltkrieg die Gründung eines europäischen Bundesstaates als zentrales Modell der föderalen Bewegung. Als Leitbild diente ihnen die von Churchill 1946 in seiner Züricher Rede forcierte Idee der „Vereinigten Staaten von Europa" – auch wenn Churchill selbst eher ein pragmatischer Realist, denn ein idealistischer Föderalist war. Die föderale Bewegung wurde dabei weniger von einem klaren Theorieentwurf eines bestimmten Autors, sondern vielmehr von dem im Laufe der letzten Jahrhunderte entwickelten Glauben an die Strukturmerkmale eines bundesstaatlich geprägten Verfassungsstaates getragen. Der Grundgedanke ist die Bewahrung der Vielfalt bei gleichzeitiger Sicherung der Einheit durch eine gegliederte politische Struktur. Über die genaue Definition des Föderalismus als politischer Organisationsform gibt es unterschiedliche Ansichten. Nach dem institutionell-funktionalen Verständnis ist Föderalismus ein politisches Strukturprinzip bei dem die Wahrnehmung der staatlichen Aufgaben so zwischen regionalen Gliedstaaten und Gesamtstaat aufgeteilt ist, dass

jede staatliche Ebene in einer Reihe von Aufgabenbereichen endgültige Entscheidungen treffen kann. Das verfassungsrechtliche Verständnis hingegen sieht ein politisches System dann als föderal organisiert an, wenn die entscheidenden Strukturelemente des Staates
– Legislative, Exekutive und Judikative – sowohl im Gesamtstaat als
auch in den Gliedstaaten vorhanden sind, ihre Existenz verfassungs-
rechtlich geschützt ist und sie durch Eingriffe der jeweils anderen
Ebene nicht beseitigt werden können. Beide Vorstellungen haben
gemeinsam, dass der Föderalismus als Machtaufgliederung mit ver-
tikaler und horizontaler Gewaltenteilung zu verstehen ist. Die politischen Einheiten innerhalb eines übergeordneten Gesamtsystems teilen sich mit diesem die politischen Kompetenzen und damit auch die
Souveränität.

Das bedeutet, dass nicht ein zentralistischer europäischer Superstaat
mit einer einzigen souveränen Autorität das Ziel der Föderalisten ist,
sondern ein geordnetes Nebeneinander von supranationalen und nati-
onalstaatlich geprägten Institutionen. Das Ziel eines föderalen Systems sollte ursprünglich durch einen einmaligen verfassungsgebenden
Akt erreicht werden. Dieses Prinzip wird oftmals mit der Formel
„function follows form" beschrieben. Damit ist gemeint, dass sich die
funktionale Ausgestaltung dieses Systems nach der Form richten soll,
die in einem Verfassungsvertrag festgeschrieben ist. Vor allem die
frühen Föderalisten argumentierten dabei sehr normativ. Dass Föderalismus nicht nur als ein theoretischer Ansatz, sondern auch als ein
politisches Programm zu begreifen ist, zeigt sich an der Person Altiero Spinellis (1907-1986) besonders deutlich. Der italienische Anti-
Faschist und ehemalige Widerstandskämpfer entwickelte konzeptionelle Überlegungen zum Föderalismus und brachte diese aktiv und
engagiert in die politische Praxis ein. Spinelli fungierte als Generalsekretär der föderalistischen europäischen Bewegung in Italien, beriet
die italienische Regierung in europäischen Fragen und war selbst
Mitglied der Europäischen Kommission und des Europäischen Parlaments. Auf seine Initiative hin verabschiedete das Europäische Parlament 1984 mit dem „Entwurf eines Vertrags über die Europäische
Union" erstmals einen verfassungsähnlichen Vorschlag, der zwar
letztlich nicht umgesetzt wurde, aber einen wichtigen Integrationsim-
puls auslöste. Spinelli trat für ein politisches Europa ein, das über die
wirtschaftliche Integration hinausgeht, und forderte verfassungsrecht-
lich etablierte starke Institutionen auf der europäischen Ebene.

Trotz der Bemühungen politisch aktiver Föderalisten wie Spinelli hat
ein einmaliger Verfassungssprung nicht stattgefunden. Inzwischen geht

die Föderalismusforschung von einer schrittweisen Föderalisierung aus. Schon einer der ersten und prominentesten Theoretiker des Föderalismus, der deutsch-amerikanische Politikwissenschaftler Carl Joachim Friedrich (1901-1984), hatte das ursprüngliche Konzept in dieser Hinsicht erweitert. Friedrich versteht Föderalismus nicht mehr nur als eine starre anzustrebende oder erreichte institutionelle Struktur, sondern als dynamischen Prozess. Zunächst unterscheidet Friedrich fünf Ebenen, auf denen sich die menschliche Gesellschaft konstituiert: die lokale, die regionale, die nationale, die supranationale und die globale Ebene. Diese sind jedoch nicht strikt voneinander getrennt, sondern stehen in beständiger Interaktion miteinander. Der Föderalismus stellt eine Möglichkeit dar, um diese Ebenen hierarchisch zu organisieren, ohne alle Kompetenzen auf die oberste Ebene zu verlagern. Das Ausmaß der Aufteilung der Souveränität und der Kompetenzen zwischen den beteiligten Einheiten und Ebenen ist Friedrich zufolge variabel und kann sich beständig den sich verändernden Umweltbedingungen anpassen. Friedrich erweitert auch das Spektrum der Erklärungsfaktoren für die Föderalisierung. Die wachsenden Austausch- und Kommunikationsbeziehungen der Europäer würden zu einer allmählichen Angleichung der Lebensgewohnheiten und zur Schaffung eines gemeinsamen Bewusstseins führen. Doch in der Tradition der Föderalisten plädiert Friedrich weiterhin für starke Institutionen. Ohne die angemessene institutionelle Form ist das Funktionieren einer internationalen Föderation nicht gewährleistet und kann durch individuelle Faktoren wie den dominanten Präsidenten de Gaulle in Gefahr gebracht werden. Betrachten wir das heutige System der EU, so können insbesondere das primärrechtlich verankerte Subsidiaritätsprinzip, die zunehmende Anwendung von Mehrheitsentscheidungen im Rat und die Stärkung des Europäischen Parlaments durch das Mitentscheidungsverfahren als Ausdruck einer allmählichen Föderalisierung der EU interpretiert werden. Explizite Verfassungsentwürfe hingegen, die in der Tradition der ursprünglichen föderalistischen Idee eines verfassungsgebenden Aktes stehen, haben sich in der Integrationsgeschichte nicht durchsetzen können. Zuletzt scheiterte der Verfassungsentwurf des Europäischen Konvents, der im Frühjahr 2005 von den Franzosen und Niederländern in Volksabstimmungen abgelehnt wurde.

Weiterentwicklung: Multi-level Governance-Ansatz

Seit den 1990er Jahren wird nicht nur in der Integrationsforschung sondern auch in den Internationalen Beziehungen und der vergleichenden Regierungslehre mehr und mehr mit Governance-Ansätzen gearbeitet. Die Governance-Forschung geht davon aus, dass sich in der zunehmend komplexen, globalisierten und vernetzten Welt neue Formen der politischen Steuerung etablieren: „Regiert wird nicht nur von der Regierung, also idealtypisch der Spitze einer Hierarchie, sondern auch von anderen Akteuren, die in einem nicht-hierarchischen Verhältnis zueinander stehen" (Jachtenfuchs 2003: 495). Mit Blick auf die Interaktion unterschiedlicher Ebenen, wie sie schon von Friedrich untersucht worden ist, kann in der integrationstheoretischen Debatte der Multi-level Governance Ansatz (abgekürzt „MLG", zu deutsch „Regieren im Mehrebenensystem") in die Traditionslinie föderalistischer Theoriekonzepte gestellt werden. Während sich der klassische Föderalismus allerdings mit der Entstehung und der Finalität der Integration beschäftigt, gilt das Hauptaugenmerk des MLG-Ansatzes den Entscheidungsprozessen innerhalb der Europäischen Union. Dabei wird die EU als eigenständiges politisches System und nicht als bloßes intergouvernementales Verhandlungsregime verstanden. In diesem System sind für den MLG-Ansatz die Regierungen der Nationalstaaten schon lange nicht mehr die einzigen wichtigen Spieler, sondern stehen in Konkurrenz zu anderen ökonomischen, gesellschaftlichen und vor allem supranationalen Akteuren wie der EU-Kommission oder dem Europäischen Parlament. Dass es nicht mehr die Staaten sind, welche die europäische Politik bestimmen, ist eine der zentralen Thesen des MLG-Ansatzes, der sich damit gegen die Theorie des Intergouvernementalismus stellt. Die Staaten werden hier nicht mehr als monolithischer Block behandelt, sondern in verschiedene Akteure differenziert. Im Modell des MLG-Ansatzes sind die Kompetenzen auf verschiedenen Ebenen verteilt, die allerdings miteinander verbunden sind. So operieren beispielsweise subnationale Akteure wie die deutschen Bundesländer sowohl auf der nationalen wie auf der europäischen Ebene. Große Bedeutung misst der Ansatz außerdem nicht-staatlichen Akteuren bei, die etwa über Lobbyarbeit in Brüssel den Entscheidungsprozess beeinflussen können. Substaatliche Interessen können sich deshalb – an den nationalen Regierungen vorbei – direkt auf der europäischen Ebene durchsetzen. Wer allerdings im jeweiligen Politikfeld die entscheidenden Akteure sind, muss durch die empirische Analyse geklärt werden. Der MLG-Ansatz ist deshalb weniger als umfassende Theorie zu verstehen, sondern als ein dynamisches und letztlich ergebnisoffenes Analysekonzept.

In jüngerer Zeit hat sich die MLG-Forschung vermehrt den normativen Fragen zugewandt, die durch die konstatierten neuen Formen des Regierens aufgeworfen werden. Stellt die Umgehung gewählter nationaler Regierungen durch privatwirtschaftliche Lobbygruppen oder oft undurchsichtige supranationale Expertengremien die demokratische Legitimation der EU in Frage? Vertreter des MLG-Ansatzes argumentieren dagegen: Ein auf die Beteiligung möglichst vieler, insbesondere nicht-staatlicher und zivilgesellschaftlicher Akteure ausgerichtetes Modell sei demokratischer als das intergouvernementale Verhandeln von Regierungen hinter verschlossenen Türen.

2.3 Neofunktionalismus

Grundlagen: David Mitrany und Ernst B. Haas

Der funktionale Ansatz wurde von David Mitrany (1888-1975) bereits in den 1930er Jahren entwickelt, um den Bedarf nach einem internationalen Regelungssystem, das den wachsenden internationalen Aktivitäten entspricht, zu lösen. Die Ausgangslage bzw. die Grundbedingung für eine funktionale Entwicklung ist die transnationale Natur internationaler Probleme. Menschen und Güter überqueren die Grenzen und viele der politischen Aufgaben, die sich daraus ergeben – wie die Versorgung von Verkehrsmitteln mit Energie, die Bekämpfung bedrohlicher Krankheiten oder der Umweltverschmutzung – sind grenzüberschreitender Art. Daher muss für jedes dieser Probleme eine transnationale Lösung gefunden werden. Die Suche danach darf sich nicht von den überkommenen Vorstellungen von Macht und Territorium leiten lassen, sondern muss die spezifische Verknüpfung von Problem, Aufgabe und Funktion in einem bestimmten Sachbereich identifizieren. In diesem Funktionsbereich ergibt sich dann Art und Umfang der internationalen Zusammenarbeit sachlogisch aus der Aufgabenstellung. Integration ist im Funktionalismus ein Prozess, der die Entpolitisierung bzw. Entspannung von Konflikten und Gegensätzen durch die kontinuierliche Ausweitung der technischen Kooperation auf nicht kontroversen, funktionalen Gebieten erreicht. Die Integration beginnt dabei auf dem kleinsten gemeinsamen Nenner in einem beliebigen Kompetenzbereich. Durch den Erfolg der Zusammenarbeit oder durch die entstehenden technischen Notwendigkeiten werden die Nationalstaaten dazu gebracht, auch auf weiteren funktionalen Gebieten gemeinschaftliche Lösungen zu suchen. Das Prinzip der sich ausweitenden Zusammenarbeit wird als *ramification*, in der deutschsprachigen Literatur auch als Verzweigungsdoktrin, bezeichnet. Für Mitrany ist Funktionalismus eine Methode, die politische Gräben mit einem immer engeren Netz internationaler Organisationen zudeckt, durch die die Interessen aller Nationen ganz allmählich integriert werden. Als gemeinsames Instrument der Entscheidungsfindung schlägt er die Errichtung transnationaler Institutionen und internationaler Organisationen vor, die aufgrund der Übertragung nationaler Kompetenzen in weitgehend unkontroversen Funktionsbereichen gemeinsame Regeln und Normen finden und erlassen können. Nach dem Ramification-Prinzip entsteht – quasi hinter dem Rücken der Mächtigen – ein fast unaufhaltsamer Sog in Richtung hin zu mehr Integration, der durch die Einbeziehung immer neuer Sachbereiche zu einem weiteren sektoralen Kompetenz- und Souveränitätstransfer und damit zu einer gleichzeitigen Aushöhlung der nationalen Souveränität führt. Die Trennung zwischen den Staaten wird durch das zunehmend dichter werdende Geflecht von Beziehungen erodiert. Geographische Gegebenheiten und Regionen verlieren an Bedeutung und werden durch funktionale Organisationen für einzelne Sektoren ersetzt. Dieser Prozess ist versachlicht, technokratisch, unpolitisch und pragmatisch. Die wesentlichen Entscheidungen werden von Experten getroffen, wodurch kaum Raum für ideologische Differenzen entsteht. Die Grundidee des klassischen Funktionalismus besagt folglich, dass die gemeinsame Wahrnehmung einer Reihe unkontroverser Funktionen und die Stärkung der technischen Eliten normalerweise der Weg ist, der zur Schaffung einer integrierten Gemeinschaft führt. Als Methode dient das *Trial-and-error*-Verfahren, nachdem nur in den Bereichen Integrationsfortschritte erzielt werden, in denen sich gerade die Möglichkeit für eine Einigung bietet.

Aufbauend auf diesen funktionalistischen Grundgedanken formulierte der deutsch-amerikanische Politikwissenschaftler Ernst B. Haas (1924-2003) in den 1950er Jahren den Neofunktionalismus. Haas befreit sich von der moralisch-normativen Überfrachtung des Funktionalismus und entwickelt mit Blick auf den westeuropäischen Integrationsprozess – die Gründung der Montanunion dient ihm als erste Fallstudie – eine konsistente empirisch-analytische Theorie. Er wird damit für Jahrzehnte der bedeutendste Theoretiker der europäischen Integration, der Zustimmung und Kritik gleichermaßen geerntet hat. Die zentrale These von Haas ist das Konzept des *spill-over*. Die grundlegendste und wichtigste Form dabei ist der „funktionale spill-over", der auf Mitrany's Verzweigungsdoktrin beruht. Demnach wird eine einmal begonnene, erfolgreiche Zusammenarbeit in einem Funktionsbereich aufgrund der sachlogischen Verknüpfung mit anderen Aufgabenbereichen auch zur Integration in weiteren Sektoren führen. Die Gründe dafür sind gegenstandsimmanent. Wenn beispielsweise der Markt für Kohle und Stahl vergemeinschaftet wird, muss man sich zwangsläufig Gedanken über vereinheitlichte Transportbedingungen oder gemeinsame Sozialstandards der Arbeiter machen. Auf diese Weise kann ein anfangs auf wirtschaftliche oder technische Aspekte begrenzte Integration in den politischen Bereich „überschwappen". Die Integration folgt einer „expansiven Logik", einer Art Schneeball-Effekt an deren Ende eine supranationale „political community" steht, deren genaue Struktur allerdings offen bleibt. Als Formel gilt: „form follows function". Die institutionelle Gestalt folgt demnach der wirtschaftlichen oder politischen Aufgabe.

Als bedeutsamste Akteure für das Fortschreiten der Integration werden drei Gruppen genannt, die die pluralistische Struktur der westeuropäischen Gesellschaft und damit auch des europäischen Integrationsprozesses konstituieren: nationale, wirtschaftliche und gesellschaftliche Eliten, die sich als *pressure groups* organisieren, supranationale Technokraten der Gemeinschaftsinstitutionen und politische Eliten der nationalen Regierungskreise. Aus dem Zusammenspiel dieser drei Akteursgruppen ergeben sich neben dem „funktionalen spill-over, der aus technischen Interdependenzen resultiert, zwei weitere spill-over-Varianten. Zum einen löst die bereits umgesetzte erfolgreiche Integration in einem bestimmten Politikfeld bei den nationalen Eliten und gesellschaftlichen Interessengruppen einen Lernprozess aus. Sie erwarten durch eine weitere Vertiefung der Integration Wohlstandsgewinne und andere Vorteile. Daher üben sie Druck auf die nationalen wie auch auf die supranationalen Institutionen aus, um auf diesem Weg die Vergemeinschaftung auszudehnen („politischer spill-over"). Zum anderen haben die supranationalen Gemeinschaftsorgane selbst die Möglichkeit, die Integration voranzutreiben und ihren eigenen Einfluss zu stärken. So kann etwa die Europäische Kommission durch die ihr zustehende Vermittlerrolle und das Schnüren von Problem-Paketen (*package-deals*) zum „Motor der Integration" werden („erzeugter spill-over", englisch „cultivated spill-over"). Wie effektiv ihr das gelingt, hängt allerdings wesentlich von den jeweiligen Fähigkeiten der Kommission bzw. ihres Präsidenten ab. Der „erzeugte spill-over" führt damit ein voluntaristisches Element in die ansonsten eher deterministische Theorie des Neofunktionalismus ein.

Infokasten 7: Der Spill-over im Neofunktionalismus

Mit *spill-over* erklären Neofunktionalisten, das „Überschwappen"
oder „Übergreifen" der Integration von einem anfangs sehr begrenzten Politikfeld in benachbarte Bereiche. Das Konzept wurde
im Laufe der Zeit immer wieder variiert. Im Prinzip lassen sich drei
Dimensionen unterscheiden:

- „functional spill-over": ergibt sich aus sachlogischen Notwendigkeiten und technischen Interdependenzen
- „political spill-over": ergibt sich aus Lernprozessen der nationalen Eliten, die ihre Aktivitäten und Erwartungshaltungen auf
  die supranationale Ebene verlagern
- „cultivated spill-over": ergibt sich aus bewusst gesteuerten
  Initiativen der supranationalen Gemeinschaftsinstitutionen

Weiterentwicklung und Wiederbelebung

Der Neofunktionalismus war anfangs von einer weitgehend automatischen und linearen Fortsetzung eines einmal in Gang gesetzten Integrationsprozesses ausgegangen. Als Mitte der 1960er Jahre der
Einigungsprozess zu stocken begann und die Theorie des Intergouvernementalismus den Neofunktionalismus stark kritisierte, begann
nen dessen Vertreter die Theorie zu modifizieren und weiterzuentwickeln. Zunächst wurde die These eines Automatismus integrativer
Tendenzen aufgegeben. Die Neofunktionalisten erkannten jetzt die
Möglichkeit strategisch handelnder Akteure an, den Integrationsprozess auch negativ zu beeinflussen. Somit kann es zu einem *spill-back*
kommen, bei dem die Integrationstiefe und -breite abnimmt. Während Haas Mitte der 70er Jahre die Bemühungen um eine regionale
Integrationstheorie resigniert aufgab, entwickelten seine Schüler seinen Ansatz weiter. So ging Philippe C. Schmitter in seiner *Politisie-
rungshypothese* noch einmal auf den zunehmenden Grad an Politisierung durch einen Spill-over-Effekt ein, wie ihn Haas im Konzept
des politischen Spill-over beschrieben hat. Demnach hat der Prozess
des Spill-over eine kumulative Tendenz, das heißt es werden immer
mehr nationale Akteure an einer zunehmenden Zahl von kontroversen
Politikbereichen beteiligt. Die Politisierung entsteht durch einen Prozess, in dem die Kontroversität der gemeinsamen Entscheidungsfindung durch eine Ausweitung der beteiligten und interessierten Akteure steigt. Durch die gemeinsame Erkenntnis, dass die bisher gültigen

Ziele so nicht bestehen bleiben können, wird eventuell eine Neubestimmung der gemeinsamen Ziele notwendig. Diese zieht in der Regel eine Ausweitung des *scope* oder eine Vertiefung des *level* der Integration nach sich, ohne dass es sich automatisch um einen Spillover von der technisch-ökonomischen auf die politische Ebene handeln muss. Durch die Bündelung der Entscheidung in einem neuen Zentrum werden auch die Erwartungen und die Loyalität der entsprechenden Akteure auf dieses neue Zentrum gerichtet.

Schmitter richtet sein Augenmerk außerdem auf das Verhalten der Akteure und dessen Auswirkung auf den Integrationsprozess. Er identifiziert sieben Strategien, mit denen die Akteure auf krisenbedingten Handlungsbedarf im Integrationsprozess reagieren:

1) Spill-over: das Ausweiten von Reichweite *(level)* und Ausmaß *(scope)* des gemeinsamen Engagements.

2) Spill-around: das Ausweiten des Integrationsausmaßes, während die Ebene der supranationalen Autorität konstant bleibt.

3) Build-up: die Erhöhung der Entscheidungsautonomie der supranationalen Institution, aber nicht deren Anwendung auf neue Politikfelder.

4) Retrenchment: die Erhöhung des Ausmaßes gemeinsamer Beschlussfassung, aber Rückzug der Institutionen aus bestimmten Bereichen.

5) Muddle-about: die Ausdehnung des Beratungs- und Vorschlagsbereichs der supranationalen Bürokraten, aber Reduktion ihrer Fähigkeiten zur autoritativen Allokation von Werten.

6) Spill-back: die Reduktion von Integrationsumfang und -ebene auf einen Status quo ante.

7) Encapsulation: die Antwort auf Krisen durch Änderungen in unwichtigen Bereichen zur Ablenkung vom tatsächlichen Handlungsbedarf.

Von besonderer Bedeutung ist dabei wiederum die theoretische Einbindung der Möglichkeit eines *spill-back* in das neofunktionalistische Spill-over-Konzept. Hier zeigt sich deutlich der nachhaltige Eindruck der Machtdemonstration de Gaulles, die den bis dahin dominierenden Optimismus der Neofunktionalisten in Bezug auf die Automatisierung eines Integrationsprozesses gebremst hat. Bezeichnenderweise beschäftigt sich eine Mehrzahl der genannten Varianten mit Krisen, Rückschlägen und Kompetenzverlusten der gemeinsamen Organe. Hervorzuheben ist auch die Einführung des *spill-around* als alternative Handlungsstrategie, da sie das neofunktionale Erklärungsmuster für die in Zukunft bedeutsam werdende intergouverne-

mentale Entscheidungsfindung parallel zu den Gemeinschaftsinstitutionen darstellt. Beispiele hierfür sind die „Europäische Politische
Zusammenarbeit" (EPZ) der 70er Jahre oder die „Offene Methode
der Koordinierung" (OMK), die seit den 90er Jahren zunehmend
Anwendung findet (siehe zur OMK auch Kapitel 6.4).

Mit Verabschiedung der Einheitlichen Europäischen Akte 1985
und den darauf folgenden Beschlüssen zum Binnenmarkt erlebte der
Neofunktionalismus eine Renaissance. Die wichtige Rolle des Kom-
missionpräsidenten Jacques Delors und die Konzentration auf wirtschaftliche Integration, die sich nach und nach ausdehnte und letztlich
in einer gemeinsamen Währung mündete, stützten die Thesen des
Neofunktionalismus. Die Realisierung des Binnenmarktes brachte
neue Probleme und Verbindungen zu neuen Politikbereichen mit sich.
Dazu gehörten sozialpolitische Fragen, eine gemeinsame Umwelt-
und Verkehrspolitik genauso wie der Ausbau der gemeinsamen Re-
gional- und Strukturpolitik. Auch wenn im Rahmen der Einheitlichen
Europäischen Akte und des Binnenmarktprogramms Spill-over-Ef-
fekte überzeugend nachgewiesen wurden, bedeutet es doch eine Be-
grenzung der ursprünglichen Aussagekraft des Neofunktionalismus,
wenn er nur bestimmte Perioden des Integrationsprozesses erklären
kann.

Infokasten 8: Der „permissive consensus"

Ein Konzept, das bis heute in der wissenschaftlichen und teilweise
auch in der politischen Debatte immer wieder eine wichtige Rolle
spielt, ist das des „permissive consensus" (zu deutsch „wohlwol-
lendes Einverständnis"). Leon Lindberg und Stuart Scheingold
brachten diesen Begriff 1970 in die Theoriediskussion ein. Die
beiden Neofunktionalisten vertreten die Ansicht, dass im von ihnen
untersuchten Zeitraum (Ende 40er bis Ende der 60er Jahre) die
Einstellung der Bürger kaum Auswirkungen auf den Verlauf der
europäischen Integration hatte. Sie kommen in ihrer Studie zu dem
Schluss, dass von Beginn an in der Bevölkerung der Mitgliedstaaten ein positiver und stetig wachsender „permissive consensus"
gegenüber der Integration vorherrschte. Dabei gab eine breite
Mehrheit der Bürger den regierenden Eliten ihr stilles Einverständnis zu weiteren Integrationsschritten, wobei sie weder über genaue Kenntnisse bezüglich des Integrationsprozesses noch über
ein ausgeprägtes persönliches Interesse daran verfügten. Das
Konzept des „permissive consensus" verbindet also prinzipielle

Übereinstimmung mit den Zielen der europäischen Einigung mit relativer Unwissenheit über die konkrete Ausgestaltung des Integrationsprojekts. Davon lässt sich die Hypothese ableiten, dass Fortschritte im Einigungsprozess möglich und wahrscheinlich sind, solange die Bürger keine direkten negativen Konsequenzen zu spüren bekommen. Seit den 1990er Jahren wurde wiederholt das Ende des „permissive consensus" konstatiert. Die negativen Referenden zum Verfassungsvertrag 2005 und zum Vertrag von Lissabon 2008 können als Bestätigung dieser Diagnose interpretiert werden.

2.4. Intergouvernementalismus

Grundlagen: Stanley Hoffmann

Ausgehend von einer grundlegenden Kritik der neofunktionalen Prämissen formulierte Stanley Hoffmann ab Mitte der 60er Jahre die Theorie des Intergouvernementalismus, dessen Grundgedanken schon die Unionisten der Nachkriegszeit vertreten hatten. Hoffmann wurde damit zum großen Antipoden von Ernst Haas in der integrationstheoretischen Debatte. In den Internationalen Beziehungen ist er der realistischen Denkschule zuzuordnen. Wesentlichen Einfluss auf Hoffmanns Theoriebildung hatte außerdem seine Analyse der Rolle des französischen Staatspräsidenten Charles de Gaulle. Hoffmann (geb. 1928), der seit 1955 Professor in Harvard ist, war in Frankreich aufgewachsen und hatte dort Politikwissenschaft studiert. Die Kernaussage des Intergouvernementalismus lautet, dass die Nationalstaaten nach wie vor die zentralen Einheiten im Integrationsprozess sind und die Gemeinschaftspolitik in erster Linie von den nationalen Regierungen bestimmt wird. Bei der Analyse der Integrationsgeschichte und der aktuellen europäischen Politik verweisen Vertreter dieser Theorie auf die entscheidende Bedeutung intergouvernementaler Institutionen und Instrumente, wie bilaterale Treffen, Regierungskonferenzen, den Europäischen Rat oder den Ministerrat. Der Stand der Integration wird ihnen zufolge in der Regel vom kleinsten gemeinsamen Nenner der jeweiligen nationalen Interessen bestimmt. Nur wenn sie sich davon einen spezifischen Vorteil oder eine Erweiterung ihres Handlungsspielraums versprechen, stimmen die Staaten Integrationsschritten zu.

Für Hoffmann ist die Tatsache, dass die Nationalstaaten immer noch existieren und die politische Integration an den divergierenden Interessen eben dieser Nationalstaaten gescheitert ist, der beste Beweis für das Fehlschlagen des Neofunktionalismus. Die Bedingungen für eine politische Einigung wären seiner Meinung nach in Europa nahezu ideal gewesen und dennoch seien die Nationalstaaten nach einer Phase der Schwäche wieder zu den wesentlichen Akteuren auf der weltpolitischen Bühne geworden. Hoffmann wirft dem Neofunktionalismus eine zu formalistische, technische Perspektive vor, welche die Führungskraft politischer Akteure unterschätze: „a procedure is not a purpose, a process is not a policy" (Hofmann 1966: 881). Neben der Gestaltungsmacht der Staatslenker und den weltpolitischen Rahmenbedingungen vernachlässige der Neofunktionalismus auch die sozialen, kulturellen und politisch-normativen Differenzen zwischen den europäischen Nationalstaaten. Für die Beständigkeit der Nationalstaaten im internationalen System macht Hoffmann das Zusammenspiel von drei, den Nationalstaat konstituierenden Faktoren, verantwortlich:

- das *nationale Bewusstsein* als Gefühl des Zusammenhalts und der Besonderheit gegenüber anderen
- die *nationale Situation* als gegebene Bedingung, die sich durch interne Charakteristiken und die Position in der Welt definiert
- der *Nationalismus* als Doktrin oder Ideologie

Hoffmann zufolge bleiben die europäischen Nationen in einem „whirpool of different concerns" (Hoffmann 1966: 863) verhaftet. Ihre unterschiedlichen historischen Erfahrungen und politischen Kulturen, ihre spezifische geopolitische und wirtschaftliche Lage führten zu teilweise gegenläufigen Definitionen des jeweiligen nationalen Interesses und der außenpolitischen Strategien. Während beispielsweise der Nationalismus in der Bundesrepublik diskreditiert wurde, lebte er in Frankreich wieder auf. Während in Frankreich unter de Gaulle der Widerstand wuchs, sich der USA als Schutzmacht unterordnen zu müssen, war die transatlantische Allianz für die Deutschen ein Garant ihrer nationalen Sicherheit. Den Intergouvernementalisten zufolge ist die EU deshalb lediglich ein Verbund internationaler „Regime", in denen Staaten gemeinsame Lösungen zum gegenseitigen Vorteil aushandeln und – wenn es ihnen nützt – Kompetenzen an eine supranationale Ebene abgeben. Bei einem gemeinsamen Interesse kann es also durchaus zu Integrationsschritten kommen, die aber weiterhin von den Staaten gesteuert und kontrolliert werden. Damit verneint der Intergouvernementalismus die neofunktionalistische These, dass die Nationalstaaten durch den Integrationsprozess unbemerkt Stück für Stück ihrer Souveränität beraubt werden ohne sich dessen bewusst zu werden. Dem Intergouvernementalismus zufolge können Regierungen Souveränitätsbeschneidungen abwehren, wenn sie deren Ergebnisse als unbefriedigend beurteilen. Der „Logik der Expansion" der Neofunktionalisten wird hier die „Logik der Diversität" entgegengesetzt: Die Staaten sind verschieden, sie haben ein unterschiedliches nationales Interesse und wo es kein gemeinsames nationales Interesse gibt, kommt es nicht zur Integration.

Grundsätzlich differenziert Hoffmann zwischen zwei Politikbereichen. Im Bereich der „low politics", womit vor allem die Wirtschaft gemeint ist, ist eine supranationale Integration durchaus möglich, wenn die beteiligten Staaten davon profitieren. Anders sieht es im Bereich der „high politics" aus. In politisch sensiblen Fragen vor allem der Außen- und Sicherheitspolitik, die den Kern der nationalen Souveränität berühren, sind Hoffmann zufolge die Staaten zu Integrationsschritten nicht bereit. Spill-over kann für Hoffmann zwar in Teilbereichen stattfinden, es kommt aber nicht zu einem automatischen Überschwappen von wirtschaftlicher zu politischer Integration, wie dies Ernst Haas einst postuliert hatte. Hoffmann hat damit bis heute insoweit Recht behalten, als dass es im Rahmen der Gemeinsamen Außen- und Sicherheitspolitik zwar mittlerweile gemeinsame Institutionen gibt, die Staaten in diesem Bereich aber ein Vetorecht behalten und keine Souveränität abgegeben haben. Allerdings ist die EU schon lange mehr als nur ein klassischer internationaler Staatenbund oder ein bloße Wirtschaftsgemeinschaft. Nicht zuletzt mit der Einführung des Euro haben die Staaten eine Kompetenz abgegeben, die zu den wesentlichen staatlichen Hoheitsrechten zählt.

Weiterentwicklung: der Liberale Intergouvernementalismus von Andrew Moravcsik

Als ab der zweiten Hälfte der 80er Jahre die Theoriedebatte wieder an Fahrt aufnahm und neuere Ansätze in der Tradition des Neofunktionalismus und des Föderalismus den Intergouvernementalismus heftig kritisierten, legte Andrew Moravcsik eine grundlegend überarbeitete und methodisch ausgefeilte intergouvernementalistische Integrationstheorie vor. Dazu kombinierte er Elemente aus verschiedenen Großtheorien. Mit dem Realismus und dem klassischen Intergouvernementalismus teilt er die Annahme der Staatszentriertheit.

Demnach bleiben in der EU – wie in der internationalen Politik auch – die Staaten die zentralen Akteure, die unter den Bedingungen internationaler Anarchie agieren. Im Gegensatz beispielsweise zum Multi-Level Goverance-Ansatz treten bei Moravcsik die Staaten nach außen als geschlossene Einheiten auf, als deren Brückenköpfe die nationalen Regierungen fungieren. Diese Staaten, so die zweite Annahme des Liberalen Intergouvernementalismus, handeln rational und versuchen, ihre Interessen gegenüber den anderen Staaten möglichst effektiv zu vertreten.

Moravcsik's theoretische Innovation besteht darin, ein dreistufiges Modell entwickelt zu haben, um das Verhalten der Staaten im Integrationsprozess zu erklären. Auf der ersten Stufe geht es um die Frage, was die Interessen eines Staates überhaupt sind bzw. wie sie zustande kommen. Für Moravcsik, der hier eine vom Liberalismus inspirierte Perspektive einnimmt, ergeben sich diese Interessen aus einem innergesellschaftlichen Präferenzbildungsprozess. Er bricht damit die „black box" des Staates auf und schaut in den Staat hinein. Was ein Staat bzw. seine Regierung als nationales Interesse verfolgt, hängt demnach von den sub-staatlichen Akteuren ab, die sich in einem innenpolitischen Aushandlungsprozess durchsetzen können. Daraus folgt die empirische Aufgabe, die wichtigen sozialen Gruppen zu identifizieren, ihren relativen Einfluss auf die Politik zu bestimmen und nach der Art und dem Ursprung ihrer Präferenzen zu fragen. Moravcsik kommt dabei zu einer klaren Schlussfolgerung: Entscheidend seien in der europäischen Integrationsgesichte immer die ökonomischen Präferenzen starker innenpolitischer Gruppen gewesen. In der zunehmend interdependenten und auf Handel basierenden Weltwirtschaft erschien den wirtschaftlichen Interessengruppen innerhalb eines Staates europäische Integration in diesem Bereich von Vorteil. Nur deshalb und nur dann, argumentiert Moravcsik, konnte es zu Integrationsschritten kommen. Er hält die innenpolitische ökonomische Präferenzlage für viel wichtiger, als etwa geostrategische Erwägungen. Der Grund für de Gaulles Widerstand gegen einen britische EG-Mitgliedschaft in den 60er Jahren beispielsweise war Moravcsik zufolge nicht das Streben Frankreichs nach *grandeur* als einziger europäischer Führungsmacht, sondern die schlichte Sorge um die französische Landwirtschaft, deren Subventionierung durch die EG-Agrarpolitik mit einem Beitritt des Industrielandes Großbritannien womöglich gefährdet worden wäre.

In der zweiten Stufe von Moravcsiks Theoriemodell geht die nationale Regierung mit den vorab innenpolitisch definierten Interessen in die Verhandlungen mit den anderen Staaten, die an der europäischen Integration beteiligt sind. Zwischen den nationalen Regierungen findet dann ein klassisches *bargaining* statt, wie es auch sonst in der internationalen Politik zu beobachten ist. Der Ausgang hängt dabei insbesondere von der Macht der jeweiligen Staaten ab. Supranationale Akteure, wie die europäische Kommission, spielen aus Sicht des Liberalen Intergouvernementalismus keine maßgebliche Rolle. Der dritte Theorieschritt, den Moravcsik macht, ist mit Blick auf seine staatszentristischen Annahmen der kniffligste. Wenn die Staaten bzw. die nationalen Regierungen die einzig wichtigen Akteure sind, die nur an ihr eigenes nationalstaatliches Interesse denken, warum geben sie dann Souveränität an supranationale Institutionen ab? Bei seiner Antwort beruft sich Moravcsik auf die Regimetheorie der Internationalen Beziehungen: Staaten wollen sicherstellen, dass ihre mühsam erzielten Vereinbarungen auch eingehalten werden. Sie delegieren deshalb Kompetenzen und Teile ihrer Souveränität an eine internationale Organisation (in diesem Fall die EG bzw. die EU), welche die von den Staaten getroffenen Verhandlungsergebnisse umsetzen und ihre Befolgung kontrollieren soll. Auf diese Weise kann es zu „credible commitments" der Verhandlungspartner kommen, womit eine langfristige und stabile Zusammenarbeit garantiert wird, die letztlich für alle von Vorteil ist. Genauso wie schon Hoffmann geht Moravcsik davon aus, dass die zu diesem Zweck gegründeten supranationalen Institutionen keine politische Autonomie entwickeln, sondern dass die Mitgliedstaaten als „Herren der Verträge" den Integrationsprozess nach ihrem Belieben steuern können. Mit seiner Theorie, die er an fünf Fallstudien aus der Integrationsgeschichte (Römische Verträge, Konsolidierung des Gemeinsamen Marktes und Implementierung der EG-Agrarpolitik, Europäisches Währungssystem, Einheitlich Europäische Akte, Vertrag von Maastricht) und anhand der Länderbeispiele Deutschland, Großbritannien und Frankreich testet, liefert Moravcsik eine genauso klare wie umstrittene Erklärung für die europäische Integration: „European integration resulted form a series of rational choices made by national leaders who consistently pursued economic interests – primarily the commercial interests of powerful economic producers and secondarily the macroeconomic preferences of governmental coalitions – that evolved slowly in response to structural incentives in the global economy" (1998: 3).

Letztendlich ist für Moravcsik europäische Politik nichts anderes als die Fortsetzung nationalstaatlicher Interessenpolitik mit anderen

Mitteln. Aus seinem nüchternen intergouvernementalen EU-Verständnis ergeben sich auch politisch-normative Implikationen. So verteidigt er die EU gegen den Vorwurf des Demokratiedefizits, da die demokratische Legitimation über die nach wie vor bestimmenden nationalen Regierungen gegeben sei. Andererseits fordert Moravcsik die Aufgabe föderalistischer Träumereien, die an der Realität vorbeigingen und lediglich das Misstrauen der Bevölkerung schürten: „Why not call the EU what it is: the world's most successful system of market regulation, without aspirations ever to be the United States of Europe – and leave illusions behind for good?" (Moravcsik 2002: 22).

Nicht zuletzt wegen seiner theoretischen Klarheit und eindeutigen Aussagen gilt Andrew Moravcsik gegenwärtig als einer der bedeutendsten Theoretiker der europäischen Integration. Doch gerade von neueren Ansätzen wird der Liberale Intergouvernementalismus stark kritisiert. Vertreter des Multi-Level Governance-Ansatzes etwa werfen ihm vor, die Vielzahl der nicht-staatlichen und sub-staatlichen Akteure zu unterschätzen. Aus Sicht der Sozialkonstruktivisten vernachlässigt Moravcsik die Auswirkungen der EU-Mitgliedstaaten auf die Staaten selbst. Im Laufe des Integrationsprozesses – durch das ständige Zusammenarbeiten und Verhandeln – würden sich die Interessen von Staaten verändern und gegenseitig angleichen. Es komme, so argumentieren sozialkonstruktivistische Theoretiker, zu Sozialisierungseffekten, die letztlich zu einer Europäisierung der nationalen Interessen und der ihnen zu Grunde liegenden Identitäten führen würden.

In der Debatte um die Theorien zur europäischen Integration lassen sich also bis heute sehr unterschiedliche Ansichten und harte Auseinandersetzungen beobachten. Dies mag die zu Beginn dieses Kapitels geäußerte Ansicht bestätigen, dass wir als Europaforscherinnen und –forscher für ein umfassendes Verständnis der Integration verschiedene theoretische Konzepte berücksichtigen sollten.

Infokasten 9: Die wichtigsten Integrationstheorien im Überblick

	Föderalismus	Intergouverne-mentalismus	Neofunktionalismus
Motive (Warum?)	Frieden Demokratie Idealismus	Machterhalt / Souveränität Sicherheit	Wohlstand und Frieden, Überwindung der Nationalstaaten
Prozess (Wie?)	einmaliger Verfassungs-sprung oder schritt-weise Föderalisierung	Gipfeltreffen und Regierungskon-ferenzen als Instrumente, kleinster gemeinsamer Nenner der Nationalstaaten bestimmt Stand der Integration	Zusammenarbeit beginnt in technisch-ökonomischen Bereichen, dann Spill-over in benachbarte Politikfelder
Akteure (Wer?)	Nationalstaaten, aber auch andere gesellschaftliche Gruppen auf politischen Ebenen	Nationalstaaten bzw. nationale Regierungen	Nationale politische und wirtschaftliche Eliten sowie supranationale Institutionen
Ziele (Wohin?)	Bundesstaat (Vereinigte Staaten von Europa) mit Subsidiaritäts-prinzip	Staatenbund, EU als Verbund von internationalen Regimen	Über die Vollendung des Binnenmarktes zu einer politische Union

Quelle: Tabelle adaptiert aus *Weidenfeld, Werner/Wessels, Wolfgang*, 2009: Europa von A-Z, Nomos-Verlag, Baden-Baden, S. 288.

Literatur

Einführende Literatur und Überblicksdarstellungen

Bieling, Hans-Jürgen/Lerch, Marika (Hg.), 2012: Theorien der Europäischen Integration, 3. Aufl., VS Verlag, Wiesbaden.

Giering, Claus, 1997: Europa zwischen Zweckverband und Superstaat. Die Entwicklung der politikwissenschaftlichen Integrationstheorie im Prozess der europäischen Integration, Europa Union Verlag, Bonn.

Holzinger, Katharina/Knill, Christoph/ Peters, Dirk/Rittberger, Berthold/ Schimmelfennig, Frank/Wagner, Wolfgang, 2005: Die Europäische Union. Theorien und Analysekonzepte, UTB, Paderborn.

Wiener, Antje/Diez, Thomas (Hg.), 2009: European Integration Theory, 2. Aufl., Oxford University Press, Oxford.

Originaltexte und weiterführende Literatur

Eilstrup-Sangiovanni, Mette (Hg.), 2006: Debates on European Integration: A Reader, Palgrave, Houndmills.

Friedrich, Carl J., 1968: Trends of Federalism in Theory and Practice, Frederik A. Praeger Publishers, New York.

Grimmel, Andreas/Jakobeit, Cord (Hg.), 2009: Politische Theorien der Europäischen Integration. Ein Text- und Lehrbuch, VS-Verlag, Wiesbaden.

Haas, Ernst. B., 1958: The Uniting of Europe. Political Social and Economic Forces 1950-1957, Standford University Press, Standford.

Hoffmann, Stanley, 1966: Obstinate or Obsolete: the Fate of the Nation-State and the Case of Western Europe, in: Dædalus 95, 826-915.

Jachtenfuchs, Markus, 2003: Regieren jenseits der Staatlichkeit, in: *Hellmann, Gunther/Wolf, Klaus Dieter/Zürn, Michael* (Hg.): Die neuen Internationalen Beziehungen. Forschungsstand und Perspektiven in Deutschland, Nomos Verlag, Baden-Baden, 495-518.

Lindberg, Leon N./Scheingold, Stuart A., 1970: Europe's Would-be Polity. Patterns of Change in the European Community, Prentice-Hall, Englewood Cliffs, NJ.

Mitrany, David, 1943: A Working Peace System. An Argument for the Functional Development of International Organization, Royal Institute of International Affairs, London.

Moravcsik, Andrew, 1998: The Choice for Europe. Social Purpose and State Power from Messina to Maastricht, Cornell University Press, Ithaca, NY.

Moravcsik, Andrew, 2002: Europe Without Illusions (Lecture, online verfügbar unter http://www.wcfia.harvard.edu) *S. 100, S. 101*

Tömmel, Ingeborg (Hg.), 2007: Die Europäische Union. Governance und Policy-Making, VS-Verlag, Wiesbaden.

3. Geschichte der europäischen Integration

Die Grundregel, dass Politik ohne Geschichte nicht verstanden werden kann, gilt für die europäische Einigung ganz besonders. Die Europäische Union ist kein auf dem Reißbrett entstandenes Gedankenkonstrukt, das anschließend eins zu eins in die politische Praxis umgesetzt wurde. Vielmehr hat sich die Integration seit den 1950er Jahren kontinuierlich fortentwickelt. Die Entwicklungsstufen bauen dabei aufeinander auf, sie schließen – wie die Jahresringe eines Baumstammes – aneinander an. Dementsprechend werden im Folgenden die wichtigsten Stationen des Integrationsprozesses aufgezeigt und in einen chronologischen Zusammenhang gestellt.

3.1 Gründungsmoment und Entwicklungsgeschichte

Die Anfänge der Integration

Aus den Ruinen des zweiten Weltkrieges war eine breite Volksbewegung entstanden, die sich der Idee vom vereinten Europa verschrieben hatte. Winston Churchill brachte diese Orientierung an einer Vision der „Vereinigten Staaten von Europa" in seiner Züricher Rede vom 19. September 1946 zum Ausdruck. Der ehemalige britische Premierminister sprach von einer Union aller beitrittswilligen Staaten Europas unter der Führung Frankreichs und Deutschlands, deren erster Schritt die Gründung eines Europarats sein sollte. Verschiedene Europagruppen, die vor dem Hintergrund des sich verschärfenden Ost-West-Konflikts nachhaltigen Auftrieb erhielten, luden an der Einigung Westeuropas interessierte Verbände und Persönlichkeiten zu einem *Europäischen Kongress* ein, der von 7. bis 10. Mai 1948 in Den Haag stattfand. Unter den 800 Teilnehmern befanden sich bekannte Politiker wie Robert Schuman, Leon Blum, Alcide de Gasperi, Paul-Henri Spaak und Konrad Adenauer. Der Europa-Kongress, der große öffentliche Aufmerksamkeit erfuhr, war von der Kontroverse zwischen Föderalisten und Unionisten gekennzeichnet, deren zentraler Streitpunkt die Frage des Souveränitätsverzichtes der nationalen zu Gunsten der europäischen Ebene war. In seiner einstimmig verabschiedeten „Politischen Erklärung" forderte der Kongress den politischen und wirtschaftlichen Zusammenschluss europäischer

Staaten unter begrenzter nationaler Souveränitätsbeschränkung, wobei die Finalität des Einigungsprozesses mit der Kompromissformel „Union oder Föderation" bewusst offen gehalten wurde. Die auf dem Europa-Kongress lancierte Initiative zur Einberufung einer „Europäischen Versammlung" führte schließlich zur ersten umfassenden, genuin europäischen Staatenorganisation nach dem zweiten Weltkrieg: Am 5. Mai 1949 wurde der *Europarat* gegründet, der insbesondere auf Grund des Drucks Großbritanniens auf intergouvernementalen Prinzipien basierte.

Infokasten 10: Der Europarat

Der Europarat wurde am 5. Mai 1949 als erste europäische Staatenorganisation ins Leben gerufen. Seine Aufgaben sieht der Europarat, der seinen Sitz in Straßburg hat, vor allem in der Förderung der Demokratie sowie dem Schutz der Menschenrechte und der Rechtsstaatlichkeit in Europa. Seit seiner Gründung hat er dazu mehr als 200 Abkommen und Konventionen verabschiedet. Die erste und bekannteste Konvention ist die *Europäische Menschenrechtskonvention* (EMRK), die 1950 unterzeichnet wurde. Vor dem *Ständigen Gerichtshof für Menschenrechte* in Straßburg können die Bürger ihre dort festgeschriebenen Rechte auf dem Weg der Individualbeschwerde geltend machen. Nach dem Ende des Ost-West-Konfliktes unterstützte der Europarat die Transformationsprozesse der postkommunistischen Staaten in Mittel- und Osteuropa, denen er offensiv eine Beitrittsperspektive bot. Heute zählt der Europarat 47 Mitglieder, zu denen auch Russland sowie die Länder des Balkans und des Kaukasus gehören. Die Türkei gehört dem Europarat bereits seit 1949 an. Der Europarat ist eine unabhängige, weitgehend intergouvernemental strukturierte internationale Organisation und ist nicht Teil des Institutionensystems der EU.

Auf amerikanische Initiative hin war bereits am 16. April 1948 im Zusammenhang mit der Durchführung des Marshall-Plans die Organisation für europäische wirtschaftliche Zusammenarbeit (OEEC, ab 1961 OECD) gegründet worden. Im selben Jahr hatten Frankreich, Großbritannien und die Beneluxstaaten im *Brüsseler Pakt* eine intergouvernementale Zusammenarbeit auf sicherheitspolitischem Gebiet eingeleitet. Dieses ursprünglich gegen eine mögliche deutsche Aggression gerichtete Bündnis wurde 1954 um Italien und die Bundesrepublik erweitert und zur *Westeuropäischen Union* umgewandelt.

Während Bemühungen scheiterten, dem Europarat eine föderalere Ausrichtung zu geben, führte eine Initiative des französischen Außenministers Robert Schuman (*Schuman-Plan* vom 9. Mai 1950) schließlich zu sektoral begrenzter, supranationaler Integration. Vertreter der sechs Staaten Belgien, Deutschland, Frankreich, Italien, Luxemburg und der Niederlande unterzeichneten am 18. April 1951 den Vertrag über die *Europäische Gemeinschaft für Kohle und Stahl* (EGKS, auch Montanunion genannt). Die Grundidee stammte vom französischen Planungskommissar Jean Monnet. Die EGKS sollte für Kohle und Stahl einen gemeinsamen Markt schaffen und damit eine gemeinsame Kontrolle, Planung und Verwertung dieses kriegswichtigen Industriezweigs ermöglichen. Hauptmotive für diesen Vorschlag bildeten die Überlegungen zur Beseitigung der deutsch-französischen Erbfeindschaft und der Wunsch nach Schaffung eines Grundsteins für eine europäische Föderation. Auf diesem Weg sollte Frankreich zudem eine Mitverfügung über die deutschen Kohlereserven gesichert und die perzipierte deutsche Bedrohung ausgeschlossen werden.

Adenauer sprach sich für den Schuman-Plan aus: Zum einen diene dieser der deutsch-französischen Verständigung und zum anderen ermögliche er der noch nicht souveränen Bundesrepublik Deutschland, auf der internationalen Bühne Verhandlungen zu führen. Der Vertrag zur Gründung der EGKS trat am 23. Juli 1952 in Kraft. Laut Vertrag sollte eine Hohe Behörde die Exekutivrechte wahrnehmen. Eine gemeinsame Versammlung besaß die Qualität eines Diskussionsgremiums mit eingeschränkten Kontrollrechten. Die politischen Richtlinien- und Legislativrechte lagen beim so genannten „Besonderen Ministerrat". Ein elfköpfiger Gerichtshof wachte über die Vertragsauslegung, ein Beratender Ausschuss bestand aus Vertretern der beteiligten Interessengruppen. Diese institutionelle Architektur sollte zu einer Blaupause für die späteren Gemeinschaften werden. Ihre Grundzüge lassen sich auch in der heutigen Struktur der Europäischen Union wiederfinden. Der EGKS-Vertrag wurde für eine Dauer von 50 Jahren geschlossen. Er lief 2002 aus und seine Regelungsmaterie wurde dem EG-Vertrag zugeordnet.

Mit der EGKS war erstmals die supranationale Organisation eines zentralen Politikbereichs in bislang nationalstaatlicher Kompetenz gelungen. Man war dabei nach der funktionalistischen Integrationsmethode vorgegangen. Der Funktionalismus geht davon aus, dass sich durch die Integration einzelner Sektoren ein gewisser sachlogischer Druck zur Übertragung immer weiterer Funktionen ergibt, bis sich schließlich eine umfassende Union erreichen lässt (siehe dazu ausführlich das Theoriekapitel 2.3). Die umfassende ökonomische Integration des zentralen Wirtschaftssektors Kohle und Stahl sollte also eine spätere politische Einigung nach sich ziehen. In diese Richtung erfolgten schon bald erste Schritte.

Am 27. Mai 1952 unterzeichneten die sechs Mitgliedstaaten der EGKS den Vertrag zur Errichtung der *Europäischen Verteidigungsgemeinschaft* (EVG). Die Anregung zu diesem Vorhaben ging auf den damaligen französischen Premierminister René Pleven zurück, der eine gemeinsame europäische Armee unter einem europäischen Verteidigungsminister anstrebte. Über die EVG, die eine Teilnahme der Bundesrepublik mit eingeschränkten Rechten vorsah, wollte Frankreich nicht zuletzt das Problem der deutschen Wiederbewaffnung lösen, die von den Amerikanern seit dem Ausbruch des Koreakrieges 1950 verstärkt gefordert wurde.

Als Antwort auf das Gelingen einer Teilintegration der EGKS und der angestrebten EVG erfolgte zugleich das Bemühen um eine allgemeine politische Ergänzung: das konstitutionelle Modell. Am 10. September 1952 beschlossen die sechs Außenminister bei ihrem ersten Treffen als Rat der EGKS, deren erweiterte Versammlung solle als Ad-hoc-Versammlung die Verfassung einer *Europäischen Politischen Gemeinschaft* (EPG) ausarbeiten. Diese neu zu schaffende Gemeinschaft sollte über Zuständigkeiten im Montanbereich und in Verteidigungsfragen verfügen, sowie „die Koordinierung der Außenpolitik der Mitgliedstaaten (...) sichern". Die Entwicklung des Gemeinsamen Markts in den Mitgliedstaaten, die Anhebung des Lebensstandards und die Steigerung der Beschäftigung sollten weitere Zielsetzungen der EPG sein. Binnen zwei Jahren sollten die bestehende EGKS und die vorgesehene EVG in die EPG integriert werden.

Der am 10. März 1953 dem Rat vorgelegte Verfassungsentwurf sah in seinen 117 Artikeln ein dichtes Geflecht institutioneller Regeln mit stark supranationalen Akzenten vor. Neben einem Parlament mit zwei Kammern sollten ein Exekutivrat, ein Rat der nationalen Minister, ein Gerichtshof und ein Wirtschafts- und Sozialrat eingerichtet werden. Das EPG-Projekt sollte mit einem ausgeprägt konstitutionellen Fundament einerseits die EGKS und die EVG verknüpfen, andererseits auch in anderen Bereichen (Außen- und Wirtschaftspolitik) tätig werden.

Der Entwurf des EPG-Vertrags wurde im März 1953 von der Versammlung der Montanunion einstimmig gebilligt. Die im gleichen Jahr geführten Verhandlungen der Außenminister kamen jedoch nicht zu einer Einigung über den Umfang des nationalen Souveränitätsverzichts. Als Frankreich im März 1954 eine Vertagung der Verhandlung verlangte, zeigten sich die anderen Regierungen mehrheitlich nicht mehr interessiert. Im August 1954 scheiterte die EVG in der französischen Nationalversammlung. Für den europäischen Verfassungsentwurf entfiel damit die Grundlage und das Vorhaben der Europäischen Politischen Gemeinschaft wurde vorerst aufgegeben.

Danach erfolgte der Rückgriff auf das in Ansätzen bewährte funktionalistische Modell, wenn auch mit stark föderalistischen Begleitüberlegungen. Die Einrichtung von EWG und Euratom setzte die Grundlinie sektoraler Integration fort. Doch der Versuch der Verfassungsgebung wurde in der Folgezeit nie ganz aufgegeben. Insofern hatte der Verfassungsprozess, der zur Jahrtausendwende angestoßen wurde und in den Referenden in Frankreich und den Niederlanden wiederum scheiterte, seinen ersten Vorläufer bereits in den 1950er Jahren.

Die Römischen Verträge

Auf der Konferenz der Außenminister der EGKS in Messina am 1./2. Juni 1955 wurde beschlossen, Verhandlungen über die Integration zweier weiterer Bereiche zu beginnen. Die konzeptionelle Grundlage hierzu enthielt der Spaak-Bericht, benannt nach dem belgischen Außenminister Paul-Henri Spaak. Daraus entstanden dann die am 25. März 1957 unterzeichneten „Römischen Verträge" zur Gründung der *Europäischen Wirtschaftsgemeinschaft* (EWG) und der *Europäischen Atomgemeinschaft* (Euratom, auch EAG abgekürzt). Die sechs Gründerstaaten der EGKS strebten im Rahmen der EWG eine Zollunion an, die Handelshemmnisse abbauen und einen gemeinsamen Außenzoll ermöglichen sollte. Zusätzlich wurde im EWG-Vertrag das Ziel festgeschrieben, einen Gemeinsamen Markt mit freiem Personen-, Dienstleistungs- und Kapitalverkehr zu schaffen sowie die dafür notwendige Koordinierung und Harmonisierung unterschiedlicher Politiken vorzunehmen. Organisatorisch orientierte sich die EWG an der Montanunion (EGKS). Die Kommission erhielt gewissermaßen die Exekutivgewalt, der Ministerrat fungierte als Legislative, die Versammlung debattierte über die Berichte und sorgte für die Verbindungen zu den nationalen Parlamenten, der Gerichtshof kontrollierte die bestimmungsgemäße Anwendung des Vertrags. Euratom diente dem Zweck, Aufbau und Entwicklung der Nuklearindustrie in den sechs Mitgliedstaaten zu fördern. Per Fusionsvertrag vom 8. April 1965, der am 1. Juli 1967 in Kraft trat, wurden die Organe der drei Europäischen Gemeinschaften EGKS, EWG und Euratom integriert.

Wie dicht die beiden Vorhaben EWG und Euratom zusammenhingen, belegte die enge Verknüpfung im Sinne der politischen Verhandlungsstrategie, „europäische Pakete" zu schnüren: Euratom kommt nur zustande, wenn der Gemeinsame Markt realisiert wird; die militärischen Vorbehalte der Franzosen gegen eine Ausdehnung von Euratom werden nur akzeptiert, wenn die EWG angemessen ausgestattet wird. Die Konstellationen, die sich in den Verhandlungen zu den Römischen Verträgen herauskristallisierten, hatten historisch-prägenden Charakter. Hier prallten die divergierenden nationalen Interessen der Staaten hart aufeinander: Frankreichs Interesse an einem Schutzzaun um die eigene Wirtschaft und sein Interesse an Kontrolle der Atompolitik, vor allem des östlichen Nachbarn, bei gleichzeitiger Aussparung der militärischen Atomkomponenten aus der europäischen Gemeinschaftsbildung; das deutsche Interesse an ungehinderter Bewegung im großen Gemeinsamen Markt; das englische Interesse, lediglich eine Freihandelszone zu etablieren und möglichst wenig Supranationalität in Europa entstehen zu lassen; das sowjetische Interesse, die Aufmerksamkeit der europäischen Staaten ganz auf den Bau einer gesamteuropäischen Friedensordnung zu konzentrieren. All dies prägte in einer ungewöhnlichen dokumentarischen Dichte die Verhandlungen um die Römischen Verträge. Zwischen den sechs Verhandlungspartnern kam es zum Durchbruch, als sich Frankreich und Deutschland einigten. In der Folgezeit erwies sich das „deutsch-französische Tandem" immer wieder als Triebkraft der Integration – das trotz gelegentlicher Interessendifferenzen auch nach der großen Erweiterungswelle 2004/2007 seine Dynamik beibehalten hat (siehe Kapitel 1.2 „der deutsch-französische Motor").

Ende der 50er Jahre war mit EGKS, EWG und Euratom ein architektonischer Dreiklang geschaffen, der wichtige Weichenstellungen für die wirtschaftliche Integration der Mitgliedstaaten in zentralen Politikfeldern vornahm. Die Idee einer politischen Integration aber wurde auch weiterhin verfolgt.

Integrationspolitische Erfolge, Krisen und Reformversuche in den 60er und 70er Jahren

Nachdem sich eine weitgehend zügige Umsetzung der Römischen Verträge abzeichnete, erfolgte ein erneuter Versuch, einen politischen

Rahmen für die Integration zu schaffen. Die Fouchet-Verhandlungen, die aufgrund eines Beschlusses der Bonner Gipfelkonferenz vom 18. Juli 1961 aufgenommen worden waren, folgten nun allerdings nicht dem früheren supranationalen, konstitutionellen, sondern dem intergouvernementalen Konzept, das die Zusammenarbeit zwischen den Regierungen ins Zentrum rückte. Die Fouchet-Pläne sahen ein Verfahren der lockeren politischen Abstimmung der EWG-Mitgliedstaaten vor, das eher herkömmlichen internationalen Prozeduren entsprach.

Infokasten 11: Die Fouchet-Pläne

Dem französischen Staatspräsidenten Charles de Gaulle war es auf dem Gipfeltreffen 1961 in Bonn gelungen, die anderen Mitgliedstaaten der EWG von der Notwendigkeit einer politischen Zusammenarbeit zu überzeugen. Dort wurde ein Studienausschuss unter der Leitung des französischen Diplomaten Christian Fouchet eingesetzt, der ein Statut für eine *Europäische Politische Union* (EPU) ausarbeiten sollte. Am 19. Oktober 1961 legte Fouchet einen ersten Vertragsentwurf vor („Fouchet-Plan I"), der die Gründung einer „unauflöslichen Staatenunion" vorsah. Diese Union sollte institutionell strikt intergouvernemental ausgerichtet sein und zielte auf eine gemeinsame Außen- und Verteidigungspolitik sowie eine engere Zusammenarbeit in Wissenschaft und Kultur. Als die fünf anderen EWG-Staaten vor allem die fehlende Supranationalität kritisierten und eine mögliche Konkurrenz zur Nato fürchteten, nahm Fouchet entsprechende Korrekturen an seinem Entwurf vor. Am 18. Januar allerdings revidierte Frankreich auf persönliche Initiative de Gaulles diesen Entwurf ein weiteres Mal (dieser Entwurf ist als „Fouchet-Plan II" bekannt, obwohl es sich eigentlich schon um den dritten Fouchet-Plan handelte): Der neue Plan berücksichtigte keinen der Änderungswünsche der EWG-Partner; die Referenzen an die atlantische Allianz und an die bestehenden europäischen Gemeinschaften wurde gestrichen. Obwohl sich de Gaulle im Laufe mehrerer Rettungsversuche doch noch zu Konzessionen bereit zeigte, blieben grundlegende Differenzen über die Ausgestaltung und Dringlichkeit der politischen Integration bestehen. Die Niederländer und Belgier nahmen schließlich ihre von Frankreich abgelehnte Forderung einer Beteiligung Großbritanniens an den EPU-Gesprächen zum Anlass, die Verhandlungen scheitern zu lassen.

Nach dem endgültigen Scheitern der Fouchet-Verhandlungen im Laufe des Jahres 1962 wurde mit dem deutsch-französischen Freundschaftsvertrag eine „Ersatzlösung" für die Fortsetzung der Integration gefunden. Dieser Vertrag wurde am 22. Januar 1963 von Adenauer und de Gaulle in der Absicht unterzeichnet, zunächst zwischen Deutschland und Frankreich eine dichte politische Zusammenarbeit zu schaffen, der sich auf Dauer die übrigen EWG-Mitgliedstaaten nicht würden entziehen können. Die Verklammerung von Deutschland und Frankreich sollte zum Motor der politischen Union Europas werden (siehe ausführlich zur deutsch-französischen Zusammenarbeit Kapitel 1.2). Selbst wenn Initiativen wie die Fouchet-Pläne scheiterten, dachte die europäische Integration also immer auch in Alternativen.

Ein Einbruch in der Erfolgsgeschichte der europäischen Integration geschah mit dem so genannten „Luxemburger Kompromiss" von 1966. In der vertraglich vorgesehenen Übergangszeit wären ab dem 1. Januar 1966 im Ministerrat Abstimmungen mit qualifizierter Mehrheit zu wichtigen Sachgebieten möglich geworden. Diesen Übergang suchte Frankreich mit seiner „Politik des leeren Stuhls" zu verhindern, indem es an den Sitzungen der EWG-Gremien seit dem 1. Juli 1965 nicht mehr teilnahm. Im Luxemburger Kompromiss wurde daraufhin am 27. Januar 1966 festgehalten, dass man in kontroversen Angelegenheiten den Konsens suchen solle. Falls es aber nicht gelänge, diesen Konsens herzustellen, ging Frankreich davon aus, dass das einzelne Mitglied eine Veto-Position besitze, falls vitale Interessen berührt seien. Die fünf restlichen EWG-Staaten dagegen wollten die vertraglich vorgesehenen Abstimmungsprozeduren verwirklichen. In der Interpretationsgeschichte des Luxemburger Kompromisses gelang es Frankreich, seine Sicht durchzusetzen, so dass danach faktisch für jedes EWG-Mitglied die Möglichkeit des Vetos bestand. Im Ministerrat blieben daher viele Entwicklungsfäden einer dynamischen Integrationspolitik hängen.

Unter der Führung von General Charles de Gaulle lehnte Paris darüber hinaus auch die autonome Zuständigkeit der EWG in bestimmten Fragen, sowie den Beitritt des Vereinigten Königreichs zu den Europäischen Gemeinschaften ab. Erst unter Georges Pompidou, Nachfolger de Gaulles im Präsidentenamt, zeigte sich die Regierung in Paris flexibler. Die Haager Gipfelkonferenz vom 1./2. Dezember 1969 beschloss daraufhin die Norderweiterung der Europäischen Gemeinschaften. Die Beitrittsverhandlungen mit Großbritannien, Dänemark, Norwegen und Irland konnten am 22. Januar

1972 mit der Unterzeichnung der Beitrittsverträge abgeschlossen werden. Volksabstimmungen in Großbritannien, Irland und Dänemark ergaben Mehrheiten für einen Beitritt zur EG, die norwegische Bevölkerung lehnte allerdings die EG-Mitgliedschaft ab. Anfang der 70er Jahre war die EG damit von sechs auf neun Mitgliedstaaten angewachsen.

Die Krisen der 60er Jahre hatten zunehmend zu einem Rückgriff auf intergouvernementale Strukturen geführt. Vertiefungsschritte schienen nur noch dann möglich, wenn jedem Mitgliedstaat das nationale Veto in der Hinterhand verblieb. So beschlossen etwa die EG-Außenminister am 27. Oktober 1970 auf der Grundlage des Davignon-Berichts (auch Luxemburger Bericht genannt) die Grundsätze und Verfahrensweisen der so genannten *Europäischen Politischen Zusammenarbeit* (EPZ). Im Vergleich zu den gescheiterten ambitionierten Versuchen zur politischen Integration zu Beginn der 50er (EVG/EPG) und 60er Jahre (Fouchet-Pläne), verfolgte die EPZ, die außerhalb der Gemeinschaftsverträge angesiedelt wurde und einen stark intergouvernementalen Charakter aufwies, bescheidenere Ziele. Über ausgeprägte Kommunikationsmechanismen und gegenseitige Konsultationsverpflichtungen sollten die Standpunkte der Mitgliedstaaten harmonisiert und ihre Außenpolitiken koordiniert werden. Dazu fanden regelmäßige Treffen der Außenminister sowie der Führungsebene der nationalen Außenministerien statt (Politisches Komitee), deren Intensität im Laufe der Zeit erhöht wurde. Mit Inkrafttreten der Einheitlichen Europäischen Akte 1987 erhielt die EPZ schließlich ein eigenes Sekretariat in Brüssel und wurde auf eine vertragliche Grundlage gestellt. Auch wenn die EPZ weder über rechtliche Verbindlichkeit gegenüber ihren Mitgliedern noch über ein eigenes außenpolitisches Instrumentarium jenseits gemeinsamer Erklärungen verfügte, trug sie zur Abstimmung und Annäherung der außenpolitischen Positionen der Mitgliedstaaten bei. Als erfolgreichstes Beispiel dafür gelten die KSZE-Verhandlungen, als die neun EG- und EPZ-Mitglieder mit einer Stimme sprachen und so prägenden Einfluss auf den Verhandlungsprozess und die Formulierung der 1975 in Helsinki verabschiedeten Schlussakte nehmen konnten.

Mit der Erfüllung zentraler Pfeiler der Römischen Verträge – der Einrichtung gemeinsamer Institutionen, der Vergemeinschaftung so wichtiger Politikfelder wie der Landwirtschaft, der (friedlichen) Nutzung der Atomenergie, der Zollunion und der Freizügigkeit – verlangte die Integration seit Anfang der 70er Jahre nach der Ergänzung durch weitere Maßnahmen:

– Die institutionelle Stagnation ließ nach der Einrichtung neuer Institutionen und der Reform einzelner Organe rufen: 1974 wurde der *Europäische Rat* durch einen Beschluss der Staats- und Regierungschefs der EG begründet. Dieser sollte in Zukunft mindestens zweimal jährlich tagen und die Grundlinien der EG-Politik festlegen. Die Schaffung des Europäischen Rats war nicht zuletzt eine Reaktion auf die Führungsschwäche der Kommission, die zunehmend den Konflikt mit dem Ministerrat scheute. Darüber hinaus fand vom 7. bis 10. Juni 1979 die erste allgemeine und unmittelbare *Europawahl* in den damals neun Mitgliedstaaten der EG statt. Zum ersten Mal konnten die Bürger der EG direkt Einfluss auf die Gestaltung der europäischen Politik nehmen, auch wenn das Parlament zu diesem Zeitpunkt noch vergleichsweise schwache Kompetenzen besaß. Der erste Schritt hin zu einem von den Bürgern legitimierten europäischen Einigungswerk war damit getan. Europa fand seitdem nicht mehr nur am Verhandlungstisch statt. Die Akteure europäischer Politik mussten ab sofort den Willen der Bürger Europas stärker in ihr Denken und Handeln einbeziehen. Der Aufbau einer europäischen Identität mittels des Kommunikations-, Interaktions- und Kontrollorgans „Parlament" erhielt eine neue Perspektive.

– Der Gemeinsame Markt bedurfte der Ergänzung durch eine gemeinsame Wirtschafts- und Währungspolitik: Auf der Haager Gipfelkonferenz und in zwei Ratsentschließungen vom März 1971 und vom März 1972 wurde das Ziel der Realisierung einer *Wirtschafts- und Währungsunion* (WWU) bis 1980 formuliert. Geplant waren nicht nur die vollständige Verwirklichung der in den Römischen Verträgen verankerten Freizügigkeiten und eine feste Wechselkursstruktur mit uneingeschränkter Währungskonvertibilität, sondern auch die Übertragung zentraler wirtschafts- und währungspolitischer Zuständigkeiten der EG-Mitglieder auf die Gemeinschaftsorgane. Die Umsetzung dieses Konzepts sollte in mehreren Stufen erfolgen. Im Werner-Plan vom Oktober 1970, benannt nach dem damaligen luxemburgischen Ministerpräsidenten und Finanzminister, wurden diese Schritte zu einer WWU präzisiert. Grundsätzlich unterschiedliche wirtschafts- und integrationspolitische Ansätze und die krisenhafte Entwicklung in den Mitgliedstaaten verhinderten jedoch die Koordinierung der Wirtschafts- und Währungspolitik und das angestrebte gemeinschaftliche Festkurssystem. Die seit Mitte der 70er Jahre in den EG-Staaten durchgeführte Inflationsbekämpfung erwirkte im Laufe der Zeit jedoch eine Annäherung der Wirtschafts- und Währungspolitiken. Dies kam einer deutsch-französischen Initiative von

Helmut Schmidt und Valéry Giscard d'Estaing zugute, die auf die Gründung eines *Europäischen Währungssystems* (EWS) zielte. Kern war dabei das Konzept eines gemeinsamen Wechselkursmechanismus. Am 13. März 1979 trat das EWS rückwirkend zum 1. Januar 1979 in Kraft.

– Die Neuordnung der *EG-Finanzierung* forderte die Kompetenzerweiterung des Europäischen Parlaments, speziell in der Haushaltspolitik: Die 1970 beschlossene Einführung von Eigenmitteln für die EG-Finanzierung brachte in mehreren Stufen bis 1975 eigene Einnahmen für die EG. Als Einnahmequellen wurden Abschöpfungen, Prämien, Zusatz- und Ausgleichsbeträge aus der gemeinsamen Agrarpolitik, Zölle des gemeinsamen Zolltarifs, Abgaben an die EG sowie ein Mehrwertsteueranteil aus den Mitgliedstaaten festgelegt.

Infokasten 12: Das Haushaltsrecht des Europäischen Parlaments

Das Budgetrecht gehört historisch zu den ältesten und gleichzeitig zu den heiß umkämpften Parlamentsrechten, es gilt als „Königsrecht" des Parlaments. Dass die EU nicht wie ein Bundesstaat funktioniert, zeigt sich auch daran, dass das Europäische Parlament über dieses Recht nur eingeschränkt verfügt. Wie viel Geld der Union zur Verfügung steht, entscheiden allein der Rat bzw. die Mitgliedstaaten. Auf der Ausgabenseite hingegen wurden die Kompetenzen des Europäischen Parlaments seit 1970 stetig ausgebaut. Seither bilden der Rat und das Europäisches Parlament gemeinsam die Haushaltsbehörde der Gemeinschaften bzw. der EU. Seit 1977 wird der Haushalt nur mit der Unterschrift des Präsidenten des Europäischen Parlaments rechtsgültig, was also eine Ablehnungsmöglichkeit bei entsprechenden Mehrheiten im Parlament einschließt. Allerdings hat erst der Vertrag von Lissabon das direkte Mitspracherecht des Parlaments auf nahezu alle Politikbereiche ausgedehnt. Bis dahin wurde zwischen obligatorischen und nicht-obligatorischen Ausgaben unterschieden: Mit „obligatorisch" waren die Ausgaben gemeint, die sich aus den Verträgen oder Vorgaben des Sekundärrechts ergeben (z.B. die Gemeinsame Agrarpolitik). Dort hatte der Rat das letzte Wort. Bei den „nicht-obligatorischen" Ausgaben (z.B. die Regional- und Strukturpolitik) traf das Parlament die endgültige Entscheidung. Das komplizierte Verfahren und das Kompetenzgerangel zwischen Rat und Parlament hatte in den 80er Jahren zu immer größeren Spannungen geführt. Um das Haushaltsverfahren zu verbessern wurde 1988

eine „interinstitutionelle Vereinbarung" zwischen Parlament, Rat
und Kommission beschlossen. Die drei beteiligten Organe sollten
sich im Voraus auf einen mehrjährigen Zeitraum über die großen
Haushaltsprioritäten der Gemeinschaft einigen. Seither wird in
Form einer „Finanziellen Vorausschau" ein Rahmen für die Ge-
meinschaftsausgaben (der sogenannte „mehrjährige Finanzrahmen") erstellt. Dieses System, das die Haushaltsdisziplin sicher-
stellt und finanzielle Planungssicherheit ermöglicht, hat sich
bewährt und wurde mit dem Vertrag von Lissabon im Primärrecht
verankert (siehe ausführlich zum Haushaltsverfahren nach dem
Vertrag von Lissabon Kapitel 6.3).

Trotz der Fortschritte in Einzelbereichen blieben Unsicherheiten in
der großen Zielperspektive bestehen. Daher beauftragten die Staats-
und Regierungschefs im Jahr 1974 den damaligen belgischen Ministerpräsidenten Leo Tindemans, ein Gesamtkonzept zur Umwandlung
der EG in eine „Europäische Union" vorzulegen. Der am 29. Dezember 1975 vorgelegte Bericht enthielt unter anderem die Forderung
nach einer einzigen Entscheidungszentrale mit ausreichender Autorität sowie nach einer Verstärkung der gemeinsamen Außenpolitik.
Tindemans formulierte mit starker Betonung der inhaltlichen Fragen
der europäischen Politik einen eigenen Zugang, den man mit dem
Stichwort des „pragmatischen Minimalismus" kennzeichnen kann.
So hob er die Notwendigkeit der schrittweisen Vertiefung der europäischen Integration – wenn erforderlich mit „zwei Geschwindigkeiten" – hervor. In der Folgezeit versäumten es die Mitgliedstaaten
jedoch, aus dem Bericht ein konkretes Programm zur Schaffung der
Europäischen Union vorzulegen und umzusetzen.

Eine Bestandsaufnahme des europäischen Integrationsprozesses
am Ende der 70er Jahre zeigt, dass neben Erfolgen auch Versäumnisse festzuhalten waren. Zweifellos hatte die EG die in den Römischen Verträgen verankerten Grundfreiheiten weitgehend verwirklicht. Wesentliche Hindernisse für einen freien Warenverkehr waren
beseitigt, ein gemeinsamer Zolltarif war eingeführt. Die Vergemeinschaftung zentraler politischer Bereiche war vollzogen und hatte
zum wirtschaftlichen Wohlstand und zur demokratischen Stabilität
Westeuropas beigetragen. Die Ergänzung des Gemeinsamen Markts
durch eine gemeinschaftliche Außenhandelspolitik war ebenfalls
gelungen.

Einige Zielsetzungen waren jedoch nicht oder nur unzureichend realisiert. So bestanden weiterhin Zollformalitäten, die Freizügigkeit war immer noch eingeschränkt und unterschiedliche indirekte Steuersätze belasteten die Effektivität des Binnenmarkts. Darüber hinaus war ein wirklicher Durchbruch zu einer WWU nicht erreicht. Es hatte sich allerdings gezeigt, dass die Mitgliedstaaten gezielt über die vertraglich fixierten Politikbereiche hinauszugreifen bereit waren, wenn es von der Aufgabenstellung her sinnvoll erschien. Dies traf insbesondere für die Etablierung neuer Instrumente und Institutionen zu, die zum Teil neben der EG, aber in enger politischer Zuordnung eingerichtet worden waren (z.B. die EPZ, der Europäische Rat und das EWS). Aus dem Überschreiten der Kernbereiche der Römischen Verträge ergaben sich jedoch neue Integrationsprobleme. Denn um Fragen von nicht originärer EG-Zuständigkeit einzubeziehen, war es notwendig, nationale Politiken zu koordinieren. Das Spektrum politischer Strategien wies also zwei konkurrierende Ansätze auf: Supranationale Entscheidungsfindung und internationale Koordination standen nebeneinander. Es entwickelte sich daraus die Gefahr, dass die Strategie internationaler Koordination die supranationale Strategie unterlaufen konnte. Dieses Spannungsverhältnis blieb prägend für die Geschichte der Integration.

Der Weg zur Einheitlichen Europäischen Akte

Eine Dialektik von Krise und Reform sollte in den 80er Jahren prägend für die Europäischen Gemeinschaften sein. „Krise" und „Reform" traten im Prozess der europäischen Einigung in eine letztlich produktive Wechselwirkung: Versäumte Reformen trugen wesentlich zu den Krisenerfahrungen bei, verschärfte Krisen und ein komplexer Problemberg erhöhten den Reformdruck.

Die Wirtschaft aller EG-Mitgliedstaaten befand sich seit Mitte der 70er Jahre in einer Krise. Die Gefahr wuchs, dass erfindungsreicher nationaler Protektionismus den Gemeinsamen Markt aushöhlte. Die ungünstige Entwicklung der weltwirtschaftlichen Rahmenbedingungen und die ökonomischen Probleme innerhalb der EG führten zu immer stärkeren Widersprüchen zwischen Gemeinschaftsinteressen und nationalstaatlichen Anliegen. Ein Prozess der Entsolidarisierung war unübersehbar. Das Vorhaben der Süderweiterung stieß so auf starken Widerstand.

In dieser wirtschaftlich schwierigen Situation wirkte sich die institutionelle Schwäche der Gemeinschaft besonders ungünstig auf die

Handlungsfähigkeit aus. Die Kommission war zu einem Verwaltungszentrum der intergouvernementalen Kooperation geworden. Die Arbeit des Ministerrats, jenes zentralen Entscheidungsorgans der EG, war durch mangelhafte Effektivität gekennzeichnet. Auf der europäischen Ebene verschwamm es im Halbdunkel des geheimen Beschlussverfahrens und zuhause in der kollektiven Regierungsverantwortlichkeit. Der Haushalt der EG war seit vielen Jahren mit strukturellen Mängeln belastet. Die Gemeinschaft hatte mittlerweile die Grenze ihrer Finanzierbarkeit erreicht. Das verfügbare Finanzvolumen war mit Blick auf die anstehenden Aufgaben zu knapp bemessen. Vor allem die Konzentration von etwa zwei Dritteln aller Haushaltsausgaben auf den Agrarmarkt schränkte die Möglichkeiten zu einer aktiven Europapolitik in den anderen Bereichen drastisch ein. Das Wort von der „Eurosklerose" machte die Runde. Der Europagedanke hatte sichtlich an Fahrt verloren.

Rückblickend lassen sich zu Beginn der 80er Jahre fünf zentrale „Baustellen" im Integrationsprozess benennen:

– Die Gemeinschaft musste Wege finden, um ihre Identität zu stärken und damit gegenüber Partikularinteressen von einzelnen Mitgliedstaaten und starken gesellschaftlichen Interessenvertretern durchsetzungsfähiger zu werden.

– Das institutionelle Gefüge der Gemeinschaft musste weiterentwickelt werden, um die Effektivität und die demokratische Legitimation europäischer Politik zu gewährleisten.

– Die Reform des Agrarmarkts, die Weiterentwicklung der Eigeneinnahmen, der Ausbau der Haushaltskompetenzen des Europäischen Parlaments, sowie die Steigerung des Anteils der Regional- und Sozialpolitik am Gesamthaushalt der EG waren überfällig.

– Die Gemeinschaft sah sich gezwungen, einen größeren Beitrag zum innergemeinschaftlichen Ressourcentransfer zu leisten. Die Mitgliedstaaten standen damit vor der Aufgabe, für einen höchst unterschiedlich strukturierten Wirtschaftsraum eine gemeinsame Strukturpolitik zu entwerfen.

– Der Gemeinschaft stellte sich angesichts der internationalen Herausforderungen die schwierige Aufgabe, ihre außenpolitische Zusammenarbeit und Handlungsfähigkeit wesentlich zu steigern.

Der Beginn der 80er Jahre war von einer Reformdiskussion gekennzeichnet wie selten zuvor. So kündigte der damalige deutsche Außenminister Hans-Dietrich Genscher am 6. Januar 1981 eine neue Europa-Initiative an. Genscher nahm dabei einen seit vielen Jahren

benutzten, aber immer noch sehr unscharfen Zielbegriff der Europapolitik auf: Die „Europäische Union". Er schlug vor, dieses Ziel durch
einen Vertrag – eine „Europäische Akte" – inhaltlich zu fixieren. Die
Grundgedanken seines Vorschlags waren eine stärkere Verbindung
von EG und EPZ unter dem gemeinsamen Dach des Europäischen
Rats, die Einbeziehung der Sicherheitspolitik in die EPZ, eine engere Zusammenarbeit im kulturellen und im rechtspolitischen Bereich,
sowie die Steigerung der Effizienz im Entscheidungsprozess. Dies
sollte durch den Ausbau der Führungsposition des Europäischen Rats,
durch Kompetenzerweiterungen des Europäischen Parlaments und
durch die Abkehr vom Einstimmigkeitsprinzip des Ministerrats erreicht werden. Die italienische Regierung griff diese Überlegungen
auf und ergänzte sie durch konzeptionelle Darlegungen zur wirtschaftlichen Integration. Am 4. November 1981 legten die deutsche
und die italienische Regierung einen gemeinsamen Entwurf für eine
Europäische Akte vor, der ausdrücklich auf konsensfähige Punkte
konzentriert sein sollte. Mit dieser Initiative begann ein schwieriger
Verhandlungsprozess mit den übrigen Partnern, in dessen Verlauf sich
bald herausstellte, dass die konsensfähigen Bereiche doch enger ab-
zustecken waren, als es die Autoren zunächst annahmen.

Die europäische Tagespolitik brachte Anfang der 80er Jahre Bewegung in die Reformdebatte: In der Frage der Einführung von Mehrheitsentscheidungen im Ministerrat kam es zu einem ersten Präzedenzfall. Die Landwirtschaftsminister waren nicht in der Lage, sich
bis zum vorgesehenen Stichtag, dem 1. April 1982, auf die Agrarpreise zu einigen. Tagungen des Agrarministerrats im April und Anfang
Mai brachten keine Entscheidung. Insbesondere Frankreich pochte
auf eine Einhaltung des Luxemburger Kompromisses. Eine neue Dimension erhielt das Thema plötzlich, als Großbritannien eine Blocka-
de der Agrarpreise zum Vehikel seiner Haushaltsforderungen machte.
Das Veto Großbritanniens sollte als Hebel für Forderungen dienen,
die gar nicht in einem direkten Zusammenhang mit der Entschei-
dungsmaterie standen. Großbritannien war nicht zu einem Nachge-
ben in der Beitragsfrage bereit. In der Beratung der Außenminister
am Abend des 17. Mai 1982 bewegte sich nichts. Einen Tag später
entschied dann der Ministerrat doch mit der laut Vertrag erforderlichen qualifizierten Mehrheit. Großbritannien, Dänemark und Griechenland nahmen an der Abstimmung nicht teil. Damit hatte eine
subtile Verschiebung der politischen Akzente stattgefunden: Die Fest-
stellung des Gemeinschaftswillens wurde zwar nicht schematisch
unter das kompromisslose Diktat der Mehrheit, aber auch nicht mehr

automatisch dem Veto der Minderheit unterworfen. Entscheidend war vor allem die Interpretation, die Frankreich der Mehrheitsabstimmung im Ministerrat gab. Die französische Regierung ließ erklären, der „Luxemburger Kompromiss" gebe jedem Mitglied zwar die Sicherheit, dass ihm keine Entscheidung aufgezwungen werde, gegen die es ein vitales Interesse vorbringen könne. Es könne aber nicht Sinn dieses Vorbehalts sein, einem Mitglied die Möglichkeit zu geben, das Funktionieren der Gemeinschaftsprozeduren zu verhindern. Frankreich hatte damit seine Interpretation des „Luxemburger Kompromisses" gemeinschaftsfreundlich akzentuiert. Dieser Präzedenzfall, der herausragende Bedeutung für das Binnenmarktprogramm erlangen sollte, verdeutlicht, dass sich die Reformdebatten keinesfalls im luftleeren Raum abspielten, sondern konkrete Bezüge zur europäischen Politik besaßen: Der Problemdruck machte Reformen schlicht unausweichlich.

Das Europäische Parlament beteiligte sich intensiv an den Reformdiskussionen. Dabei entwickelte es Überlegungen von sehr unterschiedlicher Reichweite. Bei allen Initiativen war das Parlament jedoch bemüht, seine politische Rolle zu stärken, die Effizienz seiner Verfahren zu verbessern und den Weg zu durchgreifenden Kompetenzerweiterungen zu ebnen. Von besonderem Ehrgeiz war zweifellos das Vorhaben, eine europäische Verfassung auszuarbeiten. Der institutionelle Ausschuss unter dem Vorsitz von Altiero Spinelli erarbeitete den *Entwurf eines Vertrags zur Gründung der Europäischen Union*, der am 14. Februar 1984 im Europäischen Parlament mit einer Mehrheit von 237 Stimmen, bei 34 Gegenstimmen und 54 Enthaltungen, angenommen wurde. Der Text blieb aber letztlich in den Debatten der nationalen Institutionen hängen. Nutzlos war die Spinelli-Initiative jedoch nicht: Sie wurde zu einem der Auslöser für die Einheitliche Europäische Akte, auf deren Grundlage das große Werk der Binnenmarktvollendung organisiert werden sollte.

Das Jahr 1984 brach auch mit der Spirale der Kostenexplosion auf dem Agrarsektor. Die Gemeinschaft machte – wenn auch nur vorsichtig und sektoral begrenzt – ein Ende mit dem Gedanken der unbegrenzten Absatzgarantie. Nach Vorvereinbarungen der Agrarminister in Bezug auf die Überproduktion bei Milch und Getreide, sowie den Abbau der Währungsausgleichsbeträge, fixierte der Gipfel von Fontainebleau am 25./26. Juni 1984 unter Hinzufügung von Ausnahmeregelungen für Irland die Vereinbarungen und bestätigte damit vor allem eine Beschränkung der Garantiemengen für Milch. Der Europäische Rat in Fontainebleau einigte sich neben den schlichtenden

Beschlüssen in der Agrarpolitik außerdem auf eine vorläufige Lösung des seit Jahren schwelenden Haushaltskonflikts. Bis dahin hatte man Jahr für Jahr eine Minderung der britischen Haushaltsbelastungen in Form von Ad-hoc-Regelungen vereinbart. Die in Fontainebleau gefundene Lösung hob demgegenüber auf eine längerfristige, wenn auch nicht unbedingt weitsichtige Regelung eines Rabatts ab. Dieses Ausgleichssystem kam erstmals 1985 zur Anwendung. Der Europäische Rat setzte in Fontainebleau außerdem zwei Reform-Kommissionen ein, den Adonnino-Ausschuss für das „Europa der Bürger" und den Dooge-Ausschuss zur Ausarbeitung von Vorschlägen zu institutionellen Fragen, deren Reformvorschläge jedoch auf den nachfolgenden Gipfeln kaum Gehör fanden.

Nicht zuletzt stellte der Gipfel in Fontainebleau die letzten Weichen für die Erweiterung um Spanien und Portugal. Zwar gab es zuvor gemischte Gefühle auf beiden Seiten; als die Beitrittsverträge am 29. März 1985 unterzeichnet und am 1. Januar 1986 vollzogen wurden, herrschte allerdings Feiertagsstimmung. Diese Erweiterung wurde als selten gewordenes Erfolgserlebnis der Europapolitik begrüßt, doch die politische Architektur der EG wandelte sich durch die Erweiterungen. Der gemeinsame Entwicklungstrend mit der Perspektive der politischen Einigung Europas war durch die Beitritte der 70er und Anfang der 80er Jahre einem stärker ökonomisch akzentuierten Ansatz gewichen. Die Süderweiterung – Griechenland war bereits Anfang 1981 beigetreten – verschob nun nicht nur die Akzente in Richtung Mittelmeer, sondern machte auch eine Erhöhung der Ausgaben der Gemeinschaft notwendig. Bereits am Beispiel der Süderweiterung zeigte sich die enge Verbindung zwischen Reformdruck auf der einen und Erweiterungsprozess auf der anderen Seite – ein Zusammenhang, der sich vor allem im Kontext der Erweiterungen infolge des Zusammenbruchs der Sowjetunion als zentrale Triebfeder für die Systementwicklung der EU erweisen sollte.

In der Reformdiskussion erfolgte auf dem Mailänder Gipfel am 28./29. Juni 1985 trotz aller Querelen zwischen den Mitgliedstaaten ein entscheidender Schritt: Der Europäische Rat beschloss, eine Regierungskonferenz einzuberufen, in deren Rahmen die bestehenden Reformvorschläge präzisiert und entscheidungsreif gemacht werden sollten. Dieser Durchbruch konnte vor allem auch deshalb erzielt werden, weil Bundeskanzler Helmut Kohl und Frankreichs Staatspräsident François Mitterrand schon vor dem Mailänder Gipfel vereinbart hatten, ein gemeinsames Konzept zur politischen Fortentwicklung vorzulegen. Beide machten öffentlich deutlich, dass sie den

Weg zur Politischen Union Europas auch dann zu gehen bereit wären, wenn nicht alle EG-Mitglieder folgten.

Die Bundesregierung wollte den von allen Mitgliedern geteilten Wunsch, den Binnenmarkt endlich zu realisieren, nicht als Absichtserklärung versanden lassen. Dazu waren Änderungen der Römischen Verträge notwendig. Der EWG-Vertrag legte in zentralen Feldern des Binnenmarkts Einstimmigkeit fest. Dies hatte alle Bemühungen, den Binnenmarkt zu vollenden, bisher entscheidend beeinträchtigt. Hier sollte die Einführung von Mehrheitsentscheidungen wirksam Abhilfe schaffen. In einem zweiten Bereich erschienen Korrekturen der Römischen Verträge notwendig: bei den Kompetenzen des Europäischen Parlaments. Den direkt gewählten Repräsentanten der europäischen Bürger war noch immer eine effektive Mitwirkung in weiten Bereichen verwehrt. Angesichts vielfältiger Widerstände bei den Partnern schlug die deutsche Seite vor, wenigstens in wichtigen, ausgewählten Bereichen (unter anderem Erweiterung, Assoziierung) die Mitwirkung des Europäischen Parlaments zu verankern, um damit einen ersten Schritt auf dem Weg des Europäischen Parlaments zu einer echten Zweiten Kammer im Gesetzgebungsprozess der EG zu vollziehen. Daneben wurden die Bemühungen fortgesetzt, den politischen Rahmen des Integrationsprozesses zu festigen. Der dazu formulierte deutsch-französische Vertragsentwurf, der neben die Römischen Verträge gestellt werden sollte, versuchte, die bis dahin recht erfolgreiche Kooperation im Rahmen der EPZ in eine feste Form zu gießen und zu kodifizieren.

Der Mailänder Gipfel hatte also Weichen gestellt. Aber in welche Richtung und mit welcher Geschwindigkeit würde sich der europäische Zug nun in Bewegung setzen? Würde er einzelne Waggons abkoppeln, zumindest aber deren Bremsklötze entfernen? – Fragen, die in den Monaten zwischen Mailänder und Luxemburger Gipfel immer wieder aufgeworfen wurden. Die zwischen diesen beiden Gipfeln tagende Regierungskonferenz, an deren Vorbereitung und Durchführung alle zwölf EG-Mitgliedstaaten mitwirkten, erarbeitete schließlich die *Einheitliche Europäische Akte* (EEA), die auf dem Luxemburger Gipfel am 2./3. Dezember 1985 verabschiedet wurde und deren Detailformulierungen die dazu ermächtigten Vertreter der Mitglieder in den Wochen danach endgültig fixierten. Langfristige und strukturelle Bedeutung erhielten folgende Elemente der EEA:

– Der Binnenmarkt sollte bis zum 31. Dezember 1992 vollendet werden. Dieser Fahrplan war bereits im Weißbuch der Kommission zur Vollendung des Binnenmarkts vom Juni 1985 unter der Ägide von

Kommissionspräsident Jacques Delors entwickelt worden. Im Weißbuch wurden sämtliche existierende Hindernisse für einen wirklich
freien Markt in der EG benannt und eine Gesamtstrategie zu dessen
Verwirklichung vorgelegt.

– Die Regierungskonferenz und der Luxemburger Gipfel fixierten
für den Bereich des Binnenmarkts ein neues Beschlussverfahren und
korrigierten so die Römischen Verträge. Dieses neue Verfahren sah
qualifizierte Mehrheitsentscheidungen im Ministerrat vor, stärkte die
Stellung des Parlaments, formulierte jedoch zugleich eine Fülle von
Ausnahmen, bei denen die Einstimmigkeitsregel bestehen bleiben
sollte. Der Luxemburger Kompromiss blieb unangetastet.

– Die Regierungskonferenz und der Luxemburger Gipfel setzten
nicht den Weg der Schaffung neuer Organisationsformen fort. Sie
betrieben vielmehr den Versuch einer Bündelung der bestehenden
Organisationsvielfalt unter einem rechtlichen Dach: Die EEA führte
die EPZ mit der EG zusammen. So gab die EEA dem Verfahren der
EPZ eine rechtliche Form.

– Die EEA legte weitere Kompetenzen der Gemeinschaft in Bereichen fest, die in den Römischen Verträgen nicht oder nur am Rande
erwähnt worden waren, z.B. im Bereich der Umwelt-, der Forschungs-
und Technologie- und der Sozialpolitik.

Im Februar 1986 wurde die EEA von den Regierungen der nunmehr
zwölf Mitgliedstaaten unterzeichnet und trat am 1. Juli 1987 in Kraft.
Ein letztes Dauerproblem blieb zu lösen, um den Weg zur Vollendung
des Binnenmarktes frei zu machen: die umstrittenen Gemeinschafts-
finanzen. Mit dem so genannten „Delors-Paket" legte die EG-Kommission hierfür im Februar 1987 den zentralen Reformvorschlag auf
den Tisch. Nach zähen Diskussion brachte ein Jahr später der Brüsseler
Sondergipfel unter deutscher Ratspräsidentschaft den Durchbruch:
Der Gesamtrahmen der Eigenmittel wurde auf 1,2 Prozent des Brut-
tosozialprodukts (auch Bruttonationaleinkommen/BNE genannt) der
Gemeinschaft festgelegt. Ein Abführungssatz auf das jeweilige Brut-
tosozialprodukt der Mitgliedstaaten ergänzte die Finanzierung der
Gemeinschaft als vierte Einnahmequelle (neben den Einnahmen aus
Agrarzöllen, Zöllen aus der Anwendung des gemeinsamen Zolltarifs
auf eingeführte Waren aus Drittländern und Abgaben jedes Mitgliedstaates von einem Teil seines Mehrwertsteueraufkommens). Der Fi-
nanzausgleich für Großbritannien wurde fortgesetzt, allerdings unter
Anrechnung des Vorteils, den Großbritannien durch die Einführung
der vierten Einnahmequelle hatte.

Mit dem Erfolg des Brüsseler Gipfels vollzog sich ein europäischer Szenenwechsel: Skepsis und Larmoyanz wurden von vorsichtig optimistischer Zukunftserwartung verdrängt: Standen jahrelang Fragen der institutionellen Fortentwicklung, der Finanzausstattung und der Reform des Agrarmarkts im Vordergrund, so wurden diese nun abgelöst von einem zugkräftigen neuen Thema, der Vollendung des Binnenmarkts. „Europa '92" hieß das Kürzel für diesen europapolitischen Motivationsschub. Die sozialpsychologische Kraft dieses Themenwechsels löste jedoch zugleich Besorgnis aus – innerhalb der EG wegen der Gefährdung sozialer Besitzstände und der Frage, ob man dem Tempo des Wandels und der Verschärfung des Wettbewerbs gewachsen sei, außerhalb der Gemeinschaft wegen der Befürchtung von Wettbewerbsnachteilen und einer Abschottung des EG-Binnenmarkts.

Mitten in diese Lage hinein sah sich die EG jedoch plötzlich mit einem Ereignis konfrontiert, das in der Folgezeit die Entwicklung der Gemeinschaft maßgeblich prägen und Europa ein völlig neues Gesicht verleihen sollte: Die politischen Umwälzungen in Europa Ende der 80er und zu Beginn der 90er Jahre.

3.2 Europa nach 1989: Reform und Erweiterung

Das Ende der Spaltung und die Erweiterung der Union

Die markante Zäsur des Mauerfalls 1989 veränderte die europäische Bühne tiefgreifend. Mit dem Ende des Kommunismus schien plötzlich die Vision einer Rückkehr Mittel- und Osteuropas in ein freies, friedliches und prosperierendes Gesamteuropa ebenso möglich wie der Alptraum eines Rückfalls Europas in den Streit der Nationalstaaten, genährt durch soziale und ethnische Spannungen. Nach dem Ende des ideologischen Konflikts zwischen Ost und West kam den Europäischen Gemeinschaften eine neue Schlüsselfunktion für den Kontinent zu. Die jungen Nationalstaaten lenkten ihre Interessen rasch auf die erfolgreiche Integrationsgemeinschaft im Westen. Die EG, die sich mit dem Vertrag von Maastricht zur Europäischen Union weiterentwickelte, wurde aufgrund ihrer wirtschaftlichen Überlegenheit und politischen Stärke zum Magneten Gesamteuropas. Die EU sah ihrerseits die Gefahren, die ein Scheitern des Modernisierungsprozesses in Mittel- und Osteuropa für den gesamten Kontinent mit sich bringen würde: Bürgerkriege und autoritäre Rückfälle aufgrund ethnischer, sozialer und wirtschaftlicher Spannungen, wie sie die blutigen Auseinandersetzungen im ehemaligen Jugoslawien schmerzhaft vor Augen führten; permanente Krisen im Transformationsprozess Osteuropas mit der Folge des Autoritätsverlustes, sozialer und politischer Anarchie; Verelendung ganzer Bevölkerungsteile durch Massenarbeitslosigkeit und die Beschneidung der sozialen Netze; Massenmigration nach Westeuropa aufgrund der zerrütteten materiellen und politischen Perspektiven.

Nach schwierigen Verhandlungen wurden schließlich die als Europaabkommen bezeichneten Assoziierungsverträge mit Polen, Ungarn, Tschechien, der Slowakei, Rumänien, Bulgarien und den drei baltischen Staaten unterzeichnet. Diese Abkommen eröffneten den Osteuropäern eine konkrete Beitrittsperspektive zur Europäischen Union. Nach den Beschlüssen von Kopenhagen 1993, in denen auch die Beitrittskriterien festgeschrieben wurden (siehe dazu den Infokasten 4 in Kapitel 1.3), entwickelte sich die Beitrittsperspektive dieser Abkommen zu einem moralischen Versprechen des Westens und der Beitritt wurde energisch vorangetrieben. Der Beitritt der bisher in der Europäischen Freihandelszone (EFTA) organisierten Länder Österreich, Schweden und Finnland Anfang 1995 zeugte vom Erfolg der EG, die weit über eine wirtschaftliche Interessengemeinschaft hinausragte. Seinen Höhepunkt fand der Erweiterungsprozess am 1. Mai 2004: Auf einen Schlag traten acht mittel- und osteuropäische Länder sowie Malta und Zypern bei. 2007 komplettierte der Beitritt Bulgariens und Rumäniens die größte Erweiterungsrunde in der Geschichte der Union (siehe ausführlich zur den Erweiterungsrunden der Union Kapitel 1.3).

Die bevorstehenden Erweiterungen gingen Hand in Hand mit der Vertiefung der bestehenden Gemeinschaften. Die Vollendung des Binnenmarkts wurde von den neuen Herausforderungen angetrieben, die der Umbruch im Osten und die Deutsche Einheit an die Gemeinschaft stellten. Die EG stand angesichts von Vertiefung und Erweiterung Anfang der 90er Jahre vor einem Berg an unerledigten Aufgaben. Die Europäische Union glich damit ein Jahrzehnt lang mehr denn je einer „Baustelle".

Die Begründung der EU mit dem Vertrag von Maastricht

Die Erfüllung der Verpflichtungen der Einheitlichen Europäischen Akte, die innen- wie außenpolitischen Folgewirkungen des Binnenmarkts, der Umbruch im östlichen Teil Europas und das Wiederaufbrechen der deutschen Frage ließen die Europäer näher zusammenrücken. Die Integrationslogik des Binnenmarkts und den Drei-Stufen-Plan des Delors-Berichts zur Wirtschafts- und Währungsunion (WWU) von 1989 aufgreifend, begann im Dezember 1990 in Rom die Regierungskonferenz zur WWU. Parallel wurde eine Regierungskonferenz zur Gründung einer Politischen Union eröffnet.

In Maastricht fand die bis zu diesem Zeitpunkt weitgehendste Reform der Römischen Verträge am 9. und 10. Dezember 1991 ihren Abschluss. Das Leitbild einer „Europäischen Union" wurde durch den *Vertrag zur Gründung der Europäischen Union* vom 7. Februar 1992 verwirklicht: Die Gemeinschaften wurden von einer hauptsächlich wirtschaftlich integrierten und auf der politischen Zusammenarbeit beruhenden Einrichtung in eine Union weiterentwickelt, die durch den neu geschaffenen EU-Vertrag auch eine Gemeinsame Außen- und Sicherheitspolitik (GASP) und eine Zusammenarbeit in der Justiz- und Innenpolitik (ZJIP) umfassen sollte. Diese Konstruktion war letztlich eine Konsequenz der unterschiedlichen Auffassungen über die Finalität der Union. GASP und ZJIP verblieben in der intergouvernementalen Zusammenarbeit der Mitgliedstaaten, wenn auch im formalen Strukturrahmen der Union, von der Zuständigkeit des Europäischen Gerichtshofs ausgeklammert und fielen nicht unter die Entscheidungsverfahren der Gemeinschaft. Daraus folgte eine Struktur, die als „Tempelmodell" oder „Säulenmodell" bekannt ist. Demnach bildet die EU ein drei Säulen überspannendes Dach. Mit dem Vertrag von Lissabon wurde diese Säulenstruktur zwar formal abgeschafft, für die GASP gelten aber weiterhin intergouvernementale Entscheidungsverfahren (siehe zu den unterschiedlichen Rechtsetzungs- und Entscheidungsverfahren Kapitel 6).

Da die Kompetenzen der bisherigen EWG über den rein ökonomischen Bereich ausgeweitet wurden (u.a. Jugend, Kultur, Verbraucherschutz), wurde sie in „Europäische Gemeinschaft" (EG) umbenannt. Zugleich wurde der Begriff „EG" aber auch weiterhin für die Gesamtheit der drei Europäischen Gemeinschaften (EWG bzw. jetzt EG, Euratom, EGKS) verwandt. Innerhalb dieser ersten Säule sind vor allem zwei entscheidende Schritte hervorzuheben, die der Vertrag von Maastricht mit sich brachte: Die Festlegung des Fahrplans zur Vollendung der Währungsunion und die substanzielle Einbeziehung des Europäischen Parlaments in den Entscheidungsprozess.

– Auf der Grundlage des Delors-Berichts wurde ein Drei-Stufen-Plan beschlossen, der die Verwirklichung der WWU in behutsamen, doch evolutionären Schritten zum großen Sprung vorzeichnete. Die

Die Europäischen Gemeinschaften (EG)	Gemeinsame Außen- und Sicherheitspolitik (GASP)	Zusammenarbeit in der Justiz- und Innenpolitik (ZJIP)
• bestehend aus der früheren EWG, die in EG (Europäische Gemeinschaft) umbenannt wird, sowie Euratom und EGKS • Einführung der Wirtschafts- und Währungsunion (WWU) • beinhaltet "vergemeinschaftete" Politikbereiche (v.a. Binnenmarkt, Agrar-, Struktur- und Handelspolitik) • supranationale Entscheidungsverfahren (Gemeinschaftsmethode)	• Weiterentwicklung der EPZ (Europäische Politische Zusammenarbeit) • ermöglicht gemeinsame außenpolitische Maßnahmen der Mitgliedstaaten • Seit 1999 (Vertrag von Amsterdam): Hoher Vertreter für die GASP • seit 1999: Aufbau einer Europäischen Sicherheits- und Verteidigungspolitik (ESVP) • intergouvernementale Entscheidungsverfahren	• beinhaltet u.a. Asyl- und Einwanderungspolitik sowie Bekämpfung der internationalen Kriminalität • seit Vertrag von Amsterdam (1999) nur noch polizeiliche und justizielle Zusammenarbeit in Strafsachen (PJZS), Übertragung der anderen Kompetenzen in die 1. Säule • intergouvernementale Entscheidungsverfahren

Abbildung 2: Das Drei-Säulen-Modell nach dem Vertrag von Maastricht

Quelle: Eigene Darstellung

erste Stufe begann bereits am 1. Juli 1990 mit einer Kapitalverkehrsli-beralisierung und einer verstärkten Koordinierung der Währungspo-litiken, die zweite Stufe umfasste ab dem 1. Januar 1994 insbesonde-re die Errichtung des Europäischen Zentralbanksystems. Mit der dritten Stufe wurden am 1. Januar 1999 die Wechselkurse in zunächst elf Teilnehmerstaaten (Griechenland kam erst am 1. Januar 2001 hinzu) endgültig fixiert. Der Euro wurde 2002 alleiniges gültiges Zahlungsmittel in den zwölf WWU-Staaten.
– Die Kompetenzen des Europäischen Parlaments wurden erheb-lich ausgebaut. Seit dem Vertrag von Maastricht muss eine neu ein-gesetzte Kommission vom Parlament bestätigt werden. Die Wahlpe-rioden von Parlament und Kommission wurden angeglichen. Das Parlament erhielt Untersuchungs- und Petitionsrechte. Im Rahmen der gemeinschaftlichen Gesetzgebung wurden dem Parlament für die

Bereiche Binnenmarkt, Verbraucherschutz, Umwelt und gesamteuropäische Verkehrsnetze Mitentscheidungskompetenzen vertraglich zugesichert.

Die beiden Formen intergouvernementaler Zusammenarbeit im einheitlichen institutionellen Rahmen der EU markierten den Beginn einer qualitativ intensivierten Zusammenarbeit in der Außen- und Sicherheitspolitik sowie der Innen- und Justizpolitik:

– Die Mitglieder verpflichteten sich, eine Gemeinsame Außen- und Sicherheitspolitik in allen Bereichen zu entwickeln. Dem Rat der EU stand durch Maastricht nun ein Instrumentarium zur Verfügung, das der bisherigen Koordinierung im Rahmen der Europäischen Politischen Zusammenarbeit gefehlt hatte.

– Bereiche der Innen- und Justizpolitik wurden erstmals vertraglich als Gegenstände von gemeinsamem Interesse konkretisiert. Der Vertrag von Maastricht umfasste die Asyl-, Einwanderungs- und Visapolitik, die polizeiliche und justizielle Zusammenarbeit in Zivil- und Strafsachen sowie die Bekämpfung von Terrorismus, illegalem Drogenhandel und internationaler Kriminalität. Darüber hinaus wurde der Aufbau eines Europäischen Polizeiamts (Europol) vereinbart.

Die Ratifizierung des Maastrichter Vertrags innerhalb der EG-Mitgliedstaaten erwies sich als mühsamer und langwieriger als erwartet. Volksentscheide über den Unionsvertrag gab es in Dänemark, Irland und Frankreich. Während sich die beiden letztgenannten für das Vertragswerk entschieden, führte die Abstimmung in Dänemark zu einer Krise: 50,7 Prozent der Dänen stimmten gegen die Beschlüsse von Maastricht und drohten die darin enthaltenen wichtigen Reformen zu blockieren. 1992 – das magische Jahr der Binnenmarkt-Vollendung – wurde zum Wechselbad der Gefühle. Zwar konnte das „Nein" der Dänen nach Zugeständnissen in ein „Ja" umgewandelt werden. Aber die geradezu mythologische Undurchschaubarkeit der Vertragsrevision von Maastricht bestimmte auch in der Folge die zähen Debatten, vor allem in Deutschland und Großbritannien. Nachdem das britische Unterhaus endlich zugestimmt und in Deutschland die eingereichten Verfassungsklagen zurückgewiesen worden waren, war die letzte Hürde genommen. Mit fast einem Jahr Verspätung konnte der Vertrag von Maastricht im November 1993 in Kraft treten. Doch damit schien nicht mehr als ein Zwischenschritt geschafft. Bereits in Maastricht einigten sich die Zwölf darauf, den Vertrag 1996 auf Notwendigkeiten zur Revision zu überprüfen.

Der Vertrag von Amsterdam: ungenutzte Chance zur Kurskorrektur

Die Ergebnisse der Vertragsrevision von Amsterdam wurden dem in Maastricht vorgegebenen Auftrag kaum gerecht. Die Analyse der mitgliedstaatlichen Positionen zur Reformagenda deutete bereits frühzeitig auf keinen durchschlagenden Erfolg der Regierungskonferenz hin. Als die Staats- und Regierungschefs am 16. und 17. Juni 1997 zu den abschließenden Verhandlungen zusammentraten, einigten sie sich erwartungsgemäß nur auf einen minimalen gemeinsamen Nenner. EG- und EU-Vertrag wurden konsolidiert und neu nummeriert. Durch die Kontroverse um Beschäftigungspolitik und Stabilitätspakt im Vorfeld des Gipfels wurde das eigentliche Ziel der Vertragsreform – die Wahrung der Handlungsfähigkeit der EU-Institutionen mit Blick auf die anstehende Erweiterung – in den Hintergrund gedrängt. Dennoch trug der *Vertrag von Amsterdam* in zentralen Bereichen zur weiteren Vertiefung der EU bei:

– Die GASP wurde durch die Schaffung des Amtes eines „Hohen Vertreters" gestärkt. Unabhängig vom Ratsvorsitz sollte dieser die Außenpolitik der EU repräsentieren und zusammen mit der Kommission die jeweilige Ratspräsidentschaft unterstützen.

– Die in Maastricht begonnene Zusammenarbeit in der Justiz- und Innenpolitik gewann durch die Überführung des Bereichs der justiziellen Zusammenarbeit in Zivilsachen in die EG an Integrationsdichte. Die polizeiliche und justizielle Zusammenarbeit in Strafsachen (PJZS) verblieb in der intergouvernementalen Zusammenarbeit, wurde aber optimiert. Die Grundlagen für eine gemeinsame Asyl- und Einwanderungspolitik wurden gelegt.

– Um die Effizienz und Handlungsfähigkeit der EU zu steigern, wurden Mehrheitsentscheidungen im Rat ausgeweitet und dem Parlament weitere Rechte übertragen. Neben einem größeren Mitspracherecht bei der Auswahl des Kommissionspräsidenten wurde das Mitentscheidungsrecht des Parlaments auf über 20 neue Bereiche erweitert.

– Als entscheidende Zäsur und wohl einzig kreative Entscheidung ist rückblickend die Einführung von allgemeinen Flexibilitätsklauseln in das Vertragswerk anzusehen. Die „Verstärkte Zusammenarbeit" unterlag jedoch im Vertrag von Amsterdam noch einer Reihe von Einschränkungen, so dass die Anwendbarkeit der Klauseln zweifelhaft blieb.

Das größte Versäumnis des Vertrags von Amsterdam waren jedoch die verschleppten institutionellen Weichenstellungen, die im Nachgang zur Regierungskonferenz verniedlichend als die „Left-overs", die Überbleibsel, von Amsterdam bezeichnet wurden.

Infokasten 13: Die „Left-overs" von Amsterdam
- die Größe und Zusammensetzung der Kommission
- die Stimmgewichtung im Ministerrat
- die Ausweitung von Mehrheitsentscheidungen im Ministerrat

Um die sich bereits zu diesem Zeitpunkt abzeichnende Erweiterung um bis zu zwölf weitere Staaten verkraften zu können, musste die EU diese ungelösten Fragen dringend in Angriff nehmen. Auf den ersten Blick erscheinen diese Themen fast technisch-banal, doch handelt es sich bei genauerem Hinsehen um Fragen von Macht und Einfluss, die sich erfahrungsgemäß nur unter größten Anstrengungen und Zeitdruck lösen lassen. Mit den „Left-overs" waren die zentralen Reformthemen der nächsten Vertragsrevision auf dem Tisch: Wenige Monate nach In-Kraft-Treten des Vertrags von Amsterdam im Mai 1999 begann zur Jahrtausendwende die Regierungskonferenz von Nizza.

Der Drittversuch von Nizza

Bereits die Vorbereitungen der Regierungskonferenz 2000 – die im Februar 2000 unter portugiesischer Präsidentschaft feierlich eröffnet und mit der Einigung auf den *Vertrag von Nizza* im Dezember 2000 unter französischer Präsidentschaft abgeschlossen wurde – zeigten: Die strategische Kraft der Europapolitik war nahezu erschöpft. Grabenkämpfe zwischen großen und kleinen, alten und neuen, armen und reichen Mitgliedstaaten hatten die Regierungskonferenz zur Institutionenreform und den entscheidenden Gipfel bestimmt. Fünf Tage lang verhandelten die Staats- und Regierungschefs in Nizza nahezu 100 Stunden lang, und doch war das Ergebnis ernüchternd:
– Die Verkleinerung der Kommission wurde vertagt: Zwar sah der Vertrag von Nizza vor, dass von 2005 an jedes Land nur noch einen Kommissar stellen darf, so dass die großen Mitgliedstaaten ab diesem Zeitpunkt auf ihren zweiten Kommissar verzichten müssten. Erst wenn die EU 27 Mitgliedstaaten umfasst, sollte jedoch das Prinzip

„weniger Kommissare als Mitgliedstaaten" gelten. Die Details der Regelung müssten die Mitgliedstaaten dann einstimmig beschließen.

– Die Stimmengewichtung im Rat der EU wurde verkompliziert: Mehrheitsentscheidungen wären gemäß Nizza nur noch dann möglich, wenn eine Mehrheit der Stimmen, der Staaten und der Bevölkerung erreicht wird („dreifache Mehrheit").

– Trotz dieser dreifachen Absicherung wurde eine deutliche Ausweitung der Mehrheitsentscheidungen im Rat nicht gewagt. Es wurden zwar in einigen Politikfeldern sowie bei personellen Entscheidungen die Mehrheitsbeschlüsse ausgeweitet, doch der große Durchbruch gelang nicht.

Die Lösung der drei großen „Left-overs" von Amsterdam fiel damit wenig zukunfsträchtig aus. Und auch in weiteren Reformbereichen wurden lediglich Kompromisse auf einem kleinen gemeinsamen Nenner gefunden. So wurde die Sitzverteilung im Europäischen Parlament zwar den neuen Verhältnissen nach der Erweiterung angepasst, doch auch hier blieben sachliche Unstimmigkeiten bei der Sitzverteilung bestehen. Das im Vertrag von Amsterdam verankerte Vetorecht beim Einstieg in eine „Verstärkte Zusammenarbeit" fiel zwar in Nizza – aber nicht für die Gemeinsame Außen- und Sicherheitspolitik. Die Öffnung der Flexibilisierung geschah darüber hinaus unter dem Vorbehalt, dass sie sich nicht auf neue Politikfelder beziehen dürfe. Außerdem proklamierten die Staats- und Regierungschefs in Nizza die EU-Grundrechtecharta, die von einem europäischen Konvent unter der Leitung des ehemaligen deutschen Bundespräsidenten Roman Herzog erarbeitet war. Mit der Proklamation erhielt die Charta aber noch keine rechtliche Verbindlichkeit. Trotz aller halbherzigen Reförmchen haben die Staats- und Regierungschefs in Nizza auch einen richtungsweisenden Beschluss gefasst. Auf eine deutsch-italienische Initiative hin wurde dem Vertrag von Nizza die Erklärung Nr. 23 zur Zukunft der EU angehängt. In dieser sprachen sich die Mitgliedstaaten für die Aufnahme eines breit angelegten Dialogs aus, der insbesondere vier Themen umfassen sollte:
– den Status der EU-Grundrechtecharta;
– die trennscharfe Abgrenzung der Zuständigkeiten im Mehrebenensystem;
– die Rolle der nationalen Parlamente im Einigungsprozess und
– die Vereinfachung der Verträge.
Was in der Folgezeit noch etwas umständlich als so genannter „Post-Nizza-Prozess" daherkam, entwickelte sich innerhalb weniger Monate zu einer veritablen europäischen Zukunftswerkstatt. Es schien

als waren die Regierungen der Mitgliedstaaten erschrocken über die eigene Unfähigkeit, Europa eine strategische Ausrichtung zu geben. Diese hatte sich in Nizza so offenkundig gezeigt, als nationale Eitelkeiten und Eigeninteressen eine umfassende Änderung des Primärrechts der Union verhindert hatten. Auch die Gesamtbilanz der Reformverträge des vergangenen Jahrzehnts war ernüchternd: Die Reformen von Maastricht, Amsterdam und Nizza haben die EU weder ausreichend auf die veränderten globalen Rahmenbedingungen noch nachhaltig für den Zuwachs auf 27 und mehr Mitgliedstaaten befähigt. Im Patchwork-Stil wurden den Verträgen immer neue Bestimmungen hinzugefügt und Bestandteile zwischen den in Maastricht eingeführten drei EU-Säulen verschoben. Dadurch glich das Gesamtwerk nicht nur einem Flickenteppich, es war auch kaum mehr nachzuvollziehen, nach welchem Muster die Aufgaben zwischen der EU und ihren Mitgliedstaaten verteilt sind. Erschwerend kam hinzu, dass das institutionelle Gefüge und die Entscheidungsstrukturen auf europäischer Ebene im Zuge von Erweiterung und Vertiefung zu zerfasern drohten. Und schließlich fehlte eine strategische Konzeption, wie die nötige Entwicklungsoffenheit einer erweiterten Europäischen Union in Zukunft gewährleistet werden kann. Die Auflösung dieser Kernprobleme war die Anforderung an jede der Reformrunden der 1990er Jahre. Und keine hatte sie zufriedenstellend beantwortet.

3.3 Von der Verfassung zum Vertrag von Lissabon

Innovatives Reformgremium: der Europäische Konvent

In diesem Bewusstsein verabschiedeten die Staats- und Regierungschefs auf Grundlage der Erklärung von Nizza schließlich am 15. Dezember 2001 die „Erklärung von Laeken" mit knapp 60 Fragen zur Zukunft der Europäischen Union. Diese brachte einen Stein ins Rollen, der letztlich in eine Totalrevision des erreichten Integrationsstands durch einen europäischen Verfassungsprozess mündete. Dass die Beschlüsse von Laeken, die auch die Einsetzung eines neuen Gremiums zur Vorbereitung der Vertragsrevision umfassten, nur drei Jahre später, im Herbst 2004, in die Unterzeichnung einer Verfassung münden würden, war für alle Beteiligten zu diesem Zeitpunkt keineswegs eine klare Zielperspektive. Die Staats- und Regierungschefs formulierten mit der Erklärung von Laeken nicht nur einen ambitionierten Auftrag, sondern setzten auch ein innovatives

Gremium zur Vorbereitung der Vertragsreform ein. Nach dem Vorbild des Grundrechte-Konvents wurde zum ersten Mal auch für eine Vertragsrevision ein Konvent einberufen. Damit versuchten die EU-Mitgliedstaaten, eine Lehre aus den Regierungskonferenzen der vergangenen Jahre zu ziehen und mittels einer neuen Methode den Reformprozess effektiver und demokratischer zu gestalten. Der Konvent setzte sich aus 105 Vollmitgliedern (15 Vertreter der Regierungen und 30 Abgeordnete der nationalen Parlamente der Mitgliedstaaten, 16 Abgeordnete des Europaparlaments, zwei Mitglieder der Kommission sowie 13 Vertreter der Regierungen und 26 Parlamentarier der Beitrittskandidatenstaaten, damit auch drei Vertreter der Türkei) sowie ihren Stellvertretern zusammen. An der Spitze des Konvents stand mit dem ehemaligen französischen Staatspräsidenten Valéry Giscard d'Estaing ein alter Kämpe der Europapolitik, der bereits in den 70er Jahren zusammen mit Bundeskanzler Helmut Schmidt durch die Einführung des Europäischen Währungssystems und die Direktwahl des Europäischen Parlaments wichtige Weichenstellungen für die europäische Integration vorgenommen hatte. Als Vizepräsidenten standen Giscard d'Estaing mit Giuliano Amato (Italien) und Jean-Luc Dehaene (Belgien) zwei namhafte ehemalige Regierungschefs zur Seite.

Auch wenn wie so oft die Kommunikation zwischen politischen Entscheidungsträgern und Bürgern defizitär war, so wurde doch ein fundamentaler Unterschied zwischen der Methode der Regierungskonferenz und der Konventsmethode offensichtlich: Die Bildung von Koalitionen und die Austragung von Konflikten fanden, nicht zuletzt auch durch die Ausweitung der Akteure, viel stärker in der Öffentlichkeit statt als in den vorangegangenen Regierungskonferenzen. Zwar sollte man die Transparenz des Konventsprozesses nicht überbewerten, denn auch hier blieben taktische Winkelzüge als integraler Bestandteil komplexer Verhandlungssysteme nicht aus. Aber im Konvent genossen diese Manöver nicht dieselbe Deckung wie in der Regierungskonferenz.

Dies hatte vor allem Auswirkungen auf das Ergebnis des Konvents. Das Gremium entwickelte im Verhandlungsprozess ein beachtliches institutionelles Selbstbewusstsein. Getragen von dem Gefühl, einen historischen Moment europäischer Politik mitgestalten zu können, wirkte die stärker als je zuvor greifbare Parallelität von Erweiterung und Vertiefung für den Konvent wie ein Katalysator. Am Ende des ersten gemeinsamen Großprojekts der erweiterten Union stand nach nur 17 Monaten Verhandlungszeit ein Europäischer Verfassungsent-

wurf. Damit sollte die EU einen großen Schritt in Richtung post-
nationaler Staatlichkeit tun.

Den Verfassungsentwurf hinterlegte Konventspräsident Giscard
d'Estaing am 18. Juli 2003 bei der damaligen italienischen Ratspräsidentschaft und gab damit das offizielle Signal: Bühne frei für die
Regierungskonferenz. Denn trotz der Einsetzung des Konvents musste vertragsgemäß eine Regierungskonferenz der EU-25 – also ohne
Beteiligung von Bulgarien, Rumänien und der Türkei, aber unter
Einschluss der zehn Beitrittsländer, die den Beitrittsvertrag bereits im
Frühjahr 2003 unterzeichnet hatten – einstimmig über die Reformen
beschließen. Zwar schwächte die Regierungskonferenz das ursprüngliche Dokument in seiner visionären Kraft noch ein wenig ab. Dennoch war der schließlich am 29. Oktober 2004 von allen 25 EU-
Staats- und Regierungschefs feierlich in Rom unterzeichnete
Verfassungsvertrag ein Meilenstein in der europäischen Integrationsgeschichte. Mit dem Verfassungsprojekt wollte die europäische Politik weit mehr schaffen als nur die Korrektur zurückliegender Versäumnisse und Fehlentwicklungen. Die bisherigen Verträge boten
kein in sich geschlossenes und ausgewogenes Verfassungssystem.
Nizza war zum Symbol für in Kompromissformeln verhaftete Milli-
meterschritte der Integration geworden. Im Verfassungskonvent wurde daher der Bestand der Integration grundlegend mit dem Ziel überprüft, Legitimation, Transparenz und Handlungsfähigkeit der
Europäischen Union zu verbessern. Wichtige Prinzipien des gemeinsamen und arbeitsteiligen Handelns sollten systematisch verankert
werden, das Mehrheitsprinzip sollte die Konzertierung europäischer
Politik auf die Stufe des Regierens bringen. Das System der konse-
quenten Mitentscheidung des Parlaments sollte die Demokratie stärken. Durch die Systematisierung der Zuständigkeiten sollte die Arbeitsteilung zwischen europäischer und einzelstaatlicher Ebene
gemäß dem Subsidiaritätsprinzip unterfüttert werden. Nicht zuletzt
sollte der Verfassungsvertrag die verschiedenen Primärrechtstexte,
auf die sich die EU bislang gestützt hatte, in einem einzigen Dokument bündeln.

*Scheitern, Reflexionsphase und der Führungsimpuls unter
deutscher Präsidentschaft*

Doch um überhaupt in Kraft treten zu können, musste der Verfassungsvertrag in allen damals 25 Mitgliedstaaten gemäß den nationalen verfassungsrechtlichen Bestimmungen ratifiziert werden. Nach-

dem bereits eine Reihe von Mitgliedstaaten – in Spanien sogar in einem Referendum – das Dokument abgesegnet hatten, erlebte der Ratifizierungsprozess ein jähes Ende. Mit der Ablehnung des Verfassungsvertrags im Frühjahr 2005 durch die Bevölkerung in Frankreich (am 29. Mai) und den Niederlanden (am 1. Juni) – und damit in zwei Gründerstaaten – war abermals einer der großen historischen Versuche, Europa eine zuverlässige Ordnung zu geben, gescheitert. Zwar setzte die Bevölkerung in Luxemburg mit ihrem Ja zur Verfassung noch nach den beiden negativen Voten ein klares Signal für die Fortführung des Ratifizierungsprozesses. Das Ende des Verfassungsvertrags konnte jedoch nicht mehr aufgehalten werden. Europa war offenbar immer noch nicht reif und in der Lage, die Schlüsselentscheidungen über Architektur und Macht zu fällen.

Nachdem sich der erste Schock über den Ausgang der Verfassungsreferenden gelegt hatte, begann die Suche nach möglichen Alternativen, mit denen wenn schon nicht die gesamte Verfassung, so doch deren zentrale Reformbestände gerettet werden sollten. Keine der Kontroversen in den Mitgliedstaaten hat sich am wirklichen Kern der Verfassung festgemacht. Der wesentliche Fortschritt, den die Verfassung mit Blick auf die Handlungsfähigkeit, die Effektivität sowie die demokratische Legitimation Europas bringen sollte, wurde nirgends in Frage gestellt. Die Verfassung aber war von Anfang an mit einem anderen schweren Webfehler behaftet: Der Text ist trotz einer neuen Systematik des europäischen Primärrechts umfangreich und kompliziert. Deshalb konnte man als Gegner auch alles Mögliche in diesen Text hineindeuten, auch wenn er weitaus verständlicher war als die zuvor bestehenden Verträge. Zudem lud das Dokument geradezu dazu ein, innenpolitische Frustrationen zu artikulieren. Das „Nein" war eine Absage an nationale Regierungen und das Resultat von unbegründeten mythologischen Ängsten. Eine Absage an das historische Projekt einer europäischen Friedensordnung wurde hier nicht formuliert.

Gefragt war also eine tragfähige Option zur Wahrung der Substanz des Verfassungsvertrags, die gleichzeitig Rücksicht nahm auf das Votum der Bürger in Frankreich und den Niederlanden. Die Union verordnete sich daher eine „Phase der Reflexion", um die Zukunft der dringend benötigten Reformen zu überdenken und neue Spielräume auszuloten. Doch statt großer strategischer Überlegungen stagnierte Europa in einer Phase der reformerischen Konzeptionslosigkeit. Kaum einer wagte einen politisch weitsichtigen Entwurf, man beschränkte sich auf kurzfristige Aktivitäten. Europas Kraftreserven

schienen vorerst aufgebraucht, das Ziel, die Wurzeln und Bestimmung des europäischen Kontinents in einen grundlegenden und weg-
weisenden Vertragstext zu gießen, schien in weite Ferne zu rücken.
Zurück blieben Versuche nach der Seele Europas zu suchen – oftmals
Material für die Satire der Feuilletons. Die strategische Unentschie-
denheit der Politik war nicht zu übersehen.

Ein neuer Impuls zur Stimulierung des Reformprozesses wurde
erst wieder von der deutschen Bundesregierung erwartet, die am 1.
Januar 2007 für ein halbes Jahr den Vorsitz der Europäischen Union
übernahm. Die deutsche Ratspräsidentschaft fiel in eine Zeit voller
Fragezeichen. Nach dem Scheitern der Verfassung und der Zeit der
Reflexion lag es an Deutschland, dem Projekt Europa neuen Mut zu
geben und einer von Dissens und Widersprüchlichkeit bestimmten
Agenda Klarheit und Perspektive zu verleihen. Die Erwartungen an
Bundeskanzlerin Angela Merkel und Außenminister Frank-Walter
Steinmeier waren hoch. Nahezu alle Mitgliedstaaten, vor allem aber
diejenigen, welche die Verfassung bereits ratifiziert hatten, erhofften
sich, dass die deutsche Ratspräsidentschaft die tiefe Interessenkluft
zwischen den Mitgliedstaaten überbrücken und einen substanziellen
Beitrag zur Ankurbelung der Integrationsdynamik Europas leisten
würde.

Die Verabschiedung der Berliner Erklärung anlässlich des 50. Jah-
restages der Unterzeichnung der Römischen Verträge am 25. März
2007 sollte als erste Lockerungsübung für die anstrengenden Vertragsverhandlungen dienen. Die Römischen Verträge hatten die normative Orientierung, die Zielperspektive des Integrationswerks, festgelegt. In der Präambel des EWG-Vertrags bekunden die
Vertragspartner den „festen Willen, die Grundlagen für einen immer
engeren Zusammenschluss der europäischen Völker zu schaffen".
Diesen Geist der Einigkeit wollte die Bundesregierung bei den Fei-
erlichkeiten zur Verabschiedung der Berliner Erklärung beschwören.
Nach langer Überzeugungsarbeit gelang es ihr schließlich, allen übrigen 26 Mitgliedstaaten das Bekenntnis abzuringen, „die Europäische Union bis zu den Wahlen zum Europäischen Parlament 2009 auf
eine erneuerte gemeinsame Grundlage zu stellen" – ein eindeutiges
Bekenntnis zur Reform der Unionsverträge.

Bundeskanzlerin Angela Merkel und Außenminister Frank-Walter
Steinmeier kam die schwierige Aufgabe zu, die verschiedenen Interessen und nationalen Befindlichkeiten behutsam auszubalancieren
und zusammenzuführen. Dass sich die Staats- und Regierungschefs
der Union auf ihrem Gipfel im Juni 2007 auf einen Fahrplan zur

Reform des EU-Primärrechts einigen konnten, ist vor allem der Verhandlungsführung der deutschen Präsidentschaft und der Kompromissbereitschaft der „Freunde der Verfassung" zu verdanken, also den Staaten, die den Verfassungsvertrag bereits ratifiziert hatten. Dass die uneingeschränkte Durchsetzung eines nationalen Wunschkatalogs nicht möglich ist, stellte auch die portugiesische Ratspräsidentschaft klar, die nach der Vorarbeit der Bundesregierung den Reformprozess im Endspurt zum Ziel führen sollte. Doch bis zum Ende der Regierungskonferenz bäumten sich immer wieder nationale Interessen auf, die einen Reformerfolg gefährdeten. Vor allem die polnische Regierung versuchte, Änderungen am Abstimmungsmodus der „doppelten Mehrheit" sowie an der so genannten „Ioannina-Klausel" zu erwirken, die als moderne Form des Luxemburger Kompromisses bezeichnet werden kann. Diese Klausel sieht vor, dass Mehrheitsentscheidungen im Ministerrat verzögert werden können, wenn eine Sperrminorität nur knapp verfehlt wird. Warschau wollte den Zeitraum des Verhandelns auf bis zu zwei Jahre ausdehnen, die anderen Mitgliedstaaten plädierten schließlich erfolgreich für eine kürzere Frist.

Im entscheidenden Moment spielte der portugiesische Vorsitz die nötigen taktischen Karten aus und ermöglichte damit die Zustimmung aller EU-Staats- und Regierungschefs zum neuen Primärrecht der Europäischen Union. Nach den Anstrengungen eines jahrelangen erschöpfenden Reformprozesses konnte der *Vertrag von Lissabon* schließlich am 13. Dezember 2007 in den historischen Gemäuern des Hieronymus-Klosters in Lissabon von den EU-Staats- und Regierungschefs und den Außenministern unterzeichnet werden. Im öffentlichen Diskurs wird der Vertrag oftmals auch als *EU-Reformvertrag* bezeichnet.

Abermals startete der Ratifizierungsprozess in den Mitgliedstaaten. Während die Ratifikation in allen anderen Mitgliedstaaten über die Parlamente erfolgte, musste in Irland aus verfassungsrechtlichen Gründen ein Referendum abgehalten werden. Am 12. Juni 2008 stimmten die Iren mit 53,4 Prozent gegen den Vertrag von Lissabon. Auch in Polen, Tschechien und in Deutschland verzögerte sich die Ratifikation. Am 30. Juni 2008 wies das Bundesverfassungsgericht schließlich die Klagen gegen den Vertrag von Lissabon ab. Lediglich das deutsche Begleitgesetz musste geändert werden, um dem Bundestag mehr Mitsprache in der Europapolitik zu sichern. Vor dem Hintergrund der schweren Wirtschaftskrise und nach Garantieerklärungen durch den Europäischen Rat, der auch die vorgesehene Verkleinerung der Kommission zurücknahm, sprachen sich die Iren in einem zweiten Referendum am 2. Oktober 2009 mit einer deutlichen Mehrheit von 61,1 Prozent für den Vertrag aus. Daraufhin unterzeichneten auch der polnische und – nach weiteren Garantieerklärungen – der tschechische Staatspräsident die Ratifikationsurkunden, so dass der Vertrag von Lissabon schließlich zum 1. Dezember 2009 in Kraft treten konnte.

Der Vertrag von Lissabon: ein historischer Schritt

Oberste Ziele des nach der „Reflexionsphase" wieder angestoßenen Reformprozesses waren die Korrektur der Entscheidungsprozesse, die Sicherung der demokratischen Legitimation, die Stärkung der Institutionen und das Ermöglichen weltpolitischen Handelns. Um es vorwegzunehmen: Was erreicht wurde, ist mehr als viele erwartet haben. Europa schaffte es noch einmal, nicht in den Abgrund des Scheiterns zu stürzen, in den es während der langen Zeit der Verhandlungen mehrfach blicken musste. Die Techniker der Integration können befriedigt feststellen, dass die Substanz der Verfassung weitgehend gerettet wurde – auch wenn die Öffentlichkeit des Konvents geheimen Gesprächen zwischen den Staats- und Regierungschefs hinter verschlossenen Türen weichen musste. Statt eines Verfassungstextes gibt es nun einen Änderungsvertrag in der Tradition von Maastricht, Amsterdam und Nizza. Dieser reformiert die bestehenden Verträge und greift in weiten Teilen auf die Bestimmungen des gescheiterten Verfassungsvertrags zurück. Damit werden im Vergleich zum geltenden Vertrag von Nizza demokratische Legitimation und Handlungsfähigkeit der EU deutlich gestärkt.

Zu den zentralen Reformen gehören die Ausweitung der Mehrheitsentscheidungen, die Einführung der doppelten Mehrheit, die Stärkung der Gemeinsamen Außen- und Sicherheitspolitik, die klarere Kompetenzabgrenzung zwischen der Union und den Mitgliedstaaten, die Stärkung der Rechte des Europäischen Parlaments, die Rechtsverbindlichkeit der Charta der Grundrechte, die Einführung eines europäischen Bürgerbegehrens sowie die Justierung der Instrumente der differenzierten Integration. Zudem enthält der neue Vertrag an vielen Stellen Mechanismen, die ein Weiterentwickeln der EU auch ohne kraftraubende Vertragsverhandlungen ermöglichen. Nicht zuletzt hat Europa dank des Vertrags von Lissabon mit dem permanenten Präsidenten des Europäischen Rates, dem gestärkten Kommissionspräsidenten und der aufgewerteten Position des Hohen Vertreters für Außen- und Sicherheitspolitik, Führungspersönlichkeiten bekommen, die nicht nur mehr Kompetenzen haben, sondern vor allem deutlicher wahrgenommen werden können. Damit wird ein Erfolgsrezept der nationalen Politik beherzigt: Politik ist Personenwerk – nicht die Ansammlung seelenloser Apparate. Wer Politik verstehbar gestalten will, der muss ihr konkrete Gesichter geben. Auch Europa lebt von dieser unverzichtbaren Personalisierung. Damit wird die Sichtbarkeit der EU sowohl gegenüber internationalen Partnern als auch gegenüber den Bürgern gesteigert und eine bessere Identifikation mit Europa ermöglicht.

Der Vertrag von Lissabon lässt zu weiten Teilen das bisherige „Wildwuchs-Europa" hinter sich. Die vielen verschiedenen Verfahren und die hohe Zahl von Einstimmigkeitserfordernissen werden reduziert. Mehrheitsabstimmungen werden erneut ausgebaut. Vor allem im Bereich „Justiz und Inneres" werden die nationalen Blockademöglichkeiten weitgehend abgeschafft. Allerdings wird es auch auf der Grundlage des neuen Primärrechts der Union nur in Einzelfällen möglich sein, Mehrheitsentscheidungen im Bereich der Gemeinsamen Außen- und Sicherheitspolitik zu treffen. Hier wachen die Regierungen der Mitgliedstaaten nach wie vor eifersüchtig über ihre Hoheitsbefugnisse. Das Potenzial, das Europa als weltpolitischer Akteur hat, kann dadurch immer noch nicht voll entfaltet werden.

Das eigentliche Problem war in der Vergangenheit die Stimmgewichtung im Rat. Die asymmetrische Machtverteilung und die undurchsichtige Komplexität wurden zur Quelle des Dissens. Der in Nizza vereinbarte Abstimmungsmodus hatte den großen Staaten 29 Stimmen, den kleinsten Staaten 3 Stimmen beschert. Die kleineren Staaten verfügten damit über ein weit überproportionales Gewicht, nimmt man das demokratische Prinzip der Bevölkerungszahl als Maßstab. Diese Schieflage verschärfte die Akzeptanzkrise der Union.

Insbesondere die Abkehr von der ebenfalls in Nizza vereinbarten dreifachen Mehrheit im Rat und die Einführung der doppelten Mehrheit sind Meilensteine in der Geschichte der Union. Sie sind Schlüsselqualifikationen auf dem Weg zu mehr Handlungsfähigkeit und Demokratie. Die Europäische Union wäre andernfalls über kurz oder lang in eine dramatische Legitimationskrise geraten. Ein geradezu übermächtiges System, das drastisch in fast alle politischen Lebensbereiche interveniert, verträgt im Zeitalter der Demokratien nicht mehr jene gigantische Verzerrung durch die bisher gegebenen Stimmgewichtungen im Rat. Die Abschaffung dieses Übels in der Entscheidungsfindung ist der eigentliche historische Schritt, der das System zukunftsfähig macht. Die doppelte Mehrheit bei Abstimmungen im Rat, wie sie mit dem Vertrag von Lissabon eingeführt wurde, ist einfach, demokratisch und entspricht dem besonderen Charakter der Union: Es gilt die Zahl der Bürger und die Zahl der Staaten (siehe ausführlich zu den Entscheidungsverfahren Kapitel 6).

Doch wie bei früheren Vertragsrevisionen ist auch diesmal ein Kompromiss entstanden, der den Verfassungsfreunden einige Opfer abverlangte. So wird sich die endgültige Einführung der doppelten Mehrheit bis ins Jahr 2017 verzögern. Bis 2014 gelten die komplizierten Regeln des Vertrags von Nizza. Danach kann jeder Mitgliedstaat beantragen, dass der Nizza-Mechanismus zur Bestimmung einer Mehrheit herangezogen wird. Diese sind allerdings nur für 27 Mitglieder gedacht. Erst am 2017 gilt die doppelte Mehrheit uneingeschränkt. Treten wie vorgesehen Kroatien, Island und möglicherweise weitere Staaten des Westbalkans bei, wird die Union auf eine Größe von 30 und mehr Mitgliedstaaten anwachsen. Es drohen weitere Effizienz- und Reibungsverluste.

Der Vertrag von Lissabon stärkt die demokratische Legitimation der Europäischen Union im Vergleich zum Vertrag von Nizza erheblich. So bedeutet die Verankerung der Charta der Grundrechte im Primärrecht der Europäischen Union eine Aufwertung der Rolle der Bürger im politischen System der Europäischen Union. Die Charta ist zwar nicht, wie im Verfassungsvertrag vorgesehen, in ihrer ganzen Länge Teil des Vertrags von Lissabon, besitzt aber dennoch Rechtsverbindlichkeit. Sowohl Großbritannien als auch Polen setzten aber durch, dass dieses Grundwerk des europäischen Gedankens der Aufklärung in diesen zwei Mitgliedstaaten nicht gilt. In Nachverhandlungen im Zuge der Ratifizierung des Vertrages von Lissabon wurde schließlich auch die Tschechische Republik vom Geltungsbereich der Charta ausgenommen. Mögliche Gebietsansprüche der vertriebenen Sudetendeutschen ins Feld führend hatte der euroskeptische tschechische Staatspräsident Václav Klaus dies zu einer Bedingung für die Unterzeichnung des Vertrages gemacht.

Die Rolle des Europäischen Parlaments als einzig direkt von den Bürgern gewählte Institution der Union wird aufgewertet. Das Mitentscheidungsverfahren, bei dem das Parlament neben dem Rat gleichberechtigter Gesetzgeber ist, wird zum Regelverfahren bei der Gesetzgebung der Union. Zudem erhält die Abgeordnetenkammer mehr Rechte, mit denen sie die Kommission künftig besser kontrollieren kann. Das politische System der EU entwickelt sich dadurch in Richtung eines Zweikammern-Systems, was die Legitimation der Union erheblich stärkt. Damit wird die EU immer mehr den Verfahren der Nationalstaaten angeglichen. Dies macht die Union für die Bürger besser begreifbar, was die Akzeptanz europäischer Politik forcieren kann. Durch die verstärkte Einbeziehung der nationalen Parlamente in den politischen Entscheidungsprozess auf europäischer Ebene wird eine weitere Legitimationslücke geschlossen. Künftig werden die nationalen Abgeordnetenkammern frühzeitig in die Gesetzgebung der Union einbezogen.

Weitgehend verschont von öffentlicher Aufmerksamkeit und großen Kontroversen blieben zwei institutionelle Vorkehrungen, die das Profil des künftigen Europa strategisch weitreichend verändern können: die differenzierte Integration sowie die Möglichkeit der Weiterentwicklung der Union auch ohne aufwändige Änderungsverfahren. Die differenzierte Integration wird die politische Architektur Europas noch tiefgreifender verändern. Das Europa der 27 ist nicht mehr aus einem Guss gestaltet – erst recht nicht das Europa der 30 und mehr Staaten. Weder wird sich jeder Staat an jedem weiteren Schritt beteiligen wollen, noch erscheint es hinnehmbar, dass der fahrende Zug auf jeden Bremser und Blockierer wartet. Es wird im großen Europa also zwangsläufig zu Differenzierungen kommen. Der Vertrag von Lissabon hat die Möglichkeiten dazu weiter ausgebaut (siehe ausführlich zur differenzierten Integration Kapitel 1.4).

Auch in anderer Hinsicht bietet der Vertrag von Lissabon einige Instrumente, mit denen die Union flexibel weiterentwickelt werden kann. Eine zentrale Errungenschaft des Reformprozesses ist die Einführung der sogenannten „Passerelle-Klausel". Diese Verfassungsbestimmung ermöglicht es dem Europäischen Rat, Entscheidungsprozesse in der Europäischen Union ohne das langwierige Verfahren der Regierungskonferenz zu optimieren. Durch einstimmigen Beschluss der Staats- und Regierungschefs können Bereiche der Einstimmigkeit zu den internen Politikbereichen der Union in Mehrheitsentscheidungen und spezielle Legislativverfahren in das Regelverfahren überführt werden. Dadurch können Stabilität und Dynamik der Europäischen Integration miteinander in Einklang gebracht werden.

Der Vertrag von Lissabon stellt im Vergleich zum Status quo eine erhebliche Verbesserung von Handlungsfähigkeit und Demokratie in Europa dar. Das größte Manko des europäischen Integrationsprozesses, weswegen der Reformprozess erst in Gang gesetzt worden war, bleibt jedoch bestehen: Die Traditionslinie komplizierter Verfassungsentwicklungen der vergangenen Jahrzehnte hat sich fortgesetzt.

Es gibt keinen schlanken, leicht verständlichen und kurzen Text, der alles enthält und alles erklärt. Eine Zweiteilung der bestehenden Verträge in einen konstitutionellen und einen Teil für Ausführungs- und Detailbestimmungen hätte hier Abhilfe schaffen können. So aber steht der Bürger weiterhin eher ratlos einem Konvolut unterschiedlicher Vertragsteile gegenüber, die allenfalls von Spezialisten verstanden werden können. Es fehlt die gebotene Überblickstransparenz, ohne die eine innere Verbindung zwischen Europäischer Union und Bürgern nicht entstehen kann. Aber nur mit Vertrauen und Transparenz können die Menschen Europas für dieses, für Frieden und Wohlstand so wichtige und zentrale Erfolgsprojekt der letzten Jahrzehnte, gewonnen werden. Es fehlen außerdem Identitätselemente, die es den Menschen erleichtern, dem europäischen Integrationsprojekt eine Vertrautheit entgegenzubringen, die Europa so dringend benötigt und verdient. Mit dem Vertrag von Lissabon wurde das Verfassungskonzept aufgeben; es gibt dort keine rechtliche Verankerung der europäischen Symbole, und europäische Gesetze dürfen nicht Gesetze genannt werden, sondern müssen weiterhin die sperrige und technokratische Bezeichnung „Verordnungen" tragen. Auch der im Verfassungsvertrag vorgesehene Außenminister trägt nun den sachlichen Titel des „Hohen Repräsentanten der Union für Außen- und Sicherheitspolitik".

Der Vertrag von Lissabon liefert keine Antworten auf die fundamentalen Fragen nach dem elementaren Wesen Europas. Damit wurde die Chance vertan, den Bürgern eine Projektionsfläche ihrer Identitätskonstruktion zu geben. Eine politische Ordnung, die keine strategische Perspektive kennt, wird ihr Selbstbewusstsein, ihre Identität und ihre Werte gefährden (siehe Kapitel 1.5 „Die Suche nach Identität und Legitimation").

Trotzdem: Der Vertrag von Lissabon leistet einen strukturellen Beitrag dazu, europäischem Regieren einen verbesserten Ordnungsrahmen zu geben. Viel wird aber nun davon abhängen, wie die beteiligten Akteure diesen Ordnungsrahmen in der politischen Praxis umsetzen.

Eine erste Weichenstellung war dabei die Besetzung der Spitzenpositionen der EU, die durch den Vertrag von Lissabon aufgewertet werden. Nach der Europawahl, die im Juni 2009 stattfand (siehe dazu Kapitel 4.1), nominierten die Staats- und Regierungschefs den Kommissionspräsidenten José Manuel Barroso für eine zweite Amtszeit. Trotz Kritik an seiner bisherigen Amtsführung wurde der Portugiese schließlich vor allem mit den Stimmen von Konservativen und Liberalen vom Europäischen Parlament bestätigt. Nach wochenlangen Spekulationen und internen Verhandlungen einigten sich die Staats- und Regierungschefs auf einem Sondergipfel des Europäischen Rates am 19. November 2009 auf die Besetzung der zwei weiteren Führungspositionen. Der erste ständige Präsident des Europäischen Rates ist der Christdemokrat Herman van Rompuy. Vor allem Nicolas Sarkozy hatte sich gemeinsam mit Angela Merkel für den auf der europäischen Bühne weithin unbekannten Belgier eingesetzt. Dieser hatte 2008 in einer institutionellen Krise das Amt des Ministerpräsidenten in seinem Land übernommen und dort seine Fähigkeit zur Vermittlung und Konsensfindung unter Beweis gestellt.

Da damit der ständige EU-Ratspräsident und der Kommissionspräsident aus dem konservativen Lager kommen, sollte einer informellen Abmachung zufolge die Position des Hohen Vertreters für die Außen- und Sicherheitspolitik von einem Sozialdemokraten besetzt werden. Der britische Premierminister Gordon Brown hatte im Vorfeld seinen Vorgänger Tony Blair als Ratspräsidenten ins Spiel gebracht. Zwar konnte er sich mit der Personalie Blair nicht durchsetzen, untermauerte damit aber den Anspruch Großbritanniens auf eine der EU-Spitzenpositionen. Die sozialdemokratischen Staats- und Regierungschefs einigten sich schließlich auf Catherine Ashton. Die britische Labour-Politikerin war seit etwa einem Jahr EU-Handelskommissarin, brachte ansonsten aber kaum außenpolitische Erfahrung mit in das neue Amt. Während die Entscheidungen für van Rompuy und Ashton im Europäischen Rat einstimmig fielen, wurden sie in der europäischen Öffentlichkeit überwiegend kritisch aufgenommen. Viele hätten gern prominentere Gesichter an der Spitze der Europäischen Union gesehen.

3.4 Die wichtigsten Jahreszahlen – eine Chronologie der Integration

05. Mai 1949
Gründung des Europarates mit Sitz in Straßburg.

09. Mai 1950
Vorschlag des französischen Außenminister Robert Schuman zur Gründung der Europäischen Gemeinschaft für Kohle und Stahl (Schuman-Plan).

18. April 1951

Unterzeichnung des Pariser Vertrags zur Gründung der Europäischen Gemeinschaft für Kohle und Stahl (EGKS) zwischen Belgien, Deutschland, Frankreich, Italien, Luxemburg und den Niederlanden.

→ tritt am 23. Juli 1952 in Kraft.

27. Mai 1952

Unterzeichnung des Vertrags über die Gründung der Europäischen Verteidigungsgemeinschaft (EVG), dessen Ratifizierung allerdings 1954 in der französischen Nationalversammlung scheitert.

25. März 1957

Unterzeichnung der Römischen Verträge zur Gründung der Europäischen Wirtschaftsgemeinschaft (EWG) und der Europäischen Atomgemeinschaft (EAG/Euratom) durch die Staats- und Regierungschefs der sechs EGKS-Mitgliedstaaten.

→ treten am 01. Januar 1958 in Kraft.

28.-29. Januar 1966

Einigung über den Luxemburger Kompromiss, mit dem die von Frankreichs Staatspräsident de Gaulle ausgelöste Krise des „leeren Stuhls" beendet wird.

01. Juli 1967

Inkrafttreten des Fusionsvertrages, mit dem die drei Europäischen Gemeinschaften (EGKS, EWG, EAG) eine gemeinsame Kommission und einen gemeinsamen Ministerrat erhalten.

01. Juli 1968

Verwirklichung der Zollunion zwischen den EG-Mitgliedstaaten.

22. April 1970

Unterzeichnung des ersten Haushaltsvertrages (Vertrag von Luxemburg), mit dem das Europäische Parlament erstmals Haushaltsbefugnisse erhält.

→ tritt am 1. Januar 1971 in Kraft.

27. Oktober 1970

Zustimmung der Staats- und Regierungschefs zum Davignon-Bericht, auf dessen Grundlage die Europäische Politische Zusammenarbeit (EPZ) errichtet wird, die eine bessere Koordinierung der Außenpolitik ermöglichen soll.

01. Januar 1973
Erste Erweiterung der EG um drei neue Mitglieder: Dänemark, Großbritannien und Irland.

09.-10. Dezember 1974
Beschluss der Staats- und Regierungschefs auf einem Gipfeltreffen in Paris, fortan als Europäischer Rat zusammenzukommen.

22. Juli 1975
Unterzeichnung des zweiten Haushaltsvertrages (Vertrag von Brüssel), mit dem die Haushaltsbefugnisse des Europäischen Parlaments gestärkt werden.
→ tritt am 1. Januar 1977 in Kraft.

07.-10. Juni 1979
Abhalten der ersten allgemeinen und unmittelbaren Wahlen zum Europäischen Parlament.

01. Januar 1981
Beitritt Griechenlands zur EG.

14. Juni 1985
Weißbuch der EG-Kommission zur Vollendung des Binnenmarktes.

17./28. Februar 1986
Unterzeichnung der Einheitlichen Europäischen Akte (EEA), mit der das institutionelle System reformiert, die Zuständigkeiten der Gemeinschaft erweitert sowie ein rechtlicher Rahmen für die außenpolitische Zusammenarbeit geschaffen wird.
→ tritt am 01. Juli 1987 in Kraft.

01. Januar 1986
Beitritt Portugals und Spaniens zur EG.

26.-27. Juni 1989
Annahme des Delors-Plans durch die Staats- und Regierungschefs, der die Schaffung einer Wirtschafts- und Währungsunion (WWU) in drei Stufen vorsieht.

07. Februar 1992
Unterzeichnung des Vertrags von Maastricht, mit dem die Europäische Union begründet wird, die aus drei Säulen besteht.
→ tritt am 01. November 1993 in Kraft.

01. Januar 1993
Weitgehende Verwirklichung des Binnenmarkts.

01. Januar 1995
Beitritt Finnlands, Österreichs und Schwedens zur EU.

26. März 1995
Inkraftsetzung des Schengener Abkommens (unterzeichnet 1985).
An den Grenzen zwischen Deutschland, den Benelux-Staaten, Spanien und Portugal werden keine Personenkontrollen mehr durchgeführt. In den folgenden Jahren treten die meisten EU-Staaten sowie die Nicht-EU-Mitglieder Island, Norwegen und die Schweiz bei.

02. Oktober 1997
Unterzeichnung des Vertrags von Amsterdam, mit dem der Vertrag von Maastricht reformiert und ergänzt wird.
→ tritt am 01. Mai 1999 in Kraft.

01. Januar 1999
Einführung der Wirtschafts- und Währungsunion in zunächst elf Mitgliedstaaten, in denen der Euro bargeldloses Zahlungsmittel für Finanztransaktionen wird (Belgien, Deutschland, Finnland, Frankreich, Irland, Italien, Luxemburg, Niederlande, Österreich, Portugal und Spanien).

18. Oktober 1999
Amtsantritt von Javier Solana als Hoher Repräsentant für die Gemeinsame Außen- und Sicherheitspolitik.

07. Dezember 2000
Proklamation der Grundrechte-Charta der Europäischen Union, die von einem Konvent unter der Leitung von Roman Herzog ausgearbeitet worden war.

26. Februar 2001
Unterzeichnung des Vertrags von Nizza, dessen institutionelle Reformen die EU auf die nächste Erweiterung vorbereiten sollten.
→ tritt am 01. Februar 2003 in Kraft.

15. Dezember 2001
Erklärung von Laeken des Europäischen Rates, auf deren Grundlage der „Konvent über die Zukunft Europas" seine Arbeit aufnimmt, der im Juli 2003 einen Vertragsentwurf über eine Europäische Verfassung vorlegt.

01. Januar 2002
Einführung des Euro-Bargelds in den zwölf Ländern der Eurozone (Griechenland war der Eurozone 2001 beigetreten).

01. Mai 2004
Größte Erweiterung in der Geschichte der Union mit dem Beitritt von acht mittel- und osteuropäischen und zwei südeuropäischen Staaten (Estland, Lettland, Litauen, Malta, Polen, Slowenien, die Slowakei, die Tschechische Republik, Ungarn, Zypern).

29. Oktober 2004
Unterzeichnung des Vertrags über eine Verfassung für Europa in Rom durch die 25 Staats- und Regierungschefs.
→ Nach zwei gescheiterten Referenden über den Verfassungsvertrag in Frankreich (29. Mai 2005) und den Niederlanden (01. Juni 2005) wird der Ratifikationsprozess abgebrochen.

03. Oktober 2005
Beginn von Beitrittsverhandlungen mit Kroatien und der Türkei.

01. Januar 2007
Beitritt von Rumänien und Bulgarien zur EU.

13. Dezember 2007
Unterzeichnung des Vertrags von Lissabon, der vor allem die institutionelle Struktur der EU verbessern soll.
Die Staats- und Regierungschef hatten sich auf diesen Vertrag als Ersatzlösung für die gescheiterte Verfassung geeinigt.
→ tritt am 01. Dezember 2009 in Kraft.

9. Mai 2010
Einigung über die Einrichtung eines temporären „Euro-Rettungsschirms" (EFSF)
→ später ersetzt durch den permanenten Europäischen Stabilitätsmechanismus (ESM, seit 8. Oktober 2012 in Kraft)

02. März 2012
Unterzeichnung des Fiskalvertrages durch die 17 Euro-Staaten und acht weitere EU-Mitgliedstaaten (nicht durch Großbritannien und die Tschechische Republik)
→ tritt am 01. Januar 2013 in Kraft.

Literatur

Einführende Literatur und Überblicksdarstellungen

Brunn, Gerhard, 2009: Die europäische Einigung von 1945 bis heute, Re-
clam-Verlag, Stuttgart (auch über die Bundeszentrale für politische Bildung erhältlich).

Clemens, Gabriele/Reinfeldt, Alexander/Wille, Gerhard, 2008: Geschichte
der europäischen Integration, UTB, Paderborn.

Gasteyger, Curt, 2006: Europa Spaltung und Einigung, Bundeszentrale für
politische Bildung, Bonn.

Mittag, Jürgen, 2008: Kleine Geschichte der Europäischen Union. Von der
Europaidee bis zur Gegenwart, Verlag Aschendorf, Münster.

Thiemeyer, Guido, 2010: Europäische Integration. Motive – Prozesse –Strukturen, UTB Verlag, Stuttgart.

Weiterführende Literatur

Gehler, Michael, 2010: Europa. Ideen, Institutionen, Vereinigung, 2. überarb.
Aufl., *Olzog Verlag, München.*

Loth, Wilfried, 1990: Die Anfänge der europäischen Integration. 1945-1950,
Europa-Union Verlag, Bonn.

Marchetti, Andreas/Demesmay, Claire (Hg.), 2010: Der Vertrag von Lissabon. Analyse und Bewertung, Nomos Verlag, Baden-Baden.

Müller-Brandeck-Bocquet, Gisela u.a, 2010: Deutsche Europapolitik von
Konrad Adenauer bis Angela Merkel, VS Verlag, Wiesbaden.

Weidenfeld, Werner (Hg.), 1995: Maastricht in der Analyse. Materialien zur
Europäischen Union, 2. Aufl., Bertelsmann Stiftung, Gütersloh.

Weidenfeld, Werner (Hg.), 1998: Amsterdam in der Analyse. Strategien für
Europa, Bertelsmann Stiftung, Gütersloh.

*Weidenfeld, Werner (*Hg.), 2001: Nizza in der Analyse. Strategien für Europa,
Bertelsmann Stiftung, Gütersloh.

Weidenfeld, Werner (Hg.), 2005: Die Europäische Verfassung in der Analyse,
Bertelsmann Stiftung, Gütersloh.

Weidenfeld, Werner (Hg.), 2008: Lissabon in der Analyse. Der Reformvertrag
der Europäischen Union, Nomos Verlag, Baden-Baden.

Wirsching, Andreas 2012: Der Preis der Freiheit. Geschichte Europas in
unserer Zeit, Beck Verlag München.

TEIL II:

INSTITUTIONELLE ARCHITEKTUR

Die Darstellung der konzeptionellen und historischen Grundlagen hat gezeigt, dass die Europäische Union einzigartig ist, dass es sich hierbei um eine Organisation *sui generis* handelt, die zwischen Staatenbund und Bundesstaat anzusiedeln ist. Dementsprechend besteht auch ihre institutionelle Architektur aus einem komplexen Gefüge supranationaler und intergouvernementaler Elemente. Wie auch in anderen politischen Systemen sind die Institutionen dabei eine brisante, hochpolitische Angelegenheit: Hier geht es um die zentralen Machtfragen, um den Einfluss der Akteure und der verschiedenen Ebenen auf die Politikgestaltung und auf die Richtung, in die sich die Union entwickelt. Die zentrale Bedeutung, die das Institutionensystem für die europäische Einigung schon von Beginn an einnahm, kommt in einem vielzitierten Bonmot Jean Monnets zum Ausdruck: *„Nichts ist möglich ohne die Menschen, nichts ist von Dauer ohne die Institutionen."*

Selbst wenn grundsätzliche Mechanismen erhalten geblieben sind, hat sich die institutionelle Architektur im Laufe des Integrationsprozesses stetig weiterentwickelt und ausdifferenziert. Die Entscheidungsfindung in Brüssel ist dabei längst zu einem „Multiebenen-, Multiagenten-, und Multithemenunternehmen" (Pfetsch 2005: 135) geworden. Eine erste Akteursgruppe bilden die Organe der Union, die in den Vertragsgrundlagen als solche bezeichnet werden (Kapitel 4, siehe für einen Überblick Abbildung 3). Daneben beteiligten sich am politischen Prozess auf europäischer Ebene weitere EU-Einrichtungen (Kapitel 5.1) sowie die Vertreter öffentlicher Gebietskörperschaften, der Wirtschaft und der Zivilgesellschaft (Kapitel 5.2). Zusätzliche Akteure wie die nationalen Parlamente werden nicht eigens vorgestellt, sondern ihre entsprechende Rolle wird im Rahmen der Rechtsetzungs- und Entscheidungsverfahren der Union (Kapitel 6) aufgezeigt. Diese lassen sich in die Verfahren zum Erlass verbindlicher Gesetzgebungsakte (Kapitel 6.2), in das Haushaltsverfahren (Kapitel 6.3) und in besondere Entscheidungsverfahren (Kapitel 6.4) unterteilen. Zuvor werden in Kapitel 6.1 Prinzipien und Grundbegriffe des EU-Rechts erläutert.

4. Die Organe der EU

Die Europäische Union kennt sieben offizielle Organe. Den Kern des Institutionensystems bilden dabei drei Organe, die auch als „institutionelles Dreieck" bezeichnet werden: die Kommission als oberste Verwaltungsbehörde sowie der Rat und das Europäische Parlament, die gemeinsam die Legislative der Union bilden. Seit der Aufwertung des Europäischen Rates durch den Vertrag von Lissabon ist in der Literatur auch vom „institutionellen Viereck" die Rede. Hinzu kommen der Gerichtshof der Europäischen Union, die Europäische Zentralbank und der Rechnungshof. Im Folgenden werden die Zusammensetzung, die Funktionen und die Arbeitsweise der Organe vorgestellt. Die Reihenfolge entspricht dabei der Nennung im Vertrag von Lissabon.

4.1 Das Europäische Parlament

Das Europäische Parlament hat sich im Laufe seiner Geschichte stark gewandelt. Die Gemeinsame Versammlung der 1952 gegründeten Europäischen Gemeinschaft für Kohle und Stahl (EGKS) zählte 78 Abgeordnete aus sechs Mitgliedstaaten und ging kaum über ein Diskussionsgremium hinaus. Auch bei der Gründung der Europäischen Wirtschaftsgemeinschaft und Europäischen Atomgemeinschaft veränderte sich diese Lage nicht wesentlich. Erst mit der ersten Direktwahl im Jahr 1979 rückte das Europäische Parlament verstärkt in das öffentliche Bewusstsein. Der Schritt hin zu einem von den Bürgern legitimierten europäischen Einigungswerk war damit getan. Seitdem hat das Parlament stetig wachsende Kompetenzen und Entscheidungsbefugnisse erlangt. Es erhielt in den 70er Jahren Haushaltskompetenzen. Dann führte der Vertrag von Maastricht das Mitentscheidungsverfahren ein, welches das Parlament dem Rat im Gesetzgebungsprozess gleichstellt. Seit dem Inkrafttreten des Vertrags von Lissabon findet es in den meisten Politikfeldern Anwendung und wurde in „ordentliches Gesetzgebungsverfahren" umbenannt (siehe dazu Kapitel 6.2). Als einzig direkt gewählter Institution der EU kommt dem Europäischen Parlament auch hinsichtlich der demokratischen Legitimation eine besondere Rolle zu. Es stellt die unmittelbare Vertretung der Unionsbürger auf der europäischen Ebene dar.

Zusammensetzung und Wahl des Parlaments

Der Vertrag von Lissabon begrenzt die Anzahl der Parlamentssitze auf 751. Für jeden Mitgliedstaat ist eine bestimmte Anzahl von Abgeordneten festgelegt. Dabei hat man sich für eine degressiv-proportionale Verteilung der Sitze an die Mitgliedstaaten entschieden. Demnach werden die Abgeordnetensitze ausgehend von einer Mindestvertretung des kleinsten Landes in immer weniger verhältnismäßigen Schritten an die bevölkerungsreicheren Länder verteilt. Deutschland erhält als Mitgliedstaat mit den meisten Einwohnern die Höchstzahl von 96 Sitzen, während Malta über die Mindestanzahl von sechs Sitzen verfügt. Die degressiv-proportionale Verteilung soll sicherstellen, dass zum einen die politische Landschaft auch kleiner Länder ausreichend repräsentiert ist und zum anderen das Parlament eine handlungsfähige Größe behält. Allerdings führt dieser Schlüssel dazu, dass ein deutscher Abgeordneter mehr als 13 Mal so viele Bürger vertritt wie ein Parlamentsmitglied aus Luxemburg oder Malta. Dass damit der Grundsatz der gleichen Wahl, wie ihn etwa das Grundgesetz für Bundestagswahlen vorschreibt, nicht gewährleistet ist, wird in der Debatte um das Demokratiedefizit der EU immer wieder ins Feld geführt. Wegen einer Übergangsregelung hat Deutschland bis zur Europawahl 2014 noch 99 Abgeordnete. Das Parlament besteht also bis dahin aus 754 Mitgliedern.

Tabelle 1: Sitze im Europäischen Parlament nach Mitgliedstaaten

Mitglied-staaten	Anzahl der Sitze im Europäischen Parlament	Einwohnerzahl (in Tausend)	Einwohner pro Abgeordneter (in Tausend)
Deutschland	96 (99)	82 038	854,6
Großbritannien	73	59 247	811,6
Frankreich	74	58 966	796,8
Italien	73	57 612	789,2
Spanien	54	39 394	729,5
Polen	51	38 667	758,1
Rumänien	33	22 489	681,5
Niederlande	26	15 760	606,2
Griechen-land	22	10 533	478,8
Tschechien	22	10 290	467,7
Belgien	22	10 213	464,2
Ungarn	22	10 092	458,7

Mitglied-staaten	Anzahl der Sitze im Europäischen Parlament	Einwohnerzahl (in Tausend)	Einwohner pro Abgeordneter (in Tausend)
Portugal	22	9 980	453,6
Schweden	20	8 854	442,7
Bulgarien	18	8 230	457,2
Österreich	19	8 082	425,4
Slowakei	13	5 393	414,8
Dänemark	13	5 313	408,7
Finnland	13	5 160	396,9
Irland	12	3 744	312,0
Litauen	12	3 701	308,4
Lettland	9	2 439	271,0
Slowenien	8	1 978	247,3
Estland	6	1 446	241,0
Zypern	6	752	125,3
Luxemburg	6	429	71,5
Malta	6	379	63,2
EU 27	751 Sitze	481 181	Durchschnitt 640,7

Quelle: Eigene Zusammenstellung

Die Wahlen zum Europäischen Parlament finden alle fünf Jahre statt, meist in der zweiten Juniwoche. Je nach ihrer nationalen Tradition bezüglich des Wahltages findet die Wahl in den Mitgliedstaaten in einem Zeitraum von Donnerstag (z.B. Großbritannien) bis Sonntag (z.B. Deutschland) statt. Zwar gelten für die Europawahl gemeinsame Prinzipien, die vielfältigen Versuche zur Einführung eines einheitlichen Wahlverfahrens scheiterten jedoch bisher an unterschiedlichen Positionen im Rat. Im Jahr 2002 einigten sich das Europäische Parlament und der Rat schließlich auf eine Neufassung des Direktwahlaktes von 1976. Folgende Elemente wurden vereinbart:

- die Bestätigung des Grundsatzes der Verhältniswahl;
- die Option für die Mitgliedstaaten, Wahlkreise einzurichten, ohne jedoch insgesamt das Verhältniswahlsystem in Frage zu stellen;
- die Möglichkeit der Einführung von Schwellen für den Einzug ins Parlament (wie etwa die Fünf-Prozent-Hürde in Deutschland);
- das Verbot von Doppelmandaten im Europäischen Parlament und in einem nationalen Parlament. Bereits vor dem Beschluss von

2002 galt, dass das Amt des Europaabgeordneten unvereinbar ist mit der Ausübung eines Regierungsamtes oder der Tätigkeit in anderen Institutionen der EU.

Die Wahlen zum Europäischen Parlament verlaufen seit 1979 frei, allgemein, unmittelbar und geheim. Aufgrund der Unionsbürgerschaft ist es möglich, dass jeder EU-Bürger in dem Land, in dem er wohnt, sich zur Wahl stellt bzw. zur Wahl geht, unabhängig von seiner Staatsbürgerschaft. In jedem Land gibt es ein aktives (ab 18 Jahren bzw. in Österreich ab 16 Jahren) und passives Wahlrecht. Das Mindestalter beim passiven Wahlrecht, das heißt ab wann ein Bürger als Abgeordneter in das Europäische Parlament gewählt werden darf, liegt je nach Mitgliedstaat zwischen 18 Jahren (z.B. Deutschland) und 25 Jahren (Italien). Darüber hinaus variieren je nach Mitgliedstaat auch die Anzahl der Wahlkreise, die Regelung zur Wahlpflicht, die Existenz einer Sperrminorität und die Sitzzuteilungsverfahren. Auch andere Aspekte des Wahlrechts, wie z.b. die Wahlkampffinanzierung oder die Wahlprüfung, sind in den Staaten unterschiedlich geregelt.

Gravierender als die nationalen Spezifika im Wahlsystem ist die Tatsache, dass Europawahlen ungeachtet des Machtanstiegs des Europäischen Parlaments weiterhin meist als nationale Nebenwahlen betrachtet werden. Dies gilt für Parteien, Medien und Bürger gleichermaßen. So werden die Europawahlkämpfe vor allem mit nationalen Themen bestritten. Die relativ geringe Bedeutung, die den Wahlen zum Europäischen Parlament zugeschrieben wird, zeigt sich auch daran, dass – nicht zuletzt in Deutschland – die Parteien in der Regel weniger Geld für den Europawahlkampf ausgeben, als sie über die Wahlkampfkosten-Erstattung zurückbekommen. Das Geld wird später dann in für wichtiger erachtete Wahlkämpfe wie zum Beispiel zur Bundestagswahl eingesetzt. Auch für die Wahlentscheidung der meisten Bürger sind keineswegs europapolitische Themen entscheidend. Vielmehr wird die Europawahl gerne für eine „Denkzettelwahl" gegenüber der nationalen Regierung genutzt. Bei den letzten Wahlen war dies etwa in Großbritannien, Irland, Griechenland oder Deutschland der Fall. Vor diesem Hintergrund besteht eine Europawahl bei 27 Mitgliedstaaten aus 27 Einzelwahlen, die immer auch mit Blick auf die jeweilige nationale Situation zu analysieren sind. Trotzdem lassen sich gemeinsame Trends in den Wahlergebnissen feststellen. Während die Sozialdemokratie bei den Europawahlen 2009 europaweit Einbrüche zu verzeichnen hatte, konnten sich die Konservativen als Gewinner fühlen. Die Europäische Volkspartei (EVP), in der vor

allem die christdemokratischen Parteien der EU-Länder zusammengeschlossen sind, wurde mit 36 Prozent die mit Abstand stärkste
Kraft. Offensichtlich war es ihnen besser gelungen, die Wähler in-
mitten der großen Wirtschafts- und Finanzkrise von ihrer Problemlö-
sungskompetenz in ökonomischen Fragen zu überzeugen. Angewachsen ist 2009 wiederum das Lager der rechtsextremen und
euroskeptischen Parteien. Die prominentesten Beispiele hierfür sind
Österreich, wo der EU-Kritiker Hans-Peter Martin mit einer eigenen
Liste fast 18 Prozent der Stimmen erhielt, sowie die Niederlande und
Ungarn, in denen rechtspopulistische bzw. rechtsradikale Parteien
jeweils um die 14 Prozent erreichten.

Im Rahmen der Konstituierung des neuen Europaparlaments im
Juli 2009 änderte die Fraktion der Sozialdemokratischen Partei Europas (SPE) ihren Namen. Insbesondere um die Einbindung der links-
demokratischen Partito Democratico (PD) aus Italien zu erleichtern,
nennt sie sich seither *Progressive Allianz der Sozialisten & Demo-
kraten* (S & D). Zu größeren Verschiebungen bei der Fraktionsbildung kam es im rechten Parteienspektrum. Die britischen Konservativen, die Partei Recht und Gerechtigkeit (PiS) aus Polen und die
tschechische Demokratische Bürgerpartei (ODS) traten aus der EVP-
Fraktion aus und gründeten mit einigen Kleinparteien eine neue,
dezidiert anti-föderalistische Fraktion mit dem Namen *Europäische
Konservative und Reformisten* (ECR). Weiter rechts steht die Fraktion *Europa der Freiheit und der Demokratie* (EFD), in der sich nati-
onalkonservative und europakritische Parteien – vor allem die United
Kingdom Independence Party (UKIP) und die italienische Lega Nord
– zusammengeschlossen haben. Zu den fraktionslosen Parlamentari-
ern hingegen zählen beispielsweise die Abgeordneten des französischen Front National (FN), der Liste Hans-Peter-Martin und der
rechtspopulistischen FPÖ aus Österreich.

Tabelle 2: Fraktionen und Sitzverteilung im Europäischen Parlament
2009-2014

Name der Fraktion	Sitze
Europäische Volkspartei (EPP in der engl. und EVP in der dt. Abkürzung)	270
Progressive Allianz der Sozialisten & Demokraten (S & D)	190
Liberale und Demokraten für Europa (ALDE)	84
Grüne/Freie Europäische Allianz (Greens/EFA)	59

Europäische Konservative und Reformisten (ECR)	53
Vereinigte Europäische Linke/Nordische Grüne Linke (GUE/NGL)	34
Europa der Freiheit und der Demokratie (EFD)	36
Fraktionslos	27

Quelle: www.europarl.europa.eu (Stand: Februar 2013).

Mit der Europawahl 2009 hat sich außerdem der Trend einer sinkenden Wahlbeteiligung fortgesetzt. Mit europaweit 43,1 Prozent wurde 2009 ein neuer Tiefstand erreicht, wobei die Wahlbeteiligung in den neuen Mitgliedstaaten Mittel- und Osteuropas besonderes niedrig war. Doch bereits in den 80er Jahren war die Beteiligung an den Europawahlen deutlich zurückgegangen. Lag sie bei der ersten Direktwahl noch bei ca. 63 Prozent, so betrug sie 1984 rund 61 Prozent und 1989 nur noch knapp 59 Prozent im EG-Mittel. Eine intensivere öffentliche Auseinandersetzung mit europäischen Themen und vor allem eine stärkere Politisierung der Europawahlen scheinen deshalb dringend geboten (siehe dazu auch Kapitel 9.1 über die Herausforderungen der Union).

Funktionen des Parlaments

In der öffentlichen und wissenschaftlichen Debatte wird das Europäische Parlament noch immer häufig von den „Vollparlamenten" der Mitgliedstaaten abgegrenzt. Bezüglich der zentralen Funktionen eines Parlaments in einem politischen System (Systemgestaltung, Politikgestaltung, Wahl, Kontrolle und Repräsentation) hat sich das Europäische Parlament durch die Vertragsreformen aber immer weiter der Rolle nationaler Parlamente angenähert.

Die *Systemgestaltungsfunktion* bezieht sich auf die Rolle des Parlaments bei der konstitutionellen Weiterentwicklung des EU-Systems. Dass hier der Einfluss des Parlaments – zumindest *de jure* – eher gering ist, findet sich in der Logik der Europäischen Union als Zusammenschluss souveräner Staaten begründet, die über Kompetenzabgaben selbst zu entscheiden haben. Der Vertrag von Lissabon hat die Systemgestaltungsfunktion des Europäischen Parlaments allerdings insofern gestärkt, als dass es seither neben der Kommission und den Regierungen der Mitgliedstaaten berechtigt ist, Entwürfe zur Änderung der Verträge vorzulegen. Will der Europäische Rat zur

Beratung über die Änderungsvorschläge außerdem keinen Konvent, sondern lediglich eine Regierungskonferenz einberufen, braucht er die Zustimmung des Parlaments (siehe zu den Änderungsverfahren der Verträge Kapitel 6.4). Ebenfalls zur Systemgestaltungsfunktion gehört die Kompetenz des Parlaments bei Erweiterungen der Union. Diese können nur mit Zustimmung des Parlaments vollzogen werden. Jenseits dieser formalen Rechte kann das Europäische Parlament die Debatte um die Weiterentwicklung der Integration durch eigene Initiativen beeinflussen, auch wenn diese nicht bindend sind. Ein Paradebeispiel hierfür ist der „Spinelli-Entwurf" aus dem Jahr 1984. Mit diesem Entwurf für eine europäische Verfassung gelang es dem Parlament die Regierungen der Mitgliedstaaten integrationspolitisch unter Druck zu setzen. Auf diese Weise leistete es einen maßgeblichen Beitrag zur Verabschiedung der Einheitlichen Europäischen Akte (siehe dazu auch den historischen Überblick in Kapitel 3.1).

Die *Politikgestaltungsfunktion* bezieht sich auf die Rechtssetzungskompetenzen des Parlaments, einschließlich des Haushaltsrechts. Mit der Ausdehnung des Mitentscheidungsverfahrens, das mit dem Vertrag von Lissabon in ordentliches Gesetzgebungsverfahren umbenannt wurde, ist das Europäische Parlament in den meisten Politikbereichen zu einem mit dem Rat gleichberechtigten Gesetzgeber geworden. Beide Organe verfügen indes nicht über das Recht zur Gesetzesinitiative, können aber die Kommission auffordern, einen Gesetzesvorschlag einzubringen (indirektes Initiativrecht). Im Rahmen der Investitur der Kommission ist es dem Europäischen Parlament Anfang 2010 gelungen, sein indirektes Initiativrecht in einer „inter-institutionellen Vereinbarung" zu stärken. Die Kommission muss jetzt innerhalb von drei Monaten auf eine entsprechende Aufforderung des Parlamentes antworten und ein Nicht-Tätigwerden ausführlich begründen. Auch das Haushaltsrecht teilen sich Parlament und Rat, wobei seit dem Vertrag von Lissabon das Europäische Parlament in allen Haushaltsbereichen das letzte Wort hat. Allerdings ist zu beachten, dass das Parlament nur über die Ausgabenseite des Haushaltes entscheidet, während die Einnahmen der Union von den Staats- und Regierungschefs festgelegt werden. Stark eingeschränkt bleibt nach wie vor der Zugriff des Parlaments auf die Gemeinsame Außen- und Sicherheitspolitik (siehe ausführlich zu den Rechtsetzungs- und Entscheidungsverfahren Kapitel 6).

Die *Wahlfunktion* nimmt das Europäische Parlament vor allem durch seine Mitwirkung an der Bestellung der Kommission wahr. So wählt es auf Vorschlag des Europäischen Rates den Kommissionspräsidenten und muss der Kommission insgesamt zustimmen, damit diese ins Amt kommt (zur Bestellung der Kommission siehe auch Kapitel 4.4). Dass das Parlament dieses Recht selbstbewusst zu nutzen bereit ist, hat es 2004 und 2010 unter Beweis gestellt. Im Zuge beider Investiturverfahren sah sich Kommissionspräsident José Manuel Barroso gezwungen, einzelne Kandidaten, deren fachliche Eignung oder persönliche Integrität umstritten war, zurückzuziehen, da das Parlament gedroht hatte, andernfalls die komplette Kommission abzulehnen. Keinen Einfluss kann das Parlament hingegen auf die Position des Präsidenten des Europäischen Rates und die Besetzung des Europäischen Gerichtshofes nehmen. Bei der Besetzung des Rechnungshofes und des Direktoriums der Europäischen Zentralbank wird es lediglich angehört. Die einzige Position jenseits der innerparlamentarischen Ämter, die das Europäische Parlament alleine bestimmen kann, ist die des Europäischen Bürgerbeauftragten.

Auch bei der *Kontrollfunktion* sind die Rechte des Parlaments in Bezug auf die Kommission am stärksten ausgeprägt. Mit einer Zweidrittelmehrheit kann es die gesamte Kommission per Misstrauensvotum ihres Amtes entheben. Das Parlament hat das Drohpotenzial dieses Kontrollinstruments, das ein klassisches Charakteristikum parlamentarischer Regierungssysteme ist, im Jahre 1999 erfolgreich eingesetzt, um die Kommission von Jacques Santer in Folge eines Korruptionsskandals zum Rückzug zu bewegen. Außerdem verfügt das Europäische Parlament über das Recht, Anfragen an den Rat und die Kommission zu richten, und kann vor dem Gerichtshof der Europäischen Union Klage erheben.

Die *Repräsentations- bzw. Artikulationsfunktion* des Parlaments wird überwiegend als problematisch beurteilt. Ob die Reformen des Vertrages von Lissabon die Entfremdung zwischen den Bürgern und dem Europäischen Parlament aufhalten können, erscheint ungewiss. Eine europäische Öffentlichkeit ist nur in Ansätzen vorhanden und die politischen Prozesse im Europäischen Parlament stoßen nur auf geringe Resonanz. Abhilfe könnte hier eine stärkere Politisierung schaffen (siehe dazu Kapitel 9.1 über die Herausforderungen der Union).

Arbeitsweise

Das Europäische Parlament steht angesichts seiner vielfältigen Zusammensetzung (seine Mitglieder kommen aus über 170 nationalen Parteien) vor der Aufgabe, sehr unterschiedliche Interessen zu aggregieren. Eine Schlüsselstellung kommt dabei den Fraktionen zu. Schon seit 1952 sind diese nicht nach nationaler Herkunft, sondern nach politischer Ausrichtung organisiert (siehe zu den derzeitigen Fraktionen Tabelle 2). Die Geschäftsordnung des Parlaments schreibt vor, dass eine Fraktion aus mindestens 25 Abgeordneten, die in mindestens einem Viertel der Mitgliedstaaten gewählt worden sind, zu bestehen hat. Mit dieser Regelung, die gerade bei Parteien des rechten politischen Randes oftmals zu Schwierigkeiten bei der Fraktionsbildung führt, soll der transnationale Charakter der Fraktionen sichergestellt werden. Zunehmend spielt auch beim Abstimmungsverhalten der Abgeordneten die Zugehörigkeit zu den Fraktionen eine wichtigere Rolle als die Nationalität.

Das Europäische Parlament ist heute als „Arbeitsparlament" zu charakterisieren, in dem die Detailarbeit in den Ausschüssen gegenüber den Plenardebatten im Vordergrund steht. Bei der Erstellung der Beschlussvorlagen des Ausschusses für das Plenum nehmen die „Berichterstatter" eine federführende Rolle ein. Berichterstatter sind Abgeordnete eines Ausschusses, die dort für einen bestimmten Vorgang bzw. ein bestimmtes Thema benannt werden, um die parlamentarische Arbeit inhaltlich vorzubereiten und einen entsprechenden Berichtsentwurf zu erstellen.

Eine Besonderheit gegenüber nationalen Parlamenten ist die Abwesenheit eines klassischen Regierung-Opposition-Schemas. Keine politische Gruppierung verfügt über eine ausreichende Mehrheit und je nach Sachfrage werden Ad-hoc-Mehrheiten gesucht. Zwar wird dies von den meisten Abgeordneten begrüßt, da sich dadurch immer wieder neu Möglichkeiten zur persönlichen Einflussnahme bieten; für die Öffentlichkeit ist es dadurch allerdings schwieriger, politische Verantwortung zuzuordnen.

Für die Leitung und Organisation der Plenartagungen und für seine Außenvertretung wählt sich das Europäische Parlament einen Präsidenten sowie 14 Vize-Präsidenten, deren Amtszeit 2,5 Jahre beträgt. Für das Präsidentenamt bildet sich in der Regel ebenfalls eine Ad-hoc-Koalition – meistens aus Konservativen und Sozialdemokraten –, die die Position in der fünfjährigen Legislaturperiode unter sich aufteilt. Gemäß diesem Muster folgte in der Wahlperiode 2005-2009 der deutsche Christdemokrat Hans-Gert Pöttering auf den spanischen Sozialisten Josep Borelles Fontes. Nach der Europawahl 2009 wurde Jerzy Buzek (EVP) zum Präsidenten gewählt. Mit dem früheren Solidarnosc-Aktivisten und polnischen Ministerpräsidenten übernahm erstmals ein Politiker aus den 2004 beigetretenen mittel- und osteuropäischen Staaten dieses Amt. Die erste Präsidentin des direkt gewählten Europäischen Parlaments wurde 1979 die bekannte französische Politikerin Simone Veil.

Mit dem Generalsekretariat steht dem Parlament ein mehr als 5000 Mitarbeiter umfassender Verwaltungsapparat zur Verfügung, der auch für die ausgeprägten Übersetzungsdienste zuständig ist. In seiner Geschäftsordnung hat das Parlament festgelegt, dass alle Schriftstücke in alle Amtssprachen der Union zu übersetzen sind und in den Sitzungen Simultanübersetzung gewährleistet sein muss, so dass jeder Parlamentarier in einer Amtssprache seiner Wahl sprechen kann. Derzeit gibt es 23 Amtssprachen in der Union.

Eine weitere Besonderheit des Parlaments ist seine Aufteilung auf drei Standorte, die auf seine historische Entwicklung zurückgeht. Der Großteil der parlamentarischen Arbeit hat sich inzwischen nach Brüssel verlagert, wo sich die meisten Akteure des politischen Systems der EU befinden. Trotzdem blieb Straßburg – vor allem auf Betreiben Frankreichs – der offizielle Sitz des Parlaments. Dort werden jedes Jahr zwölf Plenarsitzungen abgehalten. Der kostspielige „Wanderzirkus" zwischen Brüssel und Straßburg stößt seit langem auf viel Kritik – auch aus den Reihen des Europäischen Parlaments selbst. Doch die für die Änderung der vertraglich festgelegten Standorte notwendige Zustimmung aller Mitgliedstaaten kam bisher nicht zustande. Das Generalsekretariat des Parlaments befindet sich in Luxemburg, wobei auch hier mittlerweile ein Teil nach Brüssel verlegt wurde.

4.2 Der Europäische Rat

Auch wenn er erst mit dem Vertrag von Lissabon offiziell in den Status eines Organs erhoben wurde, spielt der Europäische Rat seit seiner Gründung eine tragende Rolle im Integrationsprozess. Auf Initiative des damaligen französischen Präsidenten Valéry Giscard d'Estaing und des deutschen Bundeskanzlers Helmut Schmidt wurden 1974 die schon vorher üblichen Gipfeltreffen der Staats- und Regierungschefs institutionalisiert. Da der Europäische Rat in erster Linie aus den Vertretern der Mitgliedstaaten besteht und meistens im Konsens entscheidet, gilt er als klassisches intergouvernementales Organ.

Zusammensetzung

Der Europäische Rat besteht aus den derzeit 27 Staats- und Regierungschefs der Mitgliedstaaten, dem Präsidenten der Kommission sowie dem Präsidenten des Europäischen Rates. Die beiden letztgenannten verfügen allerdings über kein Stimmrecht. Außerdem nimmt der Hohe Vertreter der Union für die Außen- und Sicherheitspolitik an den Arbeiten des Europäischen Rates teil. Von „Staats- und Regierungschefs" ist die Rede, da Frankreich und Finnland die Staatspräsidenten entsenden, die dort die oberste Exekutivgewalt ausüben. Bis zum Inkrafttreten des Vertrages von Lissabon waren auch die Außenminister der EU-Staaten Mitglieder des Europäischen Rates.

Die Einführung eines ständigen Präsidenten des Europäischen Rates ist eine der wichtigsten Innovationen des gescheiterten Verfassungsvertrages, die im Vertrag von Lissabon übernommen wurde. Der Präsident wird vom Europäischen Rat mit qualifizierter Mehrheit für 2,5 Jahre gewählt. Er darf gleichzeitig kein anderes nationales Mandat ausüben. Eine einmalige Wiederwahl ist möglich. Zu seinen Aufgaben gehören die Vorbereitung und Koordinierung der Treffen des Europäischen Rates sowie die Außenvertretung der Union. Der ständige Präsident soll der EU auch nach innen ein Gesicht geben, mit dem sich die Bürger identifizieren und auseinandersetzen können. Vor allem soll er der EU mehr Kontinuität verleihen, als dies mit den bisherigen halbjährlich rotierenden Präsidentschaften möglich war. Als problematisch könnte sich indes die fehlende klare Abgrenzung zu zwei anderen „Gesichtern" der Union erweisen, die mit dem Vertrag von Lissabon ebenfalls aufgewertet wurden: Kompetenzkonflikte können nach innen mit dem Kommissionspräsidenten und in der Außenvertretung mit dem Vertreter für die Außen- und Sicherheitspolitik entstehen. Außerdem kann es zu Koordinierungsschwierigkeiten und Reibungsverlusten zwischen dem Präsidenten des Europäischen Rates und dem Mitgliedsland kommen, das den weiterhin halbjährlich rotierenden Vorsitz im Rat innehat. Wie stark die Stellung des Präsidenten sein wird und wie effizient er seine Rolle ausüben kann, wird sich deshalb erst im Laufe der politischen Praxis herauskristallisieren. Im November 2009 einigten sich die Staats- und Regierungschefs mit Herman van Rompuy auf einen eher unbekannten und auf der europäischen Bühne bisher kaum profilierten Politiker als ersten ständigen Ratspräsident. Der Christdemokrat war zuvor belgischer Ministerpräsident.

Funktionen

Der Europäische Rat nimmt formal nicht am Gesetzgebungsprozess der Union teil. Als oberstes Lenkungsorgan und politischer Impulsgeber „schwebt" er vielmehr über dem „institutionellen Dreieck" aus Kommission, Rat und Parlament, das für die Rechtssetzung und das europapolitische Tagesgeschäft verantwortlich ist. Der Europäische Rat beschließt die großen strategischen Leitlinien der Unionspolitik. Eine besonders wichtige Rolle spielt er bei der Systemgestaltung und bei der Besetzung von Schlüsselpositionen in der EU.

Seine *Lenkungsfunktion* nimmt der Europäische Rat wahr, indem er allgemeine Leitlinien für die Unionspolitik erlässt. Dies betrifft wirtschaftliche und sozialpolitische Fragen (z.B. Lissabon-Strategie aus dem Jahr 2000) genauso wie den Bereich der Innen- und Justizpolitik (z.B. Tampere-Agenda aus dem Jahr 1999). Den meisten Platz in den Schlussfolgerungen und Erklärungen des Europäischen Rates nehmen jedoch Äußerungen zur Außenpolitik ein. Von Beginn an hat sich der Europäische Rat bzw. seine Präsidentschaft als Sprachrohr für die EU auf der internationalen Bühne verstanden. Das auffälligste Beispiel aus jüngerer Zeit ist dabei die Präsidentschaft Frankreichs im zweiten Halbjahr 2008 während der Georgienkrise. Staatspräsident Nicolas Sarkozy übernahm im Namen der EU eine führende Rolle bei der Lösung des kriegerischen Konfliktes zwischen Georgien und Russland. Der Europäische Rat trat damals zu einem Sondergipfel zusammen.

Die starke Rolle des Europäischen Rates in den auswärtigen Angelegenheiten der Union zeigt sich auch in seiner *Wahlfunktion*. Mit dem Präsidenten des Europäischen Rats und dem Hohen Vertreter für die Außen- und Sicherheitspolitik bestimmt er die zwei wichtigsten Positionen für die EU-Außenvertretung. Er entscheidet dabei jeweils mit qualifizierter Mehrheit. Bei der Wahl des Hohen Vertreters ist außerdem die Zustimmung des Kommissionspräsidenten notwendig. Für das Amt des Kommissionspräsidenten liegt das Vorschlagsrecht beim Europäischen Rat, wobei hier das Ergebnis der Europawahlen zu berücksichtigen ist. Zudem wählt er das Direktorium der Europäischen Zentralbank.

Eine Schlüsselstellung nimmt der Europäische Rat in der *Systemgestaltung* ein. Dies ist wenig überraschend, wenn man sich vor Augen führt, dass die Mitgliedstaaten die „Herren der Verträge" sind und die „Kompetenz-Kompetenz" innehaben, also selbst entscheiden, welche Kompetenzen sie an die europäische Ebene abtreten. Immer wieder hat der Europäische Rat Grundsatzentscheidungen zur Vertiefung und Erweiterung der Union getroffen, weshalb er auch als „konstitutioneller Architekt" bezeichnet wird (siehe zu den Vertragsreformen den historischen Überblick in Kapitel 3). Die Rolle des

Europäischen Rates bei einer Änderung der vertraglichen Grundlagen der Union wird durch den Vertrag von Lissabon formalisiert und weiter gestärkt (zu den Änderungsverfahren siehe Kapitel 6.2).

Arbeitsweise

Der Vertrag von Lissabon schreibt vor, dass der Europäische Rat zweimal pro Halbjahr zusammentritt. Gegebenenfalls kann der Präsident auch eine außerordentliche Tagung einberufen. Während die Tagungen des Europäischen Rates bis zur Erweiterung 2004 im dem Land stattfanden, das die Ratspräsidentschaft innehatte, werden sie seither üblicherweise in Brüssel abgehalten. Am Ende der Tagungen, die auch „Gipfeltreffen" genannt werden, verabschiedet der Europäische Rat „Schlussfolgerungen", in denen er die strategischen Leitlinien der Union vorgibt, bzw. „Erklärungen" zu bestimmten politischen Themen.

Bei der Entscheidungsfindung zeichnen den Europäischen Rat vor allem zwei Besonderheiten aus. Zum einen ist er – zumindest formal – nicht an ein anderes Organ der EU gebunden, sondern kann unabhängig entscheiden. Er hat lediglich eine Berichtspflicht gegenüber dem Europäischen Parlament. Zum anderen muss der Europäische Rat bis auf wenige Ausnahmen – wie die Wahl des Präsidenten des Europäischen Rates und den Vorschlag des Kommissionspräsidenten – im Konsens entscheiden. Der Kompromissfindung kommt deshalb eine wesentliche Bedeutung zu. Dabei hat sich das Schnüren von Verhandlungspaketen als zentral erwiesen. Diese Praxis ist auch als „big bargains" oder schlicht „Kuhhandel" bekannt. Die Präferenzen der Mitgliedstaaten werden hier nicht grundlegend verändert, sondern in einem politikfeldübergreifenden, oft langwierigen und mühsamen Austauschprozess zu einer Gesamtvereinbarung zusammengeführt, die eine „win-win-Situation" darstellt, in der alle Beteiligten profitieren. Erhöht wird der Druck zur Konsensfindung durch die mediale Aufmerksamkeit, die den Gipfeltreffen etwa im Vergleich zu den Tagungen des Ministerrates zu Teil wird. Die Staats- und Regierungschefs bevorzugen in der Regel eine Einigung auf dem kleinsten gemeinsamen Nenner als ohne Ergebnis vor die Presse zu treten. Dass eine auf dieser Basis erzielte Einigung den integrationspolitischen Anforderungen nicht immer gerecht wird, hat am deutlichsten der Gipfel von Nizza im Jahr 2000 gezeigt, der nur eine sehr unzureichende Reform der EU-Institutionen zu Stande brachte. Erschwert hat diese Methode der Kompromissfindung die stetige Erweiterung der Union. Damit hat sich nicht nur der Teilnehmerkreis des Europäischen Rates, sondern auch die Vielfalt der dort vertretenen Interessen erhöht.

Ursprünglich war der Europäische Rat als eine Art lockeres „Kamingespräch" zwischen den Staats- und Regierungschefs konzipiert (dem damaligen Bundeskanzler Helmut Schmidt wird diesbezüglich der Ausspruch *„keine Papiere, keine Beamten"* zugeschrieben). Auch wenn sich dieses Format angesichts der Erweiterungen und der Komplexität der zu behandelnden Themenfelder nicht gänzlich hat durchhalten lassen, sind die Beratungen des Europäischen Rates immer noch durch eine eher informelle und persönliche Atmosphäre gekennzeichnet. Dem Vorsitz des Europäischen Rates kommt bei der Vorbereitung und Durchführung der Tagungen eine Schlüsselrolle zu. Bei Blockadesituationen kann der Vorsitzende die Tagung unterbrechen und mit den Staats- und Regierungschefs unwilliger Mitgliedstaaten bilaterale Gespräche führen („Beichtstuhlverfahren"). Bis zum Vertrag von Lissabon übte der Staats- oder Regierungchef des Landes, das gerade die rotierende Ratspräsidentschaft innehatte, dieses Amt aus. Seither werden die Tagungen vom ständigen Präsidenten des Europäischen Rates geleitet.

4.3 Der Rat

Der Rat (auch „Rat der Union", „Rat der EU" oder „Ministerrat" genannt) ist das Schlüsselorgan im Entscheidungsprozess der EU. In ihm sind, wie in klassischen internationalen Organisationen, die Regierungen der Mitgliedstaaten vertreten. Insbesondere mit der Möglichkeit verbindlicher Mehrheitsabstimmungen, die im Laufe der Zeit erheblich ausgeweitet und mit dem Vertrag von Lissabon schließlich zur Regel geworden sind, weist der Rat aber auch supranationale Züge auf.

Zusammensetzung

Der Rat besteht aus je einem Vertreter jedes Mitgliedstaates auf Ministerebene, der befugt ist, verbindlich für die Regierung zu handeln. Diese Formulierung erlaubt es föderal verfassten Mitgliedstaaten wie Deutschland und Belgien, Minister der subnationalen Ebene in die Ratssitzungen zu entsenden, falls die innerstaatliche Kompetenzverteilung dies erfordert. Zu beachten ist, dass der Rat – je nach Fachgebiet – in unterschiedlichen Formationen zusammentritt, die auch als „Fachministerräte" bezeichnet werden. So treffen sich beispielsweise die Agrarminister der Mitgliedstaaten im „Rat für Landwirtschaft und Fischerei". Der traditionell bedeutendste Rat war der aus den Außenministern bestehende „Rat für Allgemeine Angelegenheiten und Außenbeziehungen" (auch: „Allgemeiner Rat"). Mit dem Vertrag von Lissabon wurde dieser Rat in zwei separate Ratsformationen aufgeteilt. Die übrigen Ratsformationen werden vom Europäischen Rat festgelegt. 2002 hat man sich geeinigt, die Anzahl der weiteren Fachministerräte auf acht zu begrenzen. Gegebenenfalls können auch mehrere nationale Minister an einer Ratsformation teilnehmen, wobei sich dadurch das Gewicht bzw. die Stimmenanzahl des Landes freilich nicht verändert

---

Infokasten 14: Die Ratsformationen
Allgemeine Angelegenheiten
Auswärtige Angelegenheiten
Wirtschaft und Finanzen („Ecofin")
Zusammenarbeit in den Bereichen Justiz und Inneres
Wettbewerbsfähigkeit
Verkehr, Telekommunikation und Energie
Landwirtschaft und Fischerei
Umwelt
Bildung, Jugend und Kultur
Beschäftigung, Sozialpolitik, Gesundheit und Verbraucherschutz

---

Kennzeichnend für den Rat ist seine halbjährlich wechselnde Präsidentschaft, die auf einem Rotationssystem beruht, das jeden Mitgliedstaat gleichberechtigt berücksichtigt. Der Rat ist 2007 von der bis dahin üblichen alphabetischen Abfolge der Präsidentschaften abgerückt. Stattdessen hat er eine Reihenfolge bis 2020 festgelegt, die – soweit möglich – aus Dreigruppen besteht, bei denen ein größerer Mitgliedstaat, ein kleineres Altmitglied und ein 2004 beigetretener Mitgliedstaat aufeinanderfolgen. Das Rotationsprinzip war regelmäßig Gegenstand kontroverser Debatten. Die Befürworter vor allem aus den kleineren EU-Ländern verwiesen darauf, dass dadurch eine zu starke Machtkonzentration vermieden werde. Der wechselnde Vorsitz führe außerdem zu einer vielfältigen Agenda, da die Ratspräsidentschaften jeweils spezifische Schwerpunkte setzten. Kritisiert

wurde hingegen, dass die Mitgliedstaaten die Vorsitzfunktion zu ihrem eigenen Vorteil instrumentalisierten und dass die Kohärenz und
Koordinierung der Unionspolitik – gerade auch mit Blick auf die
Außenvertretung – durch den häufigen Führungswechsel nicht gewährleistet sei. Der Vertrag von Lissabon versucht die Argumente
beider Seiten zu berücksichtigen, indem er einerseits einen dauerhaften Vorsitzenden des Europäischen Rates etabliert (siehe Kapitel 4.2)
und andererseits das Rotationssystem für die Präsidentschaft des Rates beibehält. Eine Ausnahme ist dabei der „Rat für Auswärtige Angelegenheiten", der durchgehend vom Hohen Vertreter für die Außen-
und Sicherheitspolitik geleitet wird.

Zu einer stärkeren Kontinuität soll auch die „Teampräsidentschaft"
beitragen, die zum 1. Januar 2007 eingeführt wurde. Dabei koordinieren drei aufeinanderfolgende Staaten ihre Präsidentschaft, legen
ein gemeinsames Arbeitsprogramm vor und unterstützen sich gegenseitig. Dies hat zu einer verbesserten Koordinierung der Ratspräsidentschaften beigetragen. Doch die Praxis zeigt, dass die Regierungen die Ratspräsidentschaft immer noch als Profilierungsinstrument
sowohl gegenüber den anderen Mitgliedstaaten als auch gegenüber
der eigenen Bevölkerung nutzen und dementsprechend jeweils eigene Akzente setzen wollen.

Funktionen

Der Rat besitzt – je nach Themenfeld – eine Entscheidungs- und
Koordinierungsrolle. Er kann sowohl legislativ als auch exekutiv
tätig werden.

Zentral ist seine *Legislativfunktion*, die er in der Anfangszeit der
Gemeinschaft alleine ausübte. Im Laufe der Integrationsgeschichte
hat sich das Europäische Parlament jedoch in den meisten Politikfeldern zu einem gleichberechtigten Partner in der Gesetzgebung entwickelt. Auch das Haushaltsrecht teilt sich der Rat schon seit den
1970er Jahren mit dem Parlament. Genauso wie das Parlament hat
auch der Rat lediglich das Recht zur indirekten Gesetzesinitiative. Er
kann zwar die Kommission auffordern, Vorschläge zu bestimmten
Themen zu unterbreiten, bleibt aber letztlich auf deren Initiativmonopol angewiesen, um einen Gesetzgebungsprozess in Gang zu setzen (siehe zu den zu Rechtsetzungs- und Entscheidungsverfahren
Kapitel 6).

Daneben nimmt der Rat eine *Exekutivfunktion* war, indem er Vorschriften zur Durchführung von Rechtsakten erlässt, die Durchfüh-

rung selbst ausübt oder sie an die Kommission delegiert. Der Rat
kontrolliert und beeinflusst außerdem die exekutiven Tätigkeiten der
Kommission über die Komitologie.

Infokasten 15: Komitologie

Komitologie (vom französischen Wort für Ausschuss *comité*) ist die
Fachbezeichnung für das Ausschusswesen, mit dem der Rat die
Durchführungsbefugnisse überwacht, die er bei jedem Rechtsakt
an die Kommission abtritt. Ziel der Komitologie ist es zudem, die
Durchführung und Umsetzung der EU-Gesetzgebung zu verbessern und vor allem zu beschleunigen. Es soll sichergestellt werden,
dass die Maßnahmen zur Durchführung der Rechtsakte den Gegebenheiten vor Ort in den betroffenen Ländern entsprechen. Die
Komitologie-Ausschüsse setzen sich aus Experten zusammen, die
von den Regierungen der Mitgliedstaaten entsandt werden. Meist
handelt es sich dabei um Beamte der nationalen Ministerien. Die
Ausschüsse tagen unter dem Vorsitz der Kommission. Je nach der
politischen Sensibilität des betreffenden Sektors begleiten sie die
Exekutivarbeit der Kommission beratend, mit-verwaltend oder re-
gelnd. In den „Komitologie-Beschlüssen" von 1999 und 2006 erhielt das Europäische Parlament mehr Mitsprache. Außerdem
müssen seither eine vollständige Liste aller Ausschüsse sowie
nicht-vertrauliche Arbeitsdokumente veröffentlicht werden. Trotzdem wird der Komitologie bis heute immer wieder unzureichende
Transparenz und fehlende demokratische Legitimation vorgewor-
fen. Derzeit gibt es etwa 250 Ausschüsse in fast allen politischen
Feldern, die von der EU behandelt werden.

Im nach wie vor vorwiegend intergouvernemental organisierten Politikbereich der *Gemeinsamen Außen- und Sicherheitspolitik* ist der
Rat das zentrale Entscheidungsorgan. Auf Grundlage der allgemeinen
Leitlinien und Strategien des Europäischen Rates beschließt der Rat
– in der Regel einstimmig – gemeinsame Standpunkte und Aktionen
und trifft Übereinkommen mit Drittstaaten. Das Parlament wird dabei
lediglich angehört.

Verantwortlich ist der Rat außerdem für die *wirtschaftspolitische
Koordinierung*. Auch wenn die Ausgestaltung der Wirtschaftspolitik
prinzipiell im Zuständigkeitsbereich der Mitgliedstaaten liegt, existieren Koordinierungs- und Überwachungsinstrumente auf europäischer Ebene. So entscheidet der Rat etwa über die Maßnahmen ge-

genüber einem Euro-Mitgliedsland, das gegen das Defizitkriterium des Stabilitäts- und Wachstumspaktes verstößt (siehe dazu auch Kapitel 7.2).

Wie Parlament und Europäischer Rat verfügt auch der Rat über eine *Wahlfunktion*. Er ernennt mit qualifizierter Mehrheit die Mitglieder des Rechnungshofes, des Wirtschafts- und Sozialausschusses sowie des Ausschusses der Regionen.

Arbeitsweise und Abstimmungsverfahren

Der Sitz des Rates ist in Brüssel, wo die meisten Tagungen stattfinden. Unterstützt wird der Rat durch das Generalsekretariat, das für administrative und organisatorische Angelegenheiten verantwortlich ist, sowie vom Ausschuss der Ständigen Vertreter (AStV), der die Ratsentscheidungen politisch vorbereitet.

Infokasten 16: Ausschuss der Ständigen Vertreter

Der Ausschuss der Ständigen Vertreter (AStV, nach seiner französischen Bezeichnung *Comité des représentants permanents* häufig auch COREPER abgekürzt) ist die zentrale Schnittstelle zwischen Arbeits- und Ministerebene. Er sorgt für das politische Tagesgeschäft des Rates, bereitet dessen Entscheidungen vor, kann Arbeitsgruppen einsetzen und Verfahrensbeschlüsse erlassen. Der AStV gliedert sich in zwei Teile. Die Ständigen Vertreter, die gleichsam die Rolle von „Botschaftern" ihrer Mitgliedstaaten bei der EU einnehmen, kommen im AStV II zusammen, ihre Stellvertreter im AStV I. Während sich der AStV I mit eher technischen und fachspezifischen Fragen befasst, werden politisch brisante Themen auf der höheren Ebene des AStV II diskutiert. Die Arbeit des Ausschusses der Ständigen Vertreter führt zur Einteilung in „A-Punkte", die der Rat in der Regel ohne Aussprache annimmt, und in „B-Punkte", die auf der Ministerebene im Rat entschieden werden müssen. Bei den meisten Vorlagen gelingt dabei eine Einigung schon auf Ebene des Ausschusses der Ständigen Vertreter bzw. in den von ihm eingesetzten Arbeitsgruppen. Diese Arbeitsgruppen setzten sich überwiegend aus Beamten der nationalen Regierungen bzw. Verwaltungen zusammen. Die Anzahl der Arbeitsgruppen hat sich von zehn im Jahre 1960 auf heute über 300 erhöht. Sie gelten als Rückgrat des Rates.

In der Außen- und Sicherheitspolitik wird der Rat außerdem vom Politischen und Sicherheitspolitischen Komitee unterstützt (PSK, auch unter der sich von der französischen Bezeichnung ableitenden Abkürzung COPS bekannt). Das PSK besteht aus den Spitzenbeamten der nationalen Außenministerien, den politischen Direktoren. Mehrmals wöchentlich kommen in Brüssel deren Vertreter zusammen, die „Europäische Korrespondenten" genannt werden.

Für Abstimmungen im Rat sind je nach Politikbereich unterschiedliche Mehrheiten vorgeschrieben. Mit der *Mehrheit seiner Mitglieder* entscheidet der Rat lediglich in Verfahrensfragen wie der Verabschiedung seiner Geschäftsordnung. Für politische Fragen war in vielen Bereichen lange *Einstimmigkeit* erforderlich – ein klassisches intergouvernementales Element. Im Laufe des Integrationsprozesses hat sich die Zahl der Themenfelder, in denen mit *qualifizierter Mehrheit* entschieden wird, jedoch ständig erhöht. Bei allen Vertragsreformen war die Ausweitung der Mehrheitsentscheidungen im Rat ein erklärtes Ziel der meisten Mitgliedstaaten. In einer sich ständig erweiterten Union konnte nur so die Entscheidungs- und Handlungsfähigkeit gewährleistet werden. Mit dem Vertrag von Lissabon wurde dieser Trend fortgesetzt, so dass nun in 192 Themenfeldern mit qualifizierter Mehrheit und in 92 Themenfeldern einstimmig entschieden wird. Mit qualifizierter Mehrheit beschließt der Rat etwa in Fragen des Binnenmarktes und der Industriepolitik und – seit dem Vertrag von Lissabon – auch in der Justiz- und Innenpolitik. Zu den Feldern, die bis heute in der Einstimmigkeit verbleiben, gehören die Außen-, Sicherheits- und Verteidigungspolitik, die Festlegung des mehrjährigen Finanzrahmens sowie die Steuerharmonisierung. Trotz der steten Ausweitung von Mehrheitsentscheidungen ist festzustellen, dass die Entscheidungsfindung im Rat bis heute eher auf Konsens als auf Kampfabstimmungen ausgerichtet ist.

Kennzeichnend für die qualifizierte Mehrheit war bis zum Vertrag von Lissabon eine Abstimmung mit gewichteten Stimmen. Die Stimmgewichte wurden dabei degressiv-proportional gemäß ihrer Bevölkerungszahl an die Mitgliedstaaten verteilt. Die großen Länder waren dabei stark unterrepräsentiert. Nach dem Vertrag von Nizza verfügten Deutschland, Frankreich, Italien und Großbritannien über 29 Stimmen und Malta über drei. Damit hatte Deutschland mit einem Bevölkerungsanteil von 16,5 Prozent einen Stimmenanteil von nur 8,4 Prozent, während Malta über zehnmal so viele Stimmen verfügte, wie ihm als kleinsten Land der EU bei einer strikt proportionalen Verteilung nach Bevölkerungszahl zugestanden hätte. Für eine qualifizierte Mehrheit mussten nach den Regelungen des Vertrages von Nizza etwa 74 Prozent der Gesamtstimmen erreicht werden, die zugleich die Mehrheit der Staaten und mindestens 62 Prozent der EU-Gesamtbevölkerung repräsentieren. Dieses System der „dreifachen Mehrheit" hat sich nicht nur als extrem intransparent, sondern auch als blockadeanfällig erwiesen. Mit dem Vertrag von Lissabon wurde es durch die „doppelte Mehrheit" ersetzt. Demnach braucht es für eine qualifizierte Mehrheit im Rat 55 Prozent der Mitgliedstaaten, die gleichzeitig 65 Prozent der EU-Bevölkerung repräsentieren. Die kleineren Staaten setzten dabei die Klausel durch, dass mindestens vier Staaten notwendig sind, um eine Entscheidung zu verhindern. Damit sollte eine Sperrminorität der drei großen Länder Deutschland, Frankreich und Großbritannien verhindert werden.

Um sich der Zustimmung vor allem der mittelgroßen Länder wie Polen, denen die bisherige Stimmverteilung ein überproportionales Gewicht zuerkannte, zu versichern, einigte man sich auf eine Übergangszeit für die neuen Abstimmungsregeln. Die doppelte Mehrheit tritt demnach erst zum 1. November 2014 in Kraft und noch bis zum 31. März 2017 kann ein Ratsmitglied eine Abstimmung nach der dreifachen Mehrheit von Nizza verlangen. Auch danach soll eine als „Kompromiss von Ioannina" bekannte Regelung gelten, die in einer rechtlich unverbindlichen Erklärung zum Vertrag von Lissabon festgeschrieben wurde. Demnach soll der Rat keine Entscheidung treffen, sondern weiterverhandeln, wenn Mitglieder des Rates dies beantragen, die zusammen mindestens 55 Prozent der Staaten oder 55 Prozent der EU-Bevölkerung repräsentieren, die für die Bildung einer Sperrminorität nötig sind.

4.4 Die Kommission

Die Europäische Kommission ist das zentrale ausführende Organ der Union. Es ist vertragsrechtlich auf das allgemeine EU-Interesse verpflichtet und soll unabhängig von den nationalen Regierungen handeln. Dementsprechend gilt die Kommission als supranationales Gemeinschaftsorgan *par excellence*. Im engeren Sinne bezeichnet der Begriff Kommission das Kollegium, das derzeit aus 27 Mitgliedern besteht, die Kommissare genannt werden. Im weiteren Sinne ist damit auch die dem Kollegium unterstellte Verwaltungsbehörde gemeint. Vorläufer der Kommission war die 1952 geschaffene Hohe Behörde der Europäischen Gemeinschaft für Kohle und Stahl (EGKS). 1967

wurden die bis dahin getrennten Kommissionen der drei Gemeinschaften EGKS, EWG und Euratom zusammengelegt.

Zusammensetzung und Ernennung

Die Kommission besteht aus einem Kommissar pro Mitgliedsland,
einschließlich des Kommissionspräsidenten und des Hohen Vertreters für Außen- und Sicherheitspolitik. Die Amtsperiode beträgt fünf
Jahre. Bis zur Erweiterung 2004 stellten die größeren Länder je zwei
Kommissare. Jeder Kommissar mit Ausnahme des Präsidenten übernimmt dabei ähnlich wie nationale Minister einen eigenen fachspezifischen Zuständigkeitsbereich. Um die Effizienz des Kollegiums in
einer erweiterten Union zu sichern, hatten sich die Staaten schon im
Vertrag von Nizza und dann auch im Vertrag von Lissabon auf eine
Verkleinerung und die Einführung eines Rotationssystems geeinigt.
Dies änderte sich, als die Sorge um den Verlust eines eigenen Kom-
missars als einer der Gründe für das Scheitern des irischen Referen-
dums über den Vertrag von Lissabon ausgemacht wurde. Der Europäische Rat nutzte eine Änderungsklausel und beschloss, dass auch
nach dem Inkrafttreten des Vertrags von Lissabon weiterhin aus jedem Mitgliedsland ein Kommissar kommen sollte.

Der Vertrag von Lissabon hat die Rolle des Kommissionspräsidenten
innerhalb des Kollegiums noch einmal gestärkt. Er verfügt jetzt über die
alleinige Kompetenz, die Vizepräsidenten zu ernennen (mit Ausnahme
des Hohen Vertreters für Außen- und Sicherheitspolitik) und einzelne
Kommissionsmitglieder abzuberufen. Die Leitungs- und interne Organi-
sationskompetenz war ihm bereits im Vertrag von Nizza ausdrücklich
zugesprochen worden. Der Kommissionspräsident ist außerdem Mitglied
des Europäischen Rates, ist dort aber nicht stimmberechtigt. In der Praxis
war das tatsächliche Gewicht des Kommissionspräsidenten immer stark
von der jeweiligen Persönlichkeit abhängig.

Zu den einflussreichsten Präsidenten in der Integrationsgeschichte
zählen der erste Präsident der Hohen Behörde Jean Monnet, der erste Präsident der EWG-Kommission Walter Hallstein sowie Jacques
Delors, der maßgeblich zum Integrationsschub ab Mitte der 1980er
beitrug. Seit 2004 leitet der frühere portugiesische Ministerpräsident
José Manuel Barroso die Kommission. Er wurde 2009 von den 27
Staats- und Regierungschefs einstimmig für eine zweite Amtszeit
vorgeschlagen und erhielt trotz teils heftiger Kritik mit den Stimmen
vor allem der Konservativen, Christdemokraten und Liberalen letztlich auch eine Mehrheit im Europäischen Parlament.

Infokasten 17: Die Präsidenten der Kommission

Präsidenten der Hohen Behörde der EGKS
1952-1955 Jean Monnet   (Frankreich)
1955-1958 René Mayer   (Frankreich)   Parti Radical (links-
                                              liberal)

Präsident der EWG-Kommission
1958-1967 Walter Hallstein (Deutschland)   CDU

Präsidenten der EG- bzw. ab 1993 der EU-Kommission

1967-1970	Jean Rey	(Belgien)	Parti Reformateur Libéral
1970-1972	Franco Maria Malfatti	(Italien)	Democrazia Cristiane
1972-1973	Sicco Mansholt	(Niederlande)	Partij van de Arbeid
1973-1976	François-Xavier Ortoli	(Frankreich)	UDR (gaullistisch)
1976-1981	Roy Jenkins	(Großbritannien)	Labour Party
1981-1985	Gaston Thorn	(Luxemburg)	Demokratesch Partei (liberal)
1985-1995	Jacques Delors	(Frankreich)	Parti Socialiste
1995-1999	Jacques Santer	(Luxemburg)	Chrëschtlech Sozial Volekspartei
1999-2004	Romano Prodi	(Italien)	L'Ulivo (sozialdemokratisch)
Seit 2004	José Manuel Barroso	(Portugal)	Partido Social Democrata (christdemokratisch)

Die Bestellung des Kollegiums erfolgt in einem Zusammenspiel zwischen den Staats- und Regierungschefs und dem Europäischen Parlament. Unter Berücksichtigung der Ergebnisse der Europawahl schlägt der Europäische Rat mit qualifizierter Mehrheit zuerst einen Kandidaten für das Amt des Kommissionspräsidenten vor, der sich dann der Wahl im Parlament stellen muss. Fällt der Kandidat im Parlament durch, muss der Europäische Rat einen neuen Kandidaten empfehlen. Wird der Kandidat vom Parlament gewählt, schlagen die

Staats- und Regierungschefs im Einvernehmen mit dem Kommissionspräsidenten die restlichen Kommissionsmitglieder vor. Jede nationale Regierung bringt dabei den Kandidaten aus ihrem Land ins Spiel. Laut Vertrag sind dabei Persönlichkeiten auf Grund ihrer Befähigung und ihres Einsatzes für Europa auszuwählen, die eine unabhängige Amtsführung gewährleisten können. Am Ende beschließt der Rat die Vorschlagsliste mit qualifizierter Mehrheit. Die Kommission muss sich daraufhin als Ganzes dem Zustimmungsvotum des Europäischen Parlaments stellen (siehe dazu auch Kapitel 4.1). Stimmt das Parlament zu, kann die Kommission vom Europäischen Rat mit qualifizierter Mehrheit ernannt werden. Die starke Position, die die Mitgliedstaaten bei der Bestellung der Kommissare einnehmen, kann unter Umständen eine Gefährdung ihrer Unabhängigkeit darstellen, da sie für eine weitere Amtszeit auf das Wohlwollen ihrer jeweiligen nationalen Regierung angewiesen sind.

Während der Legislaturperiode kann die Kommission durch ein Misstrauensvotum des Europäischen Parlaments ihres Amtes enthoben werden. Dafür braucht es eine Zweidrittelmehrheit im Parlament.

Funktionen

Das Aufgabenspektrum der Kommission wird gemeinhin mit den drei Schlagworten „Exekutive der Union", „Motor der Integration" und „Hüterin der Verträge" umschrieben. Hinzu kommt mit der Außenvertretung der EU eine weitere Kernaufgabe, die sich die Kommission allerdings mit anderen Akteuren zu teilen hat.

Als oberste *Exekutive* der EU ist die Kommission für die Durchführung von Rechtsakten und die Umsetzung und Verwaltung der Unionspolitiken verantwortlich, die vom Parlament und Rat verabschiedet wurden. Dazu gehören die Agrarpolitik genauso wie Maßnahmen im Rahmen der Wettbewerbs- und Strukturpolitik. Die Kommission kann hierfür Durchführungsbestimmungen erlassen. Dabei wird sie von einem System von Ausschüssen unterstützt und zugleich kontrolliert, das vom Rat eingesetzt und als „Komitologie" bezeichnet wird (siehe dazu Infokasten 15 in Kapitel 4.3). Auch für die Ausführung des Haushalts, der von Parlament und Rat beschlossen wird, ist die Kommission zuständig.

Die Bezeichnung „Motor der Integration" beruht in erster Linie auf der *Legislativfunktion* der Kommission, die im Rechtsetzungsprozess ein Initiativmonopol innehat. Auch wenn Rat und Parlament die Kommission auffordern können, entsprechende Entwürfe vorzulegen, sind sie letztlich auf die Kommission angewiesen, um den Prozess für die Verabschiedung eines Rechtsaktes der Union zu starten. Hinzu kommt, dass die Kommission als *agenda-setter* die Integration vorantreiben kann. Ein erfolgreiches Beispiel hierfür ist die Binnenmarkt-Initiative des damaligen Kommissionspräsidenten Jacques Delors in der zweiten Hälfte der 1980er Jahre.

Daneben hat die Kommission eine *Kontrollfunktion* für die Einhaltung des Unionsrechts. Dazu kann sie Mitgliedstaaten und andere EU-Organe vor dem Gerichtshof der Europäischen Union verklagen. Das wichtigste Kontrollinstrument gegenüber den Mitgliedstaaten hierfür sind Vertragsverletzungsverfahren. Diese werden häufig gegen Mitgliedstaaten angestrengt, die Richtlinien nicht fristgerecht umsetzen (siehe zum Vertragsverletzungsverfahren auch den Infokasten 19 in Kapitel 4.5 und zur Rechtsform der Richtlinie den Infokasten 21 in Kapitel 6.1).

Tabelle 3: Klagen vor dem Gerichtshof wegen Vertragsverletzungen von Mitgliedstaaten

Mitgliedstaat	1953-2003	2004-2010	2011
Belgien	281	82	7
Bulgarien	-	0	0
Dänemark	29	6	3
Deutschland	190	75	0
Estland	-	17	1
Finnland	15	35	2
Frankreich	309	89	7
Griechenland	238	141	4
Irland	147	49	4
Italien	471	150	7
Lettland	-	0	0
Litauen	-	2	0
Luxemburg	149	109	2
Malta	-	13	1
Niederlande	91	48	4
Österreich	63	68	2
Polen	-	40	7
Portugal	91	91	3

Mitgliedstaat	1953-2003	2004-2010	2011
Rumänien	-	1	0
Schweden	15	35	2
Slowakei	-	8	1
Slowenien	-	5	1
Spanien	130	98	7
Tschechische Republik	-	22	5
Ungarn	-	9	0
Vereinigtes Königreich	85	44	2
Zypern	-	7	1

Quelle: Eigene Zusammenstellung nach Rechtssprechungsstatistiken des Gerichtshof der Europäischen Union. Online unter http://curia.europa.eu.

Bei der *Außenvertretung* der EU ist die Kommission vor allem für die vergemeinschaftete Handels- und Entwicklungspolitik verantwortlich. So nimmt die Kommission – auf Grundlage eines Mandats des Rates – im Namen der EU an den Verhandlungen im Rahmen der Welthandelsorganisation (WTO) teil. Auch die entsprechenden Handelsverträge mit Drittstaaten und anderen internationalen Organisationen sowie Abkommen über die Entwicklungszusammenarbeit werden zwar vom Rat beschlossen, aber von der Kommission ausgehandelt (siehe dazu auch Kapitel 8.2). Die Kommission unterhält neben ihren Vertretungen in den Mitgliedstaaten außerdem ein Netz von Delegationen in Drittstaaten und bei internationalen Organisationen, wie beispielsweise bei den Vereinten Nationen. Diese sind auf Grundlage des Vertrages von Lissabon dem neuen Europäischen Auswärtigen Dienst (EAD) unterstellt worden. Für die Außenvertretung im Bereich der Gemeinsamen Außen- und Sicherheitspolitik ist der *Hohe Vertreter der Union für Außen- und Sicherheitspolitik* zuständig, der seit dem Vertrag von Lissabon der Kommission angehört. Diese Aufgabe teilt er sich allerdings mit dem Präsidenten des Europäischen Rates.

**Infokasten 18: Der Hohe Vertreter für Außen- und Sicherheits-
politik**

Als eines der größten Hindernisse auf dem Weg der EU zu einem
einflussreichen internationalen Akteur gilt seit langem die mangelnde Kohärenz in der Außenvertretung (zur weltpolitischen Rolle EU
siehe Kapitel 8). 1999 wurde deshalb das Amt des Hohen Vertreters
für die Gemeinsame Außen- und Sicherheitspolitik (GASP) geschaffen, das von Javier Solana ausgeübt wurde. Allerdings kam es in der
Praxis immer wieder zu Reibungsverlusten zwischen dem Hohen
Vertreter, der zugleich Generalsekretär des Rates war, und dem für
Außenbeziehungen zuständigen Mitglied der Kommission. Der Vertrag von Lissabon hat diese beiden Positionen deshalb zusammengelegt ("Doppelhut"). Seither ist der Hohe Vertreter als Vizepräsident
Teil der Kommission und für die Koordinierung der Außenbeziehungen insgesamt verantwortlich. Zudem führt er den Vorsitz im „Rat
für Auswärtige Angelegenheiten", in dem die Außenminister der
Mitgliedstaaten zusammenkommen, und nimmt an den Beratungen
des Europäischen Rates teil. Wegen dieser Aufwertung und um
seine Bedeutung in der Außenvertretung noch deutlicher zu machen,
war im Verfassungsvertrag die Bezeichnung „Europäischer Außenminister" vorgesehen. Diese wurde allerdings im Vertrag von Lissabon wieder fallen gelassen. Der offizielle Titel lautet jetzt *Hoher
Vertreter der Union für Außen- und Sicherheitspolitik*. Unterstützt
wird der Hohe Vertreter von einem Europäischen Auswärtigen
Dienst (EAD), der auf Grundlage des Vertrages von Lissabon eingerichtet wurde. Der Hohe Vertreter wird vom Europäischen Rat mit
qualifizierter Mehrheit auf fünf Jahre ernannt. Der Kommissionspräsident muss zustimmen. Als Kommissionsmitglied unterliegt er außerdem dem Zustimmungsvotum des Europäischen Parlaments zur
Kommission insgesamt. Die Staats- und Regierungschefs sprachen
sich im November 2009 einstimmig dafür aus, die Position mit der
britischen Sozialdemokratin Catherine Ashton zu besetzen.

Arbeitsweise

Innerhalb der Kommission im weiteren Sinne lassen sich drei Ent-
scheidungs- bzw. Arbeitsebenen unterscheiden. Die politische Verantwortung trägt das *Kollegium* der 27 Kommissare. Das Kollegium
tagt in der Regel ein Mal pro Woche und kann Entscheidungen mit

der Mehrheit seiner Mitglieder treffen. In der Praxis wird jedoch meistens ein Konsens gesucht, so dass tatsächliche Abstimmungen nur selten stattfinden. Für die Entscheidungsfindung im Kollegium gelten außerdem das Ressort- und das Kollegialitätsprinzip. Nach dem Ressortprinzip ist jeder Kommissar für die Vorbereitung und Durchführung von Kommissionsbeschlüssen in seinem Aufgabenbereich zuständig. Dem Kollegialitätsprinzip zufolge stellen alle gefassten Beschlüsse Entscheidungen des gesamten Kollegiums dar und müssen dementsprechend geschlossen nach außen vertreten werden.

Die zweite Ebene bilden die *Kabinette*, die dem Kommissar direkt unterstellt sind. Ein Kabinett besteht aus sechs bis neun politischen Beamten, die vom Kommissar persönlich ausgewählt werden, ihn beraten und gegenüber der unteren Verwaltungsebene weisungsbefugt sind. Die Kabinettschefs kommen in der Regel einmal die Woche zusammen. Ähnlich wie der Ausschuss der Ständigen Vertreter beim Rat legen sie dabei fest, über welche Vorlagen Einigkeit besteht („A-Punkte") und welche der weiteren Diskussion und Entscheidung im Kollegium bedürfen („B-Punkte").

Der eigentliche Verwaltungsapparat der Kommission besteht aus den *Generaldirektionen* (oft „GD" oder nach der französischen und englischen Abkürzung „DG" genannt). Jede Generaldirektion ist für einen bestimmten Politik- bzw. Aufgabenbereich zuständig und in etwa mit der Ministerialbürokratie auf der nationalen Ebene vergleichbar. Seit mit einer Strukturreform im Jahre 1999 auch Dienste wie das Statistische Amt „Eurostat" oder das Amt für Betrugsbekämpfung „OLAF" in den Rang von Generaldirektionen erhoben worden sind, liegt deren Gesamtzahl in der Regel bei um die 40.

Der Sitz der Kommission ist Brüssel. Ihr Hauptgebäude, das unter anderem die 27 Kommissare und ihre Kabinette beherbergt, ist das *Berlaymont*, das zu einem Synonym für die Kommission geworden ist. Insgesamt sind bei der Kommission rund 38.000 Bedienstete, darunter 24.000 Beamte, beschäftigt. Seit den letzten Erweiterungsrunden hat Englisch das Französische als wichtigste Arbeitssprache abgelöst.

4.5 Der Gerichtshof der Europäischen Union

Der Gerichtshof der Europäischen Union stellt die Gerichtsbarkeit der EU dar und ist für die Wahrung und die Einheitlichkeit des Unionsrechts verantwortlich. Seine Mitglieder sind von den Mitgliedstaaten unabhängig, er kann gegenüber den Mitgliedstaaten bindende Urteile sprechen, und seine Entscheidungen betreffen die Unionsbürger direkt. Er zählt dementsprechend wie die Kommission zu den maßgeblichen supranationalen Elementen im Institutionensystem der EU.

Die im Vertrag von Lissabon eingeführte Bezeichnung *Gerichtshof der Europäischen Union* umfasst genau genommen den eigentlichen *Gerichtshof* (früher: Europäischer Gerichtshof bzw. EuGH), das *Gericht* (früher: Gericht erster Instanz), das 1988 zur Entlastung des EuGH eingeführt worden war, sowie das *Gericht für den öffentlichen Dienst*. Dieses besteht seit Ende 2005 und ist für dienstrechtliche Klagen von EU-Beschäftigten zuständig.

Zusammensetzung und Ernennung

Der *Gerichtshof* besteht aus einem Richter pro Mitgliedstaat. Die Richter werden von den nationalen Regierungen im gegenseitigen Einvernehmen für eine Amtszeit von sechs Jahren ernannt, wobei Wiederernennungen möglich sind. Eine teilweise Neubesetzung findet alle drei Jahre statt. Unterstützt werden die Richter des Gerichtshofes von Generalanwälten, die Entscheidungsvorschläge ausarbeiten. Die derzeitige Zahl von acht Generalanwälten kann dem Vertrag von Lissabon zufolge auf elf erhöht werden, wenn der Gerichtshof dies beantragt. Das *Gericht* wird auf die gleiche Art und Weise wie der Gerichtshof mit Richtern besetzt, verfügt aber nicht über Generalanwälte. Das *Gericht für den öffentlichen Dienst* besteht aus sieben Richtern, die vom Rat ernannt werden. Im Gegensatz zu anderen obersten Gerichtsbarkeiten wie dem amerikanischen „Supreme Court" oder dem deutschen Bundesverfassungsgericht spielt das Parlament in der EU bei der Bestellung der obersten Richter keine Rolle.

Funktion und Verfahrensformen

Der Gerichtshof der Europäischen Union überwacht die Wahrung des Rechts bei der Auslegung und Anwendung der Gründungsverträge. Dies betrifft sowohl das Primär- als auch das Sekundärrecht der Union (mit Primärrecht sind die Vertragsgrundlagen, mit dem Sekundärrecht die von den Organen erlassenen Rechtsakte gemeint; siehe dazu ausführlich Kapitel 6.1). Die Kompetenzen des Gerichtshofs der Europäischen Union erstreckten sich dabei bis zum Vertrag von Lissabon nur auf die erste, supranationale Säule der EU. Mit Lissabon wurde seine Rechtsaufsicht auf die Innen- und Justizpolitik ausgeweitet. Ausgenommen davon bleibt lediglich die Überprüfung von Maßnahmen der Polizei oder anderer Strafverfolgungsbehörden der Mitgliedstaaten sowie von nationalen Maßnahmen zur Aufrechterhaltung der öffentlichen Ordnung und zum Schutz der inneren Sicherheit. Weiterhin keine Kompetenzen hat die Gerichtsbarkeit der EU in der Gemeinsamen Außen- und Sicherheitspolitik.

Innerhalb dieses Zuständigkeitsbereichs lassen sich „verfassungsrechtliche" (Streitigkeiten zwischen den Mitgliedstaaten und den Organen) und „verwaltungsrechtliche" Verfahren (Streitigkeiten zwischen den Organen und Individuen sowie zwischen der EU und ihren Beschäftigten) unterscheiden. Hinzu kommen besondere Verfahren wie das Vorabentscheidungsverfahren, das eine einheitliche Auslegung und Anwendung des Unionsrechts in der EU gewährleisten soll.

Infokasten 19: Die wichtigsten Verfahren und Klagearten vor dem Gerichtshof

➤ *Vertragsverletzungsklage*: Wenn die Kommission der Auffassung ist, ein Mitgliedstaat verstößt gegen Unionsrecht, kann sie Klage erheben. Klagebefugt sind auch andere Mitgliedstaaten, die dieses Recht in der Regel aber nicht wahrnehmen. Dem eigentlichen Vertragsverletzungsverfahren geht ein Vor-Verfahren voraus, indem Kommission und der betreffende Mitgliedstaat versuchen, ihren Rechtsstreit außergerichtlich beizulegen.

➤ *Nichtigkeitsklage*: Im Zuge der Nichtigkeitsklage wird festgestellt, ob Handlungen und Rechtsakte der EU-Organe gegen Unionsrecht verstoßen. Neben den Organen sind auch juristische und natürliche Personen, also die Unionsbürger, klageberechtigt, sofern sie selbst betroffen sind.

➤ *Untätigkeitsklage*: Die Mitgliedstaaten und Organe können Klage erheben, wenn sie der Auffassung sind, dass Organe und andere Einrichtungen der EU es unter Verletzung der Verträge versäumt haben, tätig zu werden. Natürliche und juristische Personen sind klageberechtigt, wenn sie selbst betroffen sind.

➤ *Vorabentscheidungsverfahren*: Mit diesem Instrument soll die einheitliche Auslegung und Anwendung des Unionsrechts sichergestellt werden. Jedes Gericht eines Mitgliedstaats kann dabei dem Gerichtshof der Europäischen Union bei konkreten Fällen Fragen über die Auslegung und die Gültigkeit des Unionsrechts vorlegen. Auf Grundlage der Antwort fällt dann das nationale Gericht sein Urteil.

Die Gerichtsbarkeit der EU hat in der Geschichte der Integration immer wieder eine Motorenrolle übernommen. So hat der Europäische Gerichtshof Anfang der 1960er Jahre in seiner *Van Gend & Loos*-Entscheidung die Direktwirkung des Unionsrechts auf Individuen und in *Costa/ENEL* den Vorrang des europäischen vor dem nationalen Recht festgestellt (siehe dazu auch Kapitel 6.1). Da der Gerichtshof tendenziell integrationsfreundlich entscheidet („in dubio pro communitate"), werfen ihm Kritiker eine zu politisch aktive Rolle vor („judicial activism" oder französisch „gouvernement des juges").

Arbeitsweise

Der Gerichtshof der Europäischen Union ist ein reaktives Organ, das heißt er kann nur auf Grundlage einer Klage oder Anfrage tätig werden. Der *Gerichtshof* und das *Gericht* tagen nur in seltenen Sonderfällen im „Plenum", in dem alle 27 Richter zusammenkommen, sondern meist in „Kammern" mit einer kleineren Zahl von Richtern. Entscheidungen werden zumeist einvernehmlich getroffen, wenn nötig kann aber auch mit der einfachen Stimmenmehrheit entschieden werden. Beim *Gerichtshof* stellt der Generalanwalt, der als Unparteiischer keine Seite vertritt, für den jeweiligen Fall Schlussanträge und formuliert einen konkreten Entscheidungsvorschlag. Auch wenn dieser für die Richter nicht bindend ist, folgen sie ihm in den meisten Fällen. Beim *Gericht*, das nicht über Generalanwälte verfügt, übernimmt ein Richter diese Funktion. Die Verhandlungen sind in der Regel öffentlich, während die internen Beratungen nicht-öffentlich sind.

Der Sitz des Gerichtshofes der Europäischen Union ist in Luxemburg. Mündliche Verhandlungen werden nach Bedarf in die Amtssprachen der EU übersetzt. Auch die Urteile und die Schlussanträge der Generalanwälte werden in allen Amtssprachen veröffentlicht. Die interne Arbeitssprache ist Französisch.

4.6 Die Europäische Zentralbank

Die Europäische Zentralbank (EZB) wurde 1998 im Zuge der Einführung der gemeinsamen Währung errichtet und ist in erster Linie für die Geldpolitik der Euro-Länder verantwortlich (siehe zur Wirtschafts- und Währungsunion auch Kapitel 7.2). Die EZB hat einen supranationalen Charakter und ist in ihrer Tätigkeit sowohl von den Mitgliedstaaten als auch den anderen EU-Organen unabhängig. Sie bildet das Herzstück und das ausführende Organ des Europäischen Systems der Zentralbanken (ESZB), dem alle 27 EU-Mitgliedstaaten angehören.

Zusammensetzung, Ernennung und Arbeitsweise

Die Entscheidungsstruktur der Europäischen Zentralbank setzt sich aus drei Ebenen zusammen. Das *Direktorium* besteht aus dem Präsidenten, dem Vize-Präsidenten und vier weiteren Mitgliedern. Diese werden auf Vorschlag des Rates vom Europäischen Rat mit qualifizierter Mehrheit ausgewählt und ernannt. Das Europäische Parlament und der EZB-Rat verfügen über ein Anhörungsrecht. Die Amtszeit der Direktoriumsmitglieder beträgt acht Jahre. Um ihre Unabhängigkeit zu stärken, ist eine Wiederernennung nicht zulässig. Die Amtszeit des ersten EZB-Präsidenten Wim Duisenberg aus den Niederlanden endete auf politischen Druck Frankreichs hin vorzeitig im Jahre 2003. Bis 2011 bekleidete der Franzose Jean-Claude Trichet dieses Amt. Ihm folgte Mario Draghi, der vorher Präsident der italienischen Nationalbank war. Das Direktorium ist für die Ausführung der Geldpolitik gemäß den Vorgaben des EZB-Rates verantwortlich.

Die Mitglieder des Direktoriums bilden gemeinsam mit den Präsidenten der nationalen Zentralbanken der Euro-Länder den *Rat der Europäischen Zentralbank* (EZB-Rat). Der EZB-Rat ist das oberste Beschlussorgan der EZB, das die maßgeblichen Leitlinien und Entscheidungen für die Geldpolitik festlegt. Kaum Entscheidungskompetenzen hat demgegenüber der *Erweiterte EZB-Rat*. Darin sitzen zusätzlich zu den Mitgliedern des EZB-Rates auch die Präsidenten der Zentralbanken jener Mitgliedstaaten, die nicht den Euro eingeführt haben. Der Vorsitzende des Rates der EU (in der Formation der Wirtschafts- und Finanzminister) sowie ein Mitglied der Kommission können an den Sitzungen des EZB-Rates und des Erweiterten EZB-Rates teilnehmen, haben aber kein Stimmrecht. Abgestimmt wird in den meisten Fällen mit einfacher Mehrheit. Auf Vorschlag der EZB haben die Mitgliedstaaten festgelegt, dass im EZB-Rat unabhängig von der Anzahl der Euro-Staaten immer nur 15 Präsidenten der nationalen Zentralbankpräsidenten stimmberechtigt sein sollen. Dafür wurde ein Rotationssystem ins Leben gerufen, das sich an der Wirtschaftskraft der beteiligten Staaten orientiert.

Auf Wunsch Deutschlands und in Nachfolge der starken Rolle der Bundesbank hat die EZB ihren Sitz in Frankfurt am Main. Als Arbeitssprache hat sich Englisch durchgesetzt.

Funktionen

Kernaufgabe der Europäischen Zentralbank ist die Währungspolitik der Union. Dabei arbeitet sie mit den nationalen Zentralbanken der Euro-Länder zusammen. Zu den geldpolitischen Aufgaben gehören die Ausgabe von Banknoten, die Geldmengensteuerung, die Festlegung der Leitzinsen, Interventionen auf dem Devisenmarkt und die Verwaltung von Währungsreserven.

Die EZB ist vertraglich auf die Sicherung der Preisstabilität als vorrangigem Ziel verpflichtet. Ihr zweites Ziel ist die Unterstützung der Wirtschaftspolitik der Union. Genauso wie mit der Betonung der Unabhängigkeit der EZB hat sich auch mit der Priorität der Inflationsbekämpfung Deutschland durchgesetzt, das die Grundsätze der Bundesbank auf die EZB übertragen wollte. Insbesondere aus Frankreich sieht sich die EZB hingegen immer wieder der Kritik ausgesetzt, mit einer zu restriktiven Geldpolitik nicht genügend zur Überwindung längerer Phasen wirtschaftlicher Stagnation in der Eurozone beizutragen.

Die EZB und die „Euro-Krise"

Aus der großen Agenda Währungsunion war in Maastricht das Element der EZB am intensivsten beraten und detailliert ausgearbeitet worden. Die Europäische Zentralbank sollte ein wirkungsvoller Garant der Währungsstabilität sein. Der Kern ihres Profils sollten sein: Unabhängigkeit und Kompetenz. Aus der Distanz der Unabhängigkeit, aus dem Mythos der Unangreifbarkeit sollten Signale gesendet werden, an denen sich Märkte wie Politik orientieren konnten. Die Autorität der Europäischen Zentralbank sollte nicht durch Interessenskonflikte und divergierende Kämpfe voller massenmedialer Zuspitzung beschädigt werden. Die logische Konsequenz war eine unglaublich starke Vertrauensstellung der EZB. Aber gilt das alles heute noch? Nein – die Europäische Zentralbank ist zu einem Akteur unter etlichen Akteuren im Ringen um die Währung geworden.

Bereits im Mai 2010, parallel zu den Griechenland-Hilfen und dem Aufspannen des „temporären Rettungsschirms" hat der EZB-Rat beschlossen, zur Stützung des Euro erstmals Staatsanleihen von hoch verschuldeten Euro-Ländern zu kaufen. Dieses Vorgehen, das letztlich eine Refinanzierung von Staaten über die Bilanz der Notenbank bedeutet, war hochumstritten. Der deutsche Chefvolkswirt der EZB,

Jürgen Stark, und der Bundesbankpräsident Axel Weber traten 2011 von ihren Positionen zurück. Hatte es sich bei diesen ersten Anleihe-käufen noch um vorübergehende „Notmaßnahmen" gehandelt, ent-schied sich die EZB im September 2012 für ein weitaus umfassende-res Programm. Notenbankchef Draghi kündigte an, dass die EZB künftig in unbegrenzter Höhe auf dem Sekundärmarkt Staatsanleihen von Euro-Staaten kaufen könne, die sich im Rahmen der Rettungs-schirme zu Auflagen verpflichteten (siehe ausführlich zur „Euro-Krise" Kapitel 7.3.).

4.7 Der Rechnungshof

Der Rechnungshof ist für die externe Rechnungsprüfung der EU zuständig. Er wurde 1977 im Zuge der Reform der EU-Finanzverfas-sung (Umstellung von Beiträgen der Mitgliedstaaten auf ein Eigen-mittelsystem, Haushaltsrecht des Europäischen Parlaments) einge-richtet. Der Vertrag von Maastricht erhob ihn förmlich in den Rang eines Organs. Der Rechnungshof besteht aus einem Staatsangehöri-gen je Mitgliedstaat. Die Mitglieder des Rechnungshofes werden vom Rat auf Vorschlag der einzelnen Mitgliedstaaten für eine Amts-zeit von sechs Jahren ernannt, wobei das Europäische Parlament über ein Anhörungsrecht verfügt.

Die Rechnungsprüfung erstreckt sich auf alle Einnahmen und Aus-gaben der Union. Sie erfolgt grundsätzlich nachträglich, das heißt nach Rechnungsabschluss jedes Haushaltsjahres, kann aber auch als „mitlaufende" Kontrolle durchgeführt werden. Der Rechnungshof legt einen allgemeinen Jahresbericht vor, in dem er etwa fehlerhafte Zahlungen und Mängel bei der Verwaltung von EU-Geldern in den Mitgliedstaaten sowie Schwachstellen bei der internen Kontrolle der Kommission benennt. Daneben kann der Rechnungshof Sonderbe-richte erstellen. Dabei handelt es sich überwiegend um Stellungnah-men zu Verordnungsvorschlägen der Kommission. Der Sitz des Rech-nungshofes ist in Luxemburg.

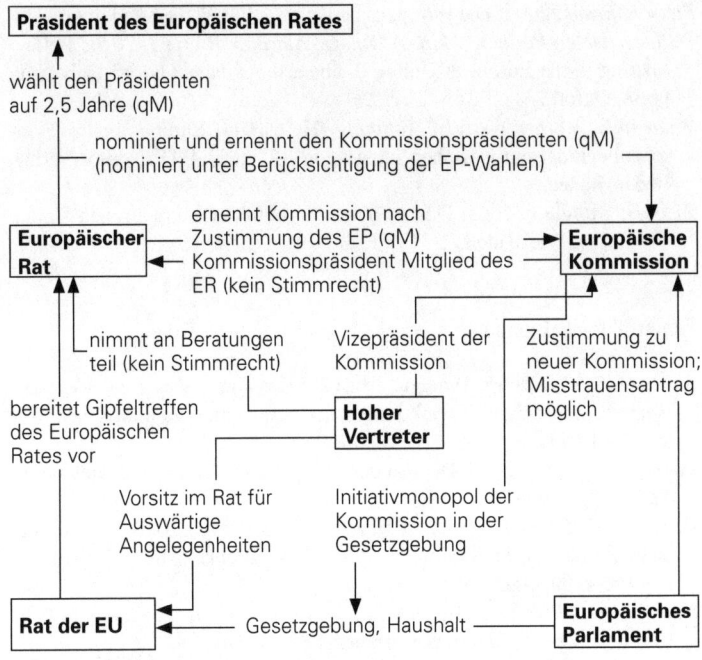

Abbildung 3: Die institutionelle Struktur der EU im Überblick

Quelle: Eigene Darstellung

Literatur

Einführende Literatur und Überblicksdarstellungen

Cini, Michelle/Perez-Solorzano Borragan, Nieves (Hg), 2013: European Union Politics, Oxford University Press, New York (darin Teil III).
Nugent, Neill, 2010: The Government and Politics of the European Union, 7. überarb. Aufl., Palgrave, Houndmills.

Pfetsch, Frank, 2005: Die Europäische Union, UTB Verlag, Paderborn.

Wallace, Helen/Pollack, Marc A./Young, Alasdair R (Hg.), 2010: Policy-Making in the European Union, 6. überarb. Auflage, Oxford University Press, Oxford.

Weidenfeld, Werner/Wessels, Wolfgang (Hg.), 2011: Europa von A-Z. Taschenbuch der europäischen Integration, 12. Aufl., UTB/Nomos Verlag, Baden-Baden.

Wessels, Wolfgang, 2008: Das politische System der Europäischen Union, VS Verlag, Wiesbaden.

Weiterführende Literatur

Abels, Gabriele/Eppler, Annegret (Hg.) 2011: *Auf dem Weg zum. Mehrebenenparlamentarismus*? Funktionen von Parlamenten im politischen System der EU. Nomos Verlag, Baden-Baden.

Alemann, Sven von, 2009: Der Rat der Europäischen Union, Carl Heymanns Verlag, München.

Dialer, Doris/Lichtenberger, Eva/Heinrich Neisser (Hg.), 2010: Das Europäische Parlament. Institution, Vision und Wirklichkeit, Insbruck University Press, Innsbruck.

Naurin, Daniel/Wallace, Helen (Hg.), 2010: Unveiling the Council of the European Union: Games Governments Play in Brussels

Spence, David (Hg.), 2006: The European Commission, 3. Aufl., John Harper Publishing, London.

Thiem, Janina, 2009: Nationale Parteien im Europäischen Parlament. Delegation, Kontrolle und politischer Einfluss, VS Verlag, Wiesbaden.

Ondarza, Nicolai von, 2011: Koordinatoren an der Spitze. Politische Führung in den reformierten Strukturen der Europäischen Union, SWP-Studie, Berlin.

Wonka, Arndt, 2008: Die Europäische Kommission. Supranationale Bürokratie oder Agent der Mitgliedstaaten? Nomos Verlag, Baden-Baden.

5. Akteure im erweiterten Institutionensystem

Neben diesen sieben Organen kennt das politische System der EU eine Vielzahl an weiteren Akteuren. Wichtiger noch als die beratenden und unterstützenden Einrichtungen der EU (Kapitel 5.1) ist dabei das stetig wachsende Netz an öffentlichen und vor allem privaten Interessenvertretungen (Kapitel 5.2).

5.1 Beratende und unterstützende Einrichtungen der EU

Um die organisierten Interessen in die Politikgestaltung auf europäischer Ebene mit einzubinden hat sich die EU zwei beratende Einrichtungen geschaffen, die oft als Hilfs- oder Nebenorgane bezeichnet werden: den *Wirtschafts- und Sozialausschuss* und den *Ausschuss der Regionen*. Einen besonderen Status nehmen die *Agenturen* der EU ein, die technische bzw. wissenschaftliche Expertise bereitstellen oder Sonderaufgaben wahrnehmen.

Der Wirtschafts- und Sozialausschuss

Der Europäische Wirtschafts- und Sozialausschuss (*WSA*, *EWSA* oder nach der englischen Bezeichnung auch *Ecosoc* abgekürzt) mit Sitz in Brüssel wurde bereits im Zuge der Gründung der Europäischen Wirtschaftsgemeinschaft im Jahre 1958 eingerichtet. Waren anfangs nur Vertreter aus dem Wirtschaftsleben repräsentiert, wurde der WSA mittlerweile um weitere Vertreter aus der Zivilgesellschaft erweitert.

Seine derzeit 344 Mitglieder, deren Anzahl auf maximal 350 erhöht werden kann, werden degressiv-proportional nach der Bevölkerungsgröße auf die Mitgliedstaaten verteilt. Sie lassen sich in drei Gruppen einteilen, die üblicherweise jeweils etwa ein Drittel der Sitze besetzen: Arbeitgeber, Arbeitnehmer und die so genannten „Verschiedenen Interessen" (z.B. Bauernverbände, Umweltorganisationen, Verbraucherschutzverbände). Der Rat ernennt die Mitglieder des WSA auf Vorschlag der Mitgliedstaaten für eine Amtsperiode von fünf Jahren. Für die Auswahl der 24 deutschen Mitglieder ist das Bundeswirtschaftsministerium verantwortlich. Nach dessen Festlegung entsenden etwa der Bundesverband der Deutschen Arbeitgeberverbände (BDA) und der Zentralverband des Deutschen Handwerks (ZDH) je einen Vertreter für die Gruppe der Arbeitgeber. Für die Arbeitnehmer stellen der Deutsche Gewerkschaftsbund (DGB) und der Beamtenbund Mitglieder. Zur Gruppe „Verschiedene Interessen" zählt beispielsweise die Vertreterin des Deutschen Roten Kreuzes (DRK).

Der Wirtschafts- und Sozialausschuss hat die Aufgabe die zentralen Entscheidungsorgane der EU – Parlament, Rat und Kommission – zu beraten. Er bringt die Meinungen, Interessen und das notwendige Wissen der Verbände aus Wirtschaft und Gesellschaft in den politischen Prozess ein. Dabei verfügt er über ein Anhörungsrecht in vielen Politikfeldern und kann zu allen Themen Stellungnahmen abgeben, die aber nicht bindend sind. Auch wenn der WSA für sich in Anspruch nimmt, dass etwa zwei Drittel seiner Empfehlungen und Vorschläge von den betreffenden EU-Organen berücksichtigt werden, wird sein Einfluss als begrenzt beurteilt. Die Verbände aus Wirtschaft und Gesellschaft nutzen zunehmend Kanäle jenseits des WSA, um auf Entscheidungen in der EU Einfluss zu nehmen (siehe dazu Kapitel 5.2).

Der Ausschuss der Regionen

Ähnlich wie der WSA den Verbänden aus Wirtschaft und Gesellschaft, sollte der Ausschuss der Regionen (AdR) den regionalen und lokalen Gebietskörperschaften eine institutionelle Mitwirkung in der EU ermöglichen. Mit regionalen Gebietskörperschaften sind größere sub-nationale Einheiten wie die deutschen Bundesländer oder die französischen Regionen gemeint, mit lokalen Gebietskörperschaften die Städte und Gemeinden. Eingerichtet wurde der AdR mit dem Vertrag von Maastricht. Angesichts der Fortentwicklung der Integration und dem beträchtlichen Souveränitätstransfer auf die EU hatten die Vertreter der sub-nationalen Ebene, gerade auch die deutschen Bundesländer, auf mehr Mitsprache gepocht. Der Sitz des AdR ist Brüssel, seine erste Tagung fand 1994 statt.

Der AdR ist von seiner Arbeitsweise und seinen Kompetenzen mit dem Wirtschafts- und Sozialausschuss vergleichbar. Seine Mitgliederzahl liegt derzeit bei 344 und kann auf maximal 350 erhöht werden. Die Sitze werden wie beim WSA degressiv-proportional nach Bevölkerungsgröße an die Mitgliedstaaten verteilt. Die AdR-Mitglieder werden auf Vorschlag der einzelnen Mitgliedstaaten vom Rat für die Dauer von fünf Jahren ernannt. Sie müssen ein auf Wahlen beruhendes Mandat in einer regionalen oder lokalen Gebietskörperschaft innehaben oder einer gewählten Versammlung politisch verantwortlich sein. In Deutschland übernimmt die Bundesregierung für 21 von 24 Sitzen die Vorschläge der Landesparlamente, die meist Landtagsabgeordnete oder die für Europafragen zuständigen Minister bzw. Staatssekretäre entsenden. Jedes Bundesland erhält einen Sitz und weitere fünf Sitze rotieren nach dem Kriterium der Bevölkerungszahl der Bundesländer. Die verbleibenden drei Sitze stehen Vertretern der Kommunen zu. Die Willensbildung der nicht weisungsgebundenen AdR-Mitglieder vollzieht sich zunehmend entlang parteipolitischer und weniger nach nationaler Zugehörigkeit. Weitere Trennlinien ergeben sich je nach zu behandelndem Thema zwischen nord- und südeuropäischen Gebietskörperschaften, zwischen Integrationsbefürwortern und -gegnern sowie Regionen und Kommunen.

Wie der WSA hat auch der Ausschuss der Regionen nur beratende Funktionen gegenüber Parlament, Rat und Kommission. Er muss in vielen Fragen angehört werden, hat aber keine Entscheidungskompetenz. Die ursprünglich hochgesteckten Erwartungen konnte der AdR bisher nicht erfüllen. Insbesondere seine interne Heterogenität und die daraus resultierende Interessenvielfalt haben verhindert, dass er zu einem schlagkräftigen Instrument der sub-nationalen Ebene werden konnte. Auch wenn sich der AdR inzwischen bemüht, seine Arbeitsabläufe effektiver zu gestalten, so haben Regionen und Kommunen, genauso wie die Vertreter aus der Wirtschaft und Zivilgesellschaft, längst auch andere Wege gesucht, um sich in Brüssel einzubringen (siehe den Infokasten 20 zur Bayerischen Vertretung).

Agenturen der Europäischen Union

Die Agenturen nehmen in der institutionellen Struktur einen Sonderstatus sein. Sie sind in den Gründungsverträgen nicht vorgesehen, sondern werden durch den Rechtsakt einer Verordnung geschaffen, in dem auch ihre jeweiligen Aufgaben festgelegt werden. Die ersten Agenturen wurden bereits in den 1970er Jahren eingerichtet. Seit Anfang der 90er Jahre hat sich ihre Zahl auf heute 31 erheblich erhöht. Mit Hilfe der Agenturen sollen neue Aufgaben rechtlicher, technischer oder wissenschaftlicher Art bewältigt werden, die sich aus dem Voranschreiten des Integrationsprozesses ergeben. Gleichzeitig wird damit das Ziel verfolgt, ein bestimmtes Maß an Dezentralisierung und räumlicher Verteilung der EU-Verwaltung einzuführen. Die Agenturen befinden sich an unterschiedlichen Standorten in den Mitgliedstaaten.

Es lassen sich vier Arten von Agenturen unterscheiden. Zu den *Gemeinschaftsagenturen* gehören diejenigen, die mit Regulierungs- und Serviceaufgaben in Verbindung mit dem Binnenmarkt befasst sind. Beispiele hierfür sind die Europäische Behörde für Lebensmittelsicherheit im italienischen Parma, die Europäische Agentur für Flugsicherheit in Köln und die 2004 errichtete Agentur für die operative Zusammenarbeit an den Außengrenzen (FRONTEX), die ihren Sitz in Warschau hat. Andere Gemeinschaftsagenturen haben beobachtende Aufgabenstellungen wie die Europäische Umweltagentur in Kopenhagen oder sollen den sozialen Dialog auf europäischer Ebene fördern. Zu den *Agenturen für die Gemeinsame Außen- und Sicherheitspolitik* gehören die in Brüssel ansässige Europäische Verteidigungsagentur, welche die Rüstungszusammenarbeit in der EU fördern soll, sowie das Institut für Sicherheitsstudien der Europäischen Union (EUISS) in Paris, das eine Art außen- und sicherheitspolitischer Think Tank der EU darstellt. Zur dritten Gruppe, *den Agenturen für die polizeiliche und justizielle Zusammenarbeit in Strafsachen*, ist das europäische Polizeiamt Europol zu zählen. Daneben können zeitlich begrenzte *Exekutivagenturen* zur Verwaltung von Gemeinschaftsprogrammen eingesetzt werden.

5.2 Interessenvertretung und Verbände

Mit der Übertragung von immer mehr Kompetenzen auf die europäische Ebene erhöhten sich auch die Präsenz und die Aktivität von Interessenvertretern in Brüssel. Zuverlässige Statistiken gibt es nicht, doch verbreitete Schätzungen sprechen von 15.000 oder gar 25.000. Werden diese Personen gemeinhin als *Lobbyisten* bezeichnet, benutzt etwa die Kommission die neutralere Bezeichnung *Interessenvertreter*. Dieser Begriff ist insofern treffender, als dass *Lobbying*, das heißt die gezielte Beeinflussung von politischen Entscheidungsträgern, meist nur eine der Aufgaben der Interessenvertreter ist. Zu ihren wesentlichen Aufgaben zählen auch das Beobachten (*Monitoring*) und die Analyse europäischer Politik. Die Interessenvertretung in Brüssel wird von einer unüberschaubaren Vielfalt an Akteuren bestimmt. Die nachstehende Tabelle, die aus einem der einschlägigen Lobby-Handbücher zusammengestellt wurde, kann dementsprechend nicht erschöpfend sein, gibt aber einen Überblick über die Zusammensetzung und Entwicklung der Interessenvertretung in Brüssel.

Tabelle 4: Vertretung von Interessengruppen in Brüssel

Art der Interessenvertretung	Anzahl im jeweiligen Jahr		
	1990	2000	2006
Europäische Interessenvertretungen (Dachverbände)	527	704	4413
Vertretungen einzelner Unternehmen	189	349	299
Nationale Interessenverbände	177	126	125
Gemeinnützige Interessengruppen	147	267	432
Handelskammern	19	29	41
Nationale Arbeitgeber- bzw. Industrieverbände	19	33	37
Think Tanks	5	27	104
Gewerkschaften	15	27	24
Spezialisierte Anwaltskanzleien	87	145	106
Beratungen (politisch, wirtschaftlich und Public Relations)	85	144	156
Presseagenturen	40	49	40
Medienvertretungen	419	313	360
Regionalvertretungen	48	165	199

Quelle: Eigene Zusammenstellung nach *Fallik, Alain* (Hg.): The European Public Affairs Directory, Brüssel, Jahrgänge 1990, 2000 und 2006.

Am traditionsreichsten und immer noch sehr bedeutsam sind die Interessenvertreter aus dem wirtschaftlichen Bereich. Zu den wichtigsten gehören die europäischen Dachverbände der Arbeitgeberverbände (UNICE), der Industrie- und Handelskammern (Eurochambres) und der Agrarindustrie (COPA), die schon 1958 gegründet wurden. Daneben unterhalten an die 300 Großkonzerne eigene Repräsentanzen in Brüssel. Auf der Arbeitnehmerseite steht der Europäische Gewerkschaftsbund (EGB), wobei große nationale Gewerkschaften wie der Deutsche Gewerkschaftsbund auch mit eigenen Verbindungsbüros präsent sind.

Obwohl ihre Ressourcen demgegenüber beschränkt sind, können sich auch Umweltverbände und sozialpolitisch engagierte Nicht-Regierungsorganisationen in Brüssel gut behaupten. Eine Pionierfunktion übernahm dabei der schon 1962 gegründete europäische Dachverband der Verbraucherschutzorganisationen, der unter dem Kürzel BEUC (von seiner französischen Bezeichnung *Bureau Euro-*

péen des Unions de Consommateurs) firmiert. Vor allem in den Bereichen Wettbewerbspolitik, Energiepolitik und Binnenmarkt hat sich
daneben ein kommerzielles Auftrags-Lobbying etabliert, in dem vor
allem Anwaltskanzleien und Beratungsfirmen aus dem englischspra-
chigen Raum aktiv sind.

Eine Besonderheit stellen die rund 200 Interessenvertretungen von
Gebietsköperschaften unterhalb der Nationalstaatsebene, also von
Regionen und Kommunen, dar. Gerade die deutschen Bundesländer
haben hierbei eine Vorreiterrolle übernommen und sind für ihre aktive Interessenvertretung bekannt.

Infokasten 20: Die Bayerische Vertretung in Brüssel

Die Bayerische Vertretung ist wohl die bekannteste Repräsentanz
einer Gebietskörperschaft in Brüssel. 2004 war die Bayerische
Vertretung in das *Institut Pasteur* umgezogen, das direkt zwischen
Europäischem Parlament und dem Ausschuss der Regionen gele-
gen ist. Für den repräsentativen, im Gründerzeitstil errichteten
Gebäudekomplex bezahlte der Freistaat damals inklusive einer
aufwendigen Renovierung fast 30 Millionen Euro. Auch wenn
Spötter immer noch vom „Schloss Neuwahnstein" sprechen, hat
sich der Sitz der Bayerischen Vertretung zu einer beliebten Anlauf-
stelle im Brüsseler Politikbetrieb entwickelt. Jährlich finden dort
über 600 Veranstaltungen statt, wobei die Vertretung oftmals lediglich ihre Räumlichkeiten vermietet. Mit ihren etwa 30 Mitarbeitern gehört die Bayerische Vertretung auch personell zu den stärksten Regionalvertretungen. Sie ist nach Spiegelreferaten aufgebaut,
so dass jedes Landesministerium vertreten ist. Wie auch die anderen Landesvertretungen soll die Bayerische Vertretung, die der
Bayerischen Staatskanzlei unterstellt ist, als Schnittstelle zwischen
der Landes- und der europäischen Ebene fungieren. Dies ge-
schieht zum einen durch die Vertretung der bayerischen Interessen
gegenüber den EU-Organen und zum anderen durch die Information der Staatsregierung und des Landtages über wichtige politische Vorgänge innerhalb der EU. Eine weitere Aufgabe ist die
Beratung und Unterstützung bayerischer Unternehmen in europäischen Fragen.

Ein klassisches Erfolgskriterium des Lobbying ist es, möglichst früh
auf den Entscheidungsprozess einzuwirken. Angesichts des Initiativ-
monopols der Kommission überrascht es deshalb nicht, dass die

Kommissare, ihre Kabinette und die zuständigen Generaldirektionen traditionell die wichtigste Zielgruppe der Interessenvertreter in Brüssel darstellen. Mit dem Machtzuwachs des Europäischen Parlaments sind indes auch die Abgeordneten zunehmend begehrte Ansprechpartner geworden. Die Formen der Interessenvertretung variieren dabei stark. Sie reichen von sozialen Anlässen wie Empfängen und Essen über Fachtagungen und Konferenzen bis hin zu formalisierter Einbindung etwa in Expertengruppen der Kommission oder im Zuge von Anhörungen im Parlament.

Die auch als „Eurolobbying" bezeichnete Interessenvertretung in Brüssel wird ambivalent beurteilt. Einerseits sind die Entscheidungsträger in der EU auf die Expertise und die frühzeitige Einbindung wirtschaftlicher, gesellschaftlicher und öffentlicher Akteure angewiesen. Andererseits bemängeln Kritiker die Intransparenz des Lobbying und das Übergewicht von Industrieinteressen. Die Kommission hat darauf mit einer Transparenz-Initiative reagiert. 2008 wurde ein – allerdings zunächst nur freiwilliges – Register für Interessenvertreter eingeführt.

2011 führten die Kommission und das Europäische Parlament ihre beiden Lobby-Register zusammen. Da die Registrierung Voraussetzung für den Erhalt dauerhafter Zugangspässe zum Parlament ist, wird dadurch der Anreiz für Lobbygruppen erhöht, sich tatsächlich einzutragen.

Literatur

Beyers, Jan/Eising, Rainer/Maloney, William A. (Hg.) 2010: Interest Group Politics in Europe: Lessons from EU Studies and Comparative Politics, Routledge, London.

Coen, David/Richardson, Jeremy (Hg.), 2009: Lobbying the European Union: Institutions, Actors, and Issues, Oxford University Press, New York.

Dagger, Steffen/Kambeck, Michael (Hg.), 2007: Politikberatung und Lobbying in Brüssel, VS Verlag, Wiesbaden.

6. Rechtsetzung und Entscheidungsverfahren

Ein zentrales Charakteristikum der Union ist ihre Fähigkeit, für die Mitgliedstaaten und die Unionsbürger verbindliches Recht zu setzen. Das Unionsrecht weist dabei spezifische Grundprinzipien auf und kennt drei eigene Formen verbindlicher Rechtsakte (Kapitel 6.1). Die Verfahren, mit denen diese erlassen werden, sind seit dem Vertrag von Lissabon überschaubarer geworden. Rat und Parlament sind seither in den meisten Politikfeldern gleichberechtigte Legislativorgane (Kapitel 6.2). Auch den Haushaltsplan legen Rat und Parlament gemeinsam fest, während die Einnahmeseite des Haushaltes allein von den Mitgliedstaaten bestimmt wird (Kapitel 6.3). Daneben gibt es besondere Verfahren in der Gemeinsamen Außen- und Sicherheitspolitik sowie zur Änderung der Verträge, die intergouvernemental geprägt sind. Mit der Offenen Methode der Koordinierung (OMK) kommt vor allem in Politikfeldern, die nicht in den Kompetenzbereich der EU fallen, ein weiteres intergouvernementales Verfahren zur Anwendung (Kapitel 6.4).

6.1 Prinzipien und Formen des Unionsrechts

Die Bedeutung des Rechts für die europäische Integration hat schon der erste Präsident der EWG-Kommission, Walter Hallstein, nachdrücklich formuliert. Für ihn war die Europäische Wirtschaftsgemeinschaft „in dreifacher Hinsicht ein Phänomen des Rechts: Sie ist eine Schöpfung des Rechts, sie ist Rechtsquelle und sie ist Rechtsordnung" (Hallstein 1969: 16). Seither hat sich der Begriff von der EU als *„Rechtsgemeinschaft"* eingebürgert. Die Rechtsordnung der Union weist dabei starke Merkmale einer bundesstaatlichen Ordnung auf. Zugleich wird deutlich, dass die Mitgliedstaaten weiterhin einen eigenen Gestaltungsspielraum besitzen und dass sie als „Herren der Verträge" – jedenfalls *de jure* – den Integrationsprozess kontrollieren können.

Prinzip der begrenzten Einzelermächtigung

Als grundlegendes Merkmal, das die Europäische Union von einem Bundesstaat unterscheidet, ist das *Prinzip der begrenzten Einzeler-*

mächtigung zu betrachten. Demnach kann die Union nur in den Bereichen tätig werden, in denen ihr die Mitgliedstaaten die Kompetenz übertragen haben. Diese Übertragung muss ausdrücklich in den Vertragsgrundlagen der EU festgehalten sein. Die Europäische Union kann ihren Kompetenzbereich also nicht selbstständig erweitern. Sie hat keine „Kompetenz-Kompetenz". Außerdem muss sie sich bei der Verabschiedung von Rechtsakten an die Form halten, die der Vertrag für das jeweilige Politikfeld vorschreibt. Etwas gelockert, aber keinesfalls aufgehoben, wird das Prinzip der begrenzten Einzelermächtigung durch die Ermächtigung zur Vertragslückenschließung (auch „Lückenschließungsklausel" oder „subsidiäre Generalermächtigung" genannt). Demnach kann die EU Vorschriften erlassen, ohne dass sie dafür die ausdrückliche vertragliche Kompetenz hat, wenn dies für die Erfüllung der vertraglich festgelegten Ziele der Union notwendig ist und es sich um Politikbereiche handelt, die generell in den Zuständigkeitsbereich der Union fallen. In diesen Fällen entscheidet der Rat immer einstimmig und auch das Europäische Parlament muss zustimmen. Galt diese Lückenschließungsklausel bis zum Vertrag von Lissabon nur für den Binnenmarkt, ist sie seither für alle Politikbereiche, die auf der europäischen Ebene geregelt werden, anwendbar.

Vorrang des Unionsrechts

Dass die Integration trotz des Prinzips der begrenzten Einzelermächtigung eine Eigendynamik entwickeln kann, die nicht immer von allen Mitgliedstaaten gewünscht sein muss, zeigt das Prinzip des Vorrangs des Unionsrechts vor dem nationalen Recht. Dieses Prinzip findet sich nicht ausdrücklich in den Gründungsverträgen, sondern der Europäische Gerichtshof hat es Anfang der 1960er Jahre bei der Auslegung der Verträge formuliert (siehe zur Debatte um die Mechanismen der Integration auch Kapitel 2 über die Integrationstheorien). Die Frage nach dem Verhältnis von europäischem zu nationalem Recht ist deshalb von so großer Bedeutung, weil es für das Funktionieren der EU unerlässlich ist, dass das Unionsrecht in den Mitgliedstaaten einheitlich gilt und angewendet wird. Dies ist nur bei einem Vorrang des Unionsrechts gesichert. In einem Vorabentscheidungsverfahren 1963 hat der Europäische Gerichtshof den Vorrang des Gemeinschaftsrechts (erst seit dem Vertrag von Lissabon spricht man in diesem Zusammenhang vom „Unionsrecht") erstmals klar formuliert und begründet. Anlass war die Klage des Mailänder Rechtsanwalts Flaminio Costa. Costa besaß Aktienanteile an einem italienischen Elektrizitätsunternehmen. Als Italien die Erzeugung und Verteilung von Strom verstaatlichte und zu diesem Zweck die staatliche ENEL gründete, sah sich Costa um seine Dividende betrogen. Er weigerte sich seine ENEL-Stromrechnung zu bezahlen, die dem Wert von knapp zwei Euro entsprach. Im darauf folgenden Rechtsstreit machte Costa geltend, dass die Verstaatlichung gegen den EG-Vertrag verstoßen habe. Das zuständige Mailänder Gericht legte diese Frage dem Europäischen Gerichtshof vor, der einen Anwendungsvorrang des Gemeinschaftsrechts konstatierte. Der EuGH leitete diesen Vorrang vor allem aus dem Wesen der Gemeinschaft und ihrer Eigenständigkeit ab. Wenn innerstaatliche Regelungen dem Gemeinschaftsrecht vorangingen, würde dieses seinen Charakter als Gemeinschaftsrecht verlieren und die Rechtsgrundlage der Gemeinschaft selbst würde in Frage gestellt werden (EuGH, Rechtssache 6/64, Costa/ENEL). Der Gerichtshof hat dieses Prinzip in mehreren Folgeurteilen bestätigt. Dass bedeutet, dass nationale Gerichte und Behörden nationales Recht außer Acht lassen müssen, wenn es dem Recht der Union entgegensteht. Heute ist der prinzipielle Anwendungsvorrang des Unionsrechts vor dem nationalen Recht sowohl in der Rechtsprechung der Mitgliedstaaten als auch in der Wissenschaft anerkannt. Doch die Begründungen hierfür sind unterschiedlich und aus der Sicht der Mitgliedstaaten ist der Vorrang kein absoluter, sondern stößt an Schranken, die sich aus den nationalen Verfassungen ergeben.

Der gescheiterte Europäische Verfassungsvertrag hatte vorgesehen, den Vorrang des Unionsrechts vor dem nationalen Recht ausdrücklich in den Vertragstext aufzunehmen. Im Vertrag von Lissabon steht die entsprechende Klausel nicht mehr im Vertragstext selbst, sondern wurde mit Rücksicht auf Souveränitätsbedenken in eine angehängte Erklärung zum Vertrag ausgegliedert.

Subsidiaritätsprinzip

In seiner ursprünglichen sozialphilosophischen und von der katholischen Kirche postulierten Form ist mit Subsidiarität die Suche nach einem Niveau der Entscheidungsfindung gemeint, das dem Individuum so nahe wie möglich ist. Übertragen auf politische Systeme bedeutet es, dass eine staatliche Aufgabe soweit wie möglich von der jeweils unteren bzw. kleineren Einheit wahrgenommen werden soll. Das Subsidiaritätsprinzip wurde schon früh zu einem Grundgedanken der Integration und ist schließlich im Vertrag von Maastricht ausdrücklich im Primärrecht der Union verankert worden. Demnach darf die EU in Bereichen, die nicht in ihre ausschließliche Zuständigkeit fallen, nur dann tätig werden, wenn die angestrebten Ziele der Maßnahme auf nationaler, regionaler oder lokaler Ebene nicht ausreichend erreicht werden können. Das Subsidiaritätsprinzip gilt damit explizit nicht für die ausschließlichen Unionskompetenzen wie beispielsweise die Zoll-, Handels- und Währungspolitik.

Der Vertrag von Lissabon hat das Subsidiaritätsprinzip weiter gestärkt. Seitdem müssen alle Entwürfe von Gesetzgebungsakten explizit mit Hinblick auf die Subsidiarität begründet sein. Außerdem wird zur Überprüfung ein „Frühwarnsystem" eingeführt, in das die nationalen Parlamente einbezogen werden. Diese können innerhalb von acht Wochen, nachdem ihnen der Entwurf über einen EU-Rechtsakt übermittelt wurde, eine begründete Stellungnahme abgeben, weshalb dieser Entwurf ihrer Meinung nach nicht mit dem Subsidiaritätsprinzip vereinbar ist. Geben mindestens ein Drittel der nationalen Parlamente der EU eine solche Stellungnahme ab, muss der Entwurf überprüft werden. Bei Fragen, die den „Raum der Freiheit, der Sicherheit und des Rechts" betreffen, liegt die Schwelle nur bei einem Viertel.

Primär- und Sekundärrecht

Das Recht der Union unterteilt sich in Primär- und Sekundärrecht. Die rechtswissenschaftliche Literatur spricht manchmal auch vom *Tertiärrecht* und meint damit Rechtakte, die – zumeist von der Kommission – auf der Grundlage sekundärrechtlicher Ermächtigung gesetzt werden (z.B. im Bereich des Agrarmarktes).

Das *Primärrecht* besteht aus den völkerrechtlichen Verträgen, auf denen die Europäische Union beruht. Dazu zählen die Gründungsverträge der Europäischen Gemeinschaften aus dem Jahr 1958 sowie die späteren Ergänzungen und Änderungen dieser Verträge. Der bis dahin ebenfalls dem Primärrecht zuzurechnende Vertrag über die Europäische Gemeinschaft für Kohle und Stahl (EGKS) ist nach Ablauf seiner 50-jährigen Laufzeit im Jahre 2002 erloschen. Wichtige Änderungen der EG-Verträge erfolgten in der Einheitlichen Europäischen Akte (in Kraft 1987) sowie den Verträgen von Maastricht (1993), Amsterdam (1999), Nizza (2003) und Lissabon (2009; siehe zu den Vertragsänderungen den historischen Überblick in Kapitel 3). Ebenfalls zum Primärrecht gehören die Beitrittsverträge, die bei Erweiterungen der Union mit den neuen Mitgliedstaaten geschlossen werden.

Mit der gescheiterten Europäischen Verfassung sollten die Verträge in einem einzigen Text zusammen gefasst werden. Dieses Vorhaben wurde mit dem Vertrag von Lissabon aufgegeben. Stattdessen wurde die mit dem Vertrag von Maastricht eingeführte Zweiteilung des Vertragswerkes im Prinzip beibehalten. Der Vertrag von Lissabon besteht aus dem *Vertrag über die Europäische Union* und dem *Vertrag über die Arbeitsweise der Europäischen Union.*

Auch wenn mit dem Vertrag von Lissabon das formelle Verfassungskonzept aufgegeben wurde, so kann das Primärrecht, das die höchste Stufe des EU-Rechts bildet, faktisch als eine Art „Verfassung" der Union verstanden werden. Entsprechend hat der Europäische Gerichtshof den damaligen EG-Vertrag als „Verfassungsdokument der Gemeinschaft" bezeichnet (EuGH, Rechtssache 294/83, Les Verts/Europäisches Parlament, Slg 1986, 1339).

Das *Sekundärrecht* besteht aus den Rechtsakten der EU. Diese Rechtsakte werden von den EU-Organen auf der Grundlage des Primärrechts oder der Ermächtigung in einem anderen EU-Rechtsakt erlassen. Die europäische Rechtsordnung unterscheidet mit der Verordnung, der Richtlinie und dem Beschluss drei verbindliche Rechtsakte. Hinzu kommen mit der Empfehlung und Stellungnahme zwei unverbindliche Rechtsakte.

Infokasten 21: Die Rechtsakte der Union

Die *Verordnung* hat allgemeine und unmittelbare Geltung. Sie ist für die Mitgliedstaaten und die Unionsbürger in allen Teilen verbindlich.

Die *Richtlinie* ist für die Mitgliedstaaten nur hinsichtlich ihres Ziels verbindlich. Die nähere Ausgestaltung bleibt den Mitgliedstaaten überlassen. Dabei wird ihnen eine Frist gesetzt, innerhalb der sie die Richtlinie in nationales Recht umsetzen müssen.

Der *Beschluss* ist eine unmittelbar verbindliche Regelung für den Einzelfall. Sie kann sich an einzelne Mitgliedstaaten, Bürger oder Unternehmen richten.

Empfehlung und *Stellungnahme* sind rechtlich unverbindlich. Es kann ihnen aber eine politische Wirkung zukommen.

Mehr Klarheit bei der Bezeichnung der Rechtsakte hätte der Europäische Verfassungsvertrag gebracht. Die Verordnung, die mit ihrer allgemeinen und unmittelbaren Wirkung mit einem nationalen Gesetz vergleichbar ist, wäre in „Europäisches Gesetz" umbenannt worden.

Da die Richtlinie den Mitgliedstaaten einen Gestaltungsspielraum bei der Umsetzung lässt, sollte sie laut Verfassung „Europäisches Rahmengesetz" heißen. Der Vertrag von Lissabon hat diese Begriffe wegen ihrer Nähe zur Terminologie staatlicher Rechtsordnungen nicht übernommen.

Primär- und Sekundärrecht bilden den Kern des rechtlichen Besitzstandes der Union, der meist mit dem französischen Fachbegriff *acquis communautaire* bezeichnet wird. Dazu gehören außerdem Entscheidungen des Gerichtshofes der EU und Verträge mit Drittstaaten. Staaten, die der Union beitreten wollen, müssen den kompletten „Acquis" übernehmen (siehe zu den Beitrittskriterien den Infokasten 4).

6.2 Gesetzgebungsverfahren der Union

Die Gesetzgebungsverfahren der Union legen fest, wie das verbindliche Sekundärrecht erlassen wird. Die Regelungen, wie das EU-Recht gesetzt wird, sind im Laufe des Integrationsprozesses kontrovers diskutiert und sukzessive reformiert worden. Hier geht es sowohl um die Machtverteilung innerhalb der Union als auch um das Wesen der EU selbst. In der Praxis zeigt sich auch hier ein Ineinandergreifen von supranationalen und intergouvernementalen Elementen. Im Laufe der Integrationsgeschichte lassen sich zwei wichtige Trends festhalten, die in Richtung Supranationalität weisen: Erstens hat das Europäische Parlament seine Kompetenzen in der Gesetzgebung stetig ausgedehnt, zweitens trifft der Rat Entscheidungen zunehmend mit Mehrheit und weniger oft einstimmig (für die internen Beschlussregeln der Organe siehe ausführlicher die jeweiligen Abschnitte in Kapitel 4). Im Zentrum der Gesetzgebungsverfahren steht das „institutionelle Dreieck" aus Kommission, Rat und Europäischem Parlament. Die Kommission hat dabei im Regelfall das Monopol für die Gesetzesinitiative inne, kann aber von den beiden anderen Organen zur Vorlage eines entsprechenden Entwurfes aufgefordert werden. Die Verfahren lassen sich je nach Beteiligung des Parlaments einteilen.

Das ordentliche Gesetzgebungsverfahren

Der Vertrag von Lissabon hat das frühere Mitentscheidungsverfahren auf die meisten Politikfelder der Union ausgedehnt und es zum Regelverfahren gemacht. Dazu gehört auch die Gemeinsame Agrarpolitik, bei der das Parlament bisher nur angehört worden war. Das Mitentscheidungsverfahren wurde auch begrifflich aufgewertet und heißt jetzt „ordentliches Gesetzgebungsverfahren". Als der Vertrag von Maastricht das Mitentscheidungsverfahren 1993 eingeführt hatte bedeutete dies einen Meilenstein für die Mitwirkungsrechte des Parlaments. Beim Mitentscheidungs- bzw. ordentlichen Gesetzgebungsverfahren sind das Parlament und der Rat gleichberechtigte Gesetzgeber. Das Verfahren sieht bis zu drei Lesungen vor (siehe Abbildung 4).

Wie bei allen Verfahren legt die Kommission einen Gesetzesentwurf vor, um die *erste Lesung* einzuleiten. Dieser Entwurf geht zuerst an das Europäische Parlament, das in seinem „Standpunkt" den Kommissionsentwurf unverändert übernehmen oder Änderungsvorschläge machen kann (mit einfacher Mehrheit der Stimmen). Wenn dann der Rat den Standpunkt des Parlaments annimmt (mit qualifizierter Mehrheit), ist der Rechtsakt erlassen. Wenn der Rat mit den Änderungsvorschlägen des Parlaments bzw. dem unveränderten Kommissionsentwurf nicht einverstanden ist, gibt er seinerseits einen „Standpunkt" ab. Darin erläutert er die Gründe, warum er mit dem Standpunkt des Parlaments nicht einverstanden ist. Der Standpunkt des Rates geht dann an das Parlament. Die *zweite Lesung* beginnt.

Das Parlament hat jetzt maximal drei Monate Zeit, sich mit dem Standpunkt des Rates zu beschäftigen. Billigt es diesen Standpunkt oder äußert sich nicht, ist der Rechtsakt erlassen. Wenn es ihn ablehnt, ist der Rechtsakt gescheitert. Dies kommt in der Praxis aber nur selten vor. Häufiger ist die dritte Variante: Das Parlament schlägt Änderungen am Standpunkt des Rates vor. Diese Änderungen werden dem Rat sowie der Kommission zugeleitet, die ihrerseits eine Stellungnahme dazu abgibt. Jetzt ist der Ball wieder im Feld des Rates. Wenn er den Änderungswünschen des Parlaments zustimmt, ist der Rechtsakt erlassen. Wenn der Rat nicht zustimmt, wird ein *Vermittlungsausschuss* einberufen, der sechs Wochen Zeit hat, eine Einigung zu erzielen. Der Vermittlungsausschuss besteht aus den Ratsmitgliedern oder deren Vertreter und einer gleichen Zahl von Abgeordneten des Europäischen Parlaments. Auch die Kommission nimmt an den Arbeiten des Vermittlungsausschusses teil. Gelingt dem Vermittlungsausschuss keine Einigung, ist der Rechtsakt gescheitert. Wenn er sich auf eine gemeinsamen Entwurf einigt, kann die *dritte Lesung* beginnen. Jetzt haben der Rat und das Parlament jeweils weitere sechs Wochen Zeit, den Entwurf des Vermittlungsausschusses zu billigen, damit der Rechtsakt erlassen werden kann. Das Parlament entscheidet dabei mit der Mehr-

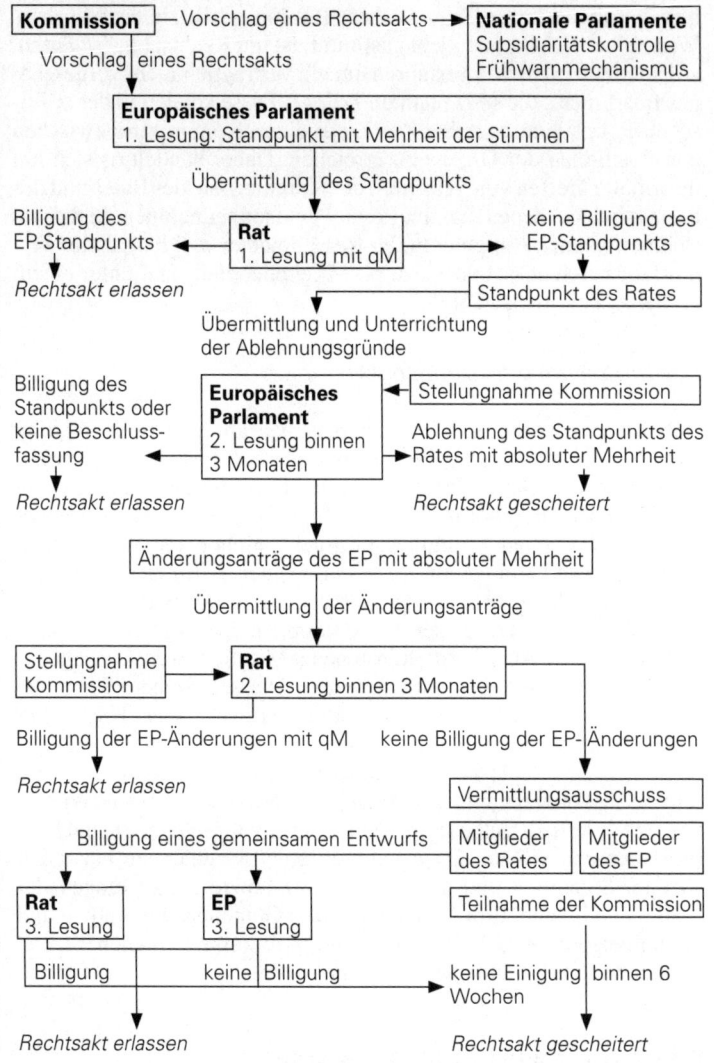

Abbildung 4: Das ordentliche Gesetzgebungsverfahren

Quelle: Abbildung adaptiert aus *Weidenfeld, Werner/Wessels, Wolfgang* (Hg.), 2011: Europa von A-Z. Taschenbuch der europäischen Integration, Nomos Verlag, Baden-Baden, S. 125.

heit der abgegebenen Stimmen, der Rat mit qualifizierter Mehrheit. Wenn eines der Organe nicht zustimmt, ist der Rechtsakt gescheitert. Ergänzt wird dieses Verfahren um ein vertraglich nicht vorgesehenes Instrument, die so genannten *Triloge*. Diese spielen in der politischen Praxis eine wichtige Rolle, um einen Kompromiss zwischen den Positionen der Organe zu erreichen. Dabei handelt es sich um informelle Treffen von Vertretern der Kommission, des Rates und des Parlaments, an denen maximal zehn Personen teilnehmen. In diesem Rahmen ist eine Einigung in der Regel leichter möglich als im Vermittlungsausschuss, der bis zu 60 Mitglieder zählt und unter einem größeren Zeitdruck steht.

Das besondere Gesetzgebungsverfahren

Neben dem ordentlichen Gesetzgebungsverfahren sieht der Vertrag von Lissabon in einigen Fällen ein besonderes Gesetzgebungsverfahren vor, bei dem das Parlament entweder über ein Zustimmungsrecht oder nur über ein Anhörungsrecht verfügt. Beim *Zustimmungsverfahren* ist das Parlament – zumindest formell – nicht in die Ausarbeitung eines Rechtsaktes eingebunden. Es muss aber zustimmen, damit der Rechtsakt in Kraft tritt. Beispiele hierfür sind die Fortentwicklung der Unionsbürgerschaft oder das Abkommen über den Austritt einen Mitgliedstaates. Auch beim Beitritt neuer Mitgliedstaaten verfügt das Parlament über ein Zustimmungsrecht. Die schwächere Form der Einbindung des Parlaments ist das *Anhörungsverfahren*. Hier ist der Rat nicht an die Meinung des Parlaments gebunden und das Parlament kann den Rechtsakt nicht aufhalten. Es kommt noch in Politikfeldern zur Anwendung, die politisch besonders sensibel sind und die von den Mitgliedstaaten deshalb möglichst intergouvernemental geregelt werden wollen. Dazu gehören etwa Maßnahmen bezüglich sozialer Sicherheit und sozialem Schutz sowie einige Fragen der Justiz- und Innenpolitik. Besonders in der Gemeinsamen Außen- und Sicherheitspolitik (GASP) hat das Parlament keine formellen Rechte, wird aber vom Rat üblicherweise unterrichtet.

6.3 Haushalt und Haushaltsverfahren

Mit „Haushaltsverfahren" wird gemeinhin das Verfahren zur Verabschiedung des jährlichen Haushaltsplans bezeichnet. Es bezieht sich also auf die Ausgabenseite des EU-Haushaltes. Daneben ist auch die Einnahmeseite zu betrachten, für die ein anderes, intergouvernementales Verfahren angewendet wird.

Die Ausgabenseite des EU-Haushaltes

Ähnlich wie in der Gesetzgebung hat das Europäische Parlament seine Kompetenzen auch beim Haushaltsverfahren stetig ausgebaut (siehe dazu den Infokasten 12 in Kapitel 3.1). Heute bildet es zusammen mit dem Rat die Haushaltsbehörde der EU. Seit dem Vertrag von Lissabon hat es, was die Ausgabenseite des Haushaltes betrifft, sogar das Letztentscheidungsrecht gegenüber dem Rat. Außerdem hat der Vertrag von Lissabon das Verfahren zur Verabschiedung des Haushalts vereinfacht. Es gibt seither keine Unterscheidung mehr in obligatorische und nicht-obligatorische Ausgaben und nur noch eine Lesung.

Das Verfahren beginnt mit dem Vor-Entwurf eines Haushaltsplans durch die Kommission. Auf dieser Grundlage beschließt der Rat einen Haushaltsentwurf, wobei er sich vorab mit dem Parlament abspricht. Dieser Entwurf geht dann ins Parlament und wird dort beraten. Wenn es zustimmt, ist der Haushalt beschlossen. Hat es Änderungsvorschläge, werden diese als „Standpunkt" formuliert und an den Rat übermittelt. Stimmt der Rat dem Standpunkt des Parlaments zu, ist der Haushalt beschlossen. Stimmt der Rat nicht zu, wird – ähnlich wie beim ordentlichen Gesetzgebungsverfahren – ein Vermittlungsausschuss einberufen. Wenn dieser keine Einigung erzielt, ist das Verfahren gescheitert. Einigt sich der Vermittlungssauschuss auf einen gemeinsamen Entwurf, geht dieser an Rat und Parlament. Stimmen dem beide zu, ist der Haushalt beschlossen. Lehnen entweder beide oder nur das Europäische Parlament ab, ist das Verfahren gescheitert und die Kommission muss einen neuen Entwurf vorlegen. Wenn aber nur der Rat den Entwurf des Vermittlungsausschusses ablehnt, kommt das Letztentscheidungsrecht des Parlaments zum Tragen. Es kann nämlich die Änderungen, die es in seinem Standpunkt der ersten Lesung vorgeschlagen hat, bestätigen (dazu braucht es die Mehrheit seiner Mitglieder und drei Fünftel der abgegebenen Stimmen). Werden dabei einzelne Änderungen nicht bestätigt, so wird für den betreffenden Haushaltsposten der Entwurf des Vermittlungssauschusses herangezogen. Auf dieser Grundlage gilt der Haushalt dann als beschlossen.

Der jährliche Haushaltsplan muss sich dabei am „mehrjährigen Finanzrahmen" orientieren. Dieses Konzept wurde schon 1988 eingeführt und mit dem Vertrag von Lissabon ins Primärrecht übernommen. Der Finanzrahmen ist ein mindestens fünf Jahre umfassender Ausgabenplan, in dem die politischen Prioritäten der Union finanztechnisch umgesetzt werden. Darin sind die Zusammensetzung der voraussichtlichen Ausgaben der Union und entsprechende Obergrenzen für die einzelnen Kategorien angegeben. Bei der Ausarbeitung des Finanzrahmens arbeiten Kommission, Rat und Parlament eng zusammen. Beschlossen wird er einstimmig vom Rat und mit Zustimmung des Europäischen Parlaments. Der größte Teil des EU-Haushaltes geht dabei nach wie vor in die Agrar- und die Strukturpolitik, auch wenn die relativen Ausgaben in diesen Bereichen in den letzten Jahren etwas reduziert werden konnten (siehe zur Agrar- und Strukturpolitik der EU Kapitel 7.3).

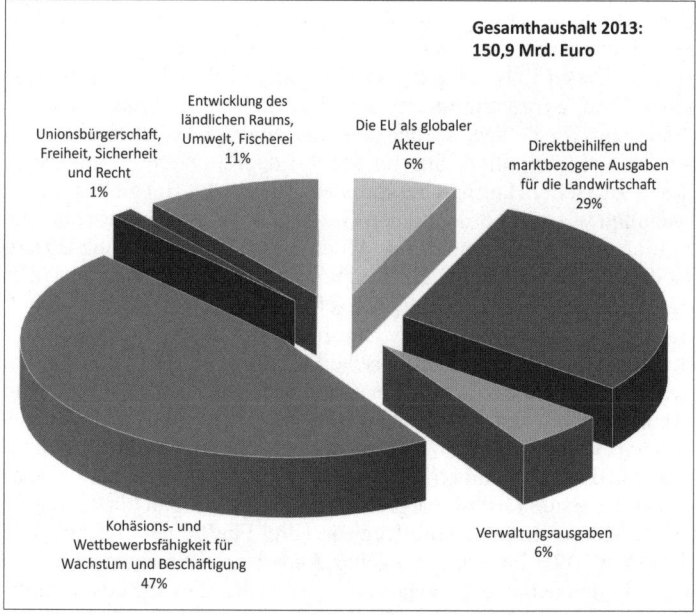

Abbildung 5: Die Ausgabenstruktur des EU-Haushaltes

Quelle: Haushaltsvorentwurf der EU-Kommission für 2013. Online unter http://ec.europa.eu/budget.

Tabelle 5: Der EU-Haushaltsplan 2012

Politikbereiche (mit den wichtigsten Teilbereichen)	Ausgaben in Milliarden €	Veränderung zu 2011
Nachhaltiges Wachstum	**67,5**	**4,7 %**
• Wettbewerbsfähigkeit	14,8	9,1 %
davon: Forschung	9,6	11,1 %
Verkehrs- und Energienetze	1,4	7,4 %
Sozialpolitische Agenda	0,2	1,6 %
• Kohäsion	52,8	3,5 %
davon: Strukturfonds	40,9	2,6 %
Kohäsionsfonds	11,8	6,4
Natürliche Ressourcen	**60,0**	**2,2 %**
• Umwelt	0,4	4,3 %
• Landwirtschaft	44,0	2,6 %
• Entwicklung des ländlichen Raums	14,6	1,3 %
• Fischerei	1,0	1,1 %
Unionsbürgerschaft, Freiheit, Sicherheit und Recht	**2,1**	**10,9 %**
	1,4	15,9 %
• Freiheit, Sicherheit und Recht	0,7	2,1 %
• Unionsbürgerschaft		
Die EU als globaler Akteur	**9,4**	**7,4 %**
• Heranführungshilfe	1,9	3,9 %
• Europäische Nachbarschaftspolitik	2,3	20,9 %
• Entwicklungszusammenarbeit	2,6	-2,9 %
• Humanitäre Hilfe	0,8	2,9 %
• Demokratie und Menschenrechte	0,2	5,5 %
• GASP	0,4	10,9 %
• Stabilitätsinstrument	0,3	6,6 %
Verwaltung	**8,3**	**1,3 %**
• Europäische Kommission	3,3	0,2 %
• Übrige Institutionen	3,5	1,0 %
Insgesamt	**147,2**	**3,5 %**

Quelle: Tabelle (Schätzung für 2012) adaptiert aus *Europäische Union*, 2012: EU-Haushalt 2012, Amt für Veröffentlichungen, Luxemburg. Auch online unter http://ec.europa.eu/budget.

Die Einnahmeseite des EU-Haushalts

Noch stärker als das Verfahren zum Beschluss über den mehrjährigen Finanzrahmen ist die Einnahmeseite des Haushaltes intergouvernemental geprägt. Die Entscheidung, wie viel Geld die EU ausgegeben darf, wird einstimmig vom Rat getroffen. Wenn der Rat Änderungen am System der Eigenmittel vornehmen will, braucht er außerdem die Zustimmung aller Mitgliedstaaten, die je nach ihren innerstaatlichen verfassungsrechtlichen Vorschriften darüber entscheiden. Das Parlament wird hierbei lediglich angehört. Daran wird – ähnlich wie bei der „Kompetenz-Kompetenz" – die zentrale Rolle der Mitgliedstaaten in grundlegenden Fragen der Integrationsgestaltung deutlich.

Mit dem Eigenmittel-Beschluss von 1970 war die Union von einer Finanzierung durch Beiträge der Mitgliedstaaten, wie dies bei internationalen Organisationen üblich ist, zu einem System von Eigenmitteln übergegangen. Bei den „Eigenmitteln" handelt es sich um fiskalische Einnahmen, die der EU ein für alle Mal zur Finanzierung ihres Haushalts zugewiesen werden und ihr automatisch zufließen, ohne dass es eines weiteren Beschlusses der einzelstaatlichen Behörden bedarf. Die Eigenmittel sind aber von einer autonomen, von der EU selbst kontrollierten Einnahmequelle zu unterscheiden, wie es etwa eine eigene EU-Steuer wäre. Eine solche gibt es bisher nicht. Die Mitgliedstaaten haben für die EU eine Eigenmittelobergrenze von 1,24 Prozent des in der EU erwirtschafteten Bruttonationaleinkommens festgelegt. In der Regel wird diese Obergrenze nicht voll ausgeschöpft. So umfasste der Haushalt 2011 ein Gesamtvolumen von 141,9 Milliarden Euro, die 1,13 Prozent des BNE der EU entsprechen. Der Union ist es verboten, Schulden aufzunehmen.

Infokasten 22: Die Eigenmittel der EU

Zölle und Agrarabschöpfungen: Dabei handelt es sich um die Einnahmen aus den Zöllen, die bei der Einfuhr von Waren und Agrarprodukten aus Drittstaaten in den Binnenmarkt erhoben werden. Sie werden auch als „traditionelle Eigenmittel" bezeichnet.

Mehrwertsteuer-Eigenmittel: Dafür muss jeder Staat einen Prozentsatz seiner Mehrwertsteuer (maximal 0,3 Prozent) an die EU abführen.

BNE-Eigenmittel: Hierbei hat jeder Staat einen Anteil seines Bruttonationaleinkommens (BNE) an die EU abzuführen. Der jeweilige Prozentsatz ergibt sich erst nachträglich aus dem Differenzbetrag zwischen der Ausgaben- und Einnahmeseite des EU-Haushalts.

Im Laufe der Zeit hat die Bedeutung der traditionellen Eigenmittel immer mehr abgenommen. Im Haushalt 2011 machten sie nur noch 13 Prozent der Einnahmen aus. Der mit 65 Prozent höchste Anteil kommt heute aus den BNE-Eigenmitteln, die 1988 eingeführt wurden. Neben diesen drei Arten von Eigenmitteln gibt es einige zusätzliche Einnahmen wie die Steuern von EU-Bediensteten, Beiträge von Drittstaaten zu bestimmten EU-Programmen oder Bußbeträge von Unternehmen, die das Wettbewerbsrecht oder andere Rechtsvorschriften missachtet haben. Diese ergeben zusammen aber nur etwa ein Prozent der Haushaltseinnahmen.

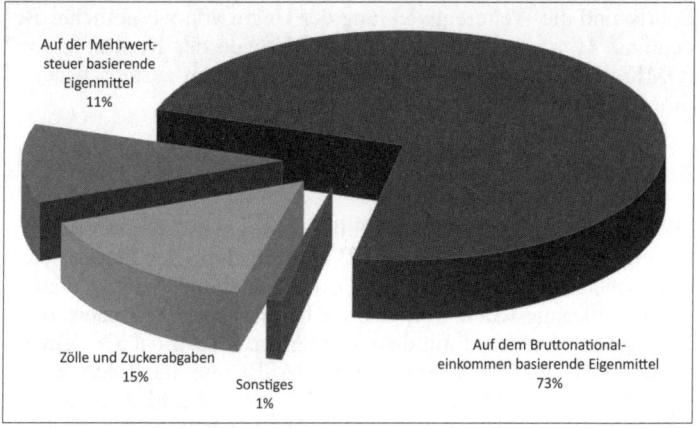

Abbildung 6: Die Einnahmestruktur des EU-Haushaltes

Quelle: Europäische Kommission, 2009: EU-Haushalt 2009, Luxemburg, Amt für amtliche Veröffentlichungen der Europäischen Gemeinschaften, S. 3. Auch online unter http:// ec.europa.eu/budget.

Eine bis heute umstrittene Besonderheit in der Finanzverfassung der EU ist der so genannte „Britenrabatt". Dieser Korrekturmechanismus für die Beitragszahlungen Großbritanniens wurde 1984 von der damaligen britischen Premierministerin Margaret Thatcher durchgesetzt („*I want my money back!*"). Demnach bekommt das Land zwei Drittel seines Nettobeitrags wieder zurück. Begründet wurde die Sonderregelung vor allem damit, dass Großbritannien von der Gemeinsamen Agrarpolitik der Gemeinschaft kaum profitierte, die damals mit bis zu 80 Prozent des Gemeinschaftshaushaltes zu Buche schlug. Als dann der Anteil der Agrarausgaben zurückging und Großbritannien sich zu einem der reichsten Mitgliedstaaten entwickelte, wurde der Britenrabatt zunehmend als ungerecht empfunden. Bei den Verhandlungen über den neuen Finanzrahmen 2005 forderten einige Mitgliedstaaten, vor allem Frankreich, ein Einfrieren des Rabatts. Schließlich einigte man sich darauf, den Rabat beizubehalten, aber bis 2013 deutlich zu reduzieren.

6.4 Besondere Entscheidungsverfahren

Jenseits der Verfahren zur Gesetzgebung und zum Haushalt sind die besonderen Entscheidungsverfahren in der Außen- und Sicherheitspolitik (GASP) und zur Änderungen der Vertragsgrundlagen für die Politik und die Weiterentwicklung der Union von wesentlicher Bedeutung. Hinzu kommt die „Offene Methode der Koordinierung" (OMK), bei der die Mitgliedstaaten Erfahrungen austauschen und ihre Politik freiwillig angleichen sollen.

Entscheidungsverfahren in der GASP

Die Koordinierung der Außenpolitik der Mitgliedstaaten der Europäischen Gemeinschaft begann 1970 mit Gründung der Europäischen Politischen Zusammenarbeit (EPZ), die institutionell jenseits der Gemeinschaft angesiedelt wurde. Zwar hat man die EPZ später in die Verträge integriert und mit dem Vertrag von Maastricht als Gemeinsame Außen- und Sicherheitspolitik (GASP) unter das Dach der EU geführt (zur Tempelkonstruktion des Vertrages von Maastricht siehe Abbildung 2, zur Entwicklung und Bedeutung der GASP siehe Kapitel 8.3). Doch trotz einiger Weiterentwicklungen blieb das Grundprinzip unverändert: Die maßgebliche Rolle spielen die Mitgliedstaaten, die Entscheidungsverfahren sind überwiegend intergouvernemental.

Die Leitlinien der EU-Außenbeziehungen legt der Europäische Rat einstimmig fest. Diese können sich auf ein bestimmtes Land oder eine bestimmte Region beziehen oder thematischer Natur sein. Dabei berücksichtigt er die Empfehlungen, die ihm vom Rat gemacht werden. Gemäß den strategischen Vorgaben des Europäischen Rates fasst dann der Rat die für die Ausgestaltung und Durchführung der GASP notwendigen Beschlüsse. Zwar bleibt auch hier die Einstimmigkeit die Regel, doch kann in einigen Fällen mit qualifizierter Mehrheit entschieden werden. Dazu gehören der Beschluss über Standpunkte und Aktionen der EU, die auf Grundlage einer Entscheidung des Europäischen Rates erfolgen, Durchführungsbeschlüsse und die Ernennung von Sonderbeauftragten. Mit dem Vertrag von Lissabon wurde die „Brückenklausel" in die GASP eingeführt. Demnach kann der Europäische Rat per einstimmigem Beschluss bestehende Bereiche der GASP, die der Einstimmigkeit unterliegen, in die Mehrheitsentscheidung überführen (siehe dazu unten den Abschnitt zu den Vertragsänderungsverfahren).

Hinzu kommen zwei weitere Besonderheiten bei Abstimmungen über die GASP im Rat und Europäischen Rat. Erstens gibt es die Möglichkeit zur „konstruktiven Enthaltung". Der sich enthaltende Mitgliedstaat muss dann den betreffenden Beschluss nicht durchführen, akzeptiert aber, dass dieser für die ganze EU bindend ist. Zweitens kann ein Mitgliedstaat bei Fragen, in denen Mehrheitsabstimmungen vorgesehen sind, wichtige nationale Interessen geltend machen. Dann wird nicht abgestimmt, sondern weiterverhandelt und die Frage gegebenenfalls an den Europäischen Rat überwiesen. Verteidigungspolitische Themen werden generell einstimmig entschieden.

Jenseits ihrer offiziellen Sitzungen im Rat für Auswärtige Angelegenheiten kommen die Außenminister der Mitgliedstaaten halbjährlich zu einem informellen Treffen zusammen, um insbesondere aktuelle Fragen der internationalen Politik zu diskutieren. Nach dem Ort des ersten Treffens 1974 im damaligen Gästehaus der Bundesregierung werden diese Zusammenkünfte als „Gymnich-Treffen" bezeichnet.

Die supranationalen EU-Organe haben in der GASP keine Entscheidungskompetenzen. Die Kommission ist über den Hohen Vertreter für Außen- und Sicherheitspolitik zwar eingebunden, verfügt aber nicht wie in anderen Bereichen über das Initiativmonopol. Das Europäische Parlament verfügt lediglich über Anhörungs- und Informationsrechte, von denen es indes ausgiebig Gebrauch macht und die im Vertrag von Lissabon nochmals gestärkt wurden. Außerdem kann das Europäische Parlament sein Haushaltsrecht nutzen, um indirekt Einfluss auf die GASP zu nehmen. Der Gerichtshof der Europäischen Union ist in Bereichen der Außen-, Sicherheits-, und Verteidigungspolitik nicht zuständig.

Verfahren zur Vertragsänderung

Mit dem Vertrag von Lissabon wurden die Verfahren zur Änderung und Anpassung der Verträge, also des EU-Primärrechts (siehe zum Begriff Kapitel 6.1), reformiert. Das „ordentliche Änderungsverfahren" sieht zwei Varianten vor. In beiden Fällen legt die Regierung eines Mitgliedstaates, das Europäische Parlament oder die Kommission dem Europäischen Rat einen Entwurf zur Änderung der Verträge vor. Dann kann der Europäische Rat einen Konvent einberufen, der sich aus Vertretern der nationalen Parlamente, der Staats- und Regierungschefs, des Europäischen Parlaments und der Kommission zusammensetzt. Dieser Konvent erarbeitet eine Empfehlung für eine Regierungskonferenz, auf der über die Annahme der Änderungen entschieden wird (Variante „Konvent plus Regierungskonferenz"). Wenn der begrenzte Umfang der vorgeschlagenen Änderungen es rechtfertigt, kann der Europäische Rat auf die Einberufung eines Konvents verzichten (Variante „Regierungskonferenz ohne Konvent"). Dies ist allerdings nur mit Zustimmung des Europäischen Parlaments möglich. Der Europäische Rat erlässt dann lediglich ein Mandat für die Regierungskonferenz. Wie bisher muss eine Reform der Verträge, die im ordentlichen Änderungsverfahren beschlossen wurde, von allen Mitgliedstaaten nach deren innerstaatlichen Vorschriften ratifiziert werden.

Infokasten 23: Ratifizierung

Der Begriff Ratifizierung (oder gleichbedeutend „Ratifikation") leitet sich vom lateinischen *ratum facere*, „gültig machen", ab. Damit ist die verbindliche Zustimmung der Vertragsparteien zu einem völkerrechtlichen Vertrag gemeint, der mit einer entsprechenden Ratifikationsklausel versehen ist. Die Ratifizierung erfolgt nicht schon durch die Vertragsunterzeichnung, sondern erst durch die ausdrückliche Erklärung des zur völkerrechtlichen Vertretung eines Staates befugten Organs. In der Regel ist dies das Staatsoberhaupt, wie etwa in Deutschland der Bundespräsident, das dazu eine Ratifikationsurkunde unterzeichnet. Dafür muss es meist die Zustimmung anderer staatlicher Organe, insbesondere der Legislative, einholen. In Deutschland verabschiedet das Parlament ein „Zustimmungsgesetz" (auch „Ratifizierungsgesetz" genannt), das den Bundespräsidenten zur Unterzeichnung der Ratifikationsurkunde ermächtigt. Daneben verabschiedet das Parlament ein „Transformationsgesetz", mit dem die Regeln des Vertrages soweit notwendig in innerstaatliches Recht übertragen werden. Zustimmungs- und Transformationsgesetz können dabei in einem Gesetz zusammengefasst werden. Einem verbreiteten, aber eigentlich unkorrekten Sprachgebrauch zufolge wird schon die Verabschiedung des Zustimmungsgesetzes als Ratifizierung bzw. Ratifikation bezeichnet. Neben dieser Art der parlamentarischen Ratifikation sehen die verfassungsrechtlichen Bestimmungen einiger EU-Staaten die Möglichkeit für Volksabstimmungen vor. Verpflichtend müssen Referenden in Dänemark abgehalten werden, wenn Hoheitsrechte übertragen werden. Die irische Verfassung schreibt ein obligatorisches Referendum bei jeder Revision der EU-Verträge vor.

Nicht zuletzt vor dem Hintergrund der Schwierigkeiten und Risiken langwieriger Vertragsänderungsverfahren mit Regierungskonferenzen und Ratifikation in allen Mitgliedstaaten eröffnet der Vertrag von Lissabon die Möglichkeit zu „vereinfachten Änderungsverfahren". Demnach kann der Europäische Rat eine Änderung der Vertragsbestimmungen über die „internen Politiken" der Union erlassen. Damit ist ein breites Spektrum von Politikbereichen vom Binnenmarkt über die Wirtschafts-, Währungs-, Innen- und Justizpolitik bis hin zur Gesundheits-, Energie- und Bildungspolitik betroffen. Der Europäische Rat entscheidet dabei einstimmig, das Europäische Parlament und die Kommission werden angehört. Die Änderungen treten erst in Kraft, wenn alle Mitgliedstaaten im Einklang mit ihren verfassungsrechtlichen Vorschriften zugestimmt haben. Die nach diesem Verfahren angenommenen Vertragsänderungen dürfen allerdings nicht zu einer Ausdehnung der der Union übertragenen Zuständigkeiten führen. Hierfür ist auf das ordentliche Vertragsänderungsverfahren zurückzugreifen.

Eine weitere Innovation des Vertrages von Lissabon, mit der die Weiterentwicklung der EU erleichtert werden soll, ist die Einführung der „Brückenklausel" (nach dem französischen Wort für eine kleine Brücke oft auch „Passerelle-Klausel" genannt). Demnach kann der Europäische Rat einstimmig beschließen, dass Politikfelder von der Einstimmigkeit in die Mehrheitsentscheidung überführt werden. Das bedeutet, dass der Rat in Politikfeldern, in denen er vorher laut Vertrag einstimmig zu entscheiden hatte, jetzt mit qualifizierter Mehrheit entscheidet. Ebenso kann der Europäische Rat einstimmig beschließen, in Bereichen, in denen bisher ein besonderes Gesetzgebungsverfahren galt, das ordentliche Gesetzgebungsverfahren einzuführen. In beiden Fällen muss das Parlament dem Beschluss des Europäischen Rates zustimmen. Außerdem haben die nationalen Parlamente ein weitgehendes Vorbehaltsrecht. Jede Initiative zur Anwendung der Passerelle-Klausel muss den nationalen Parlamenten übermittelt werden. Legt auch nur ein einziges nationales Parlament innerhalb von sechs Monaten sein Veto ein, ist die Initiative gescheitert. Allerdings müssen Vertragsänderungen, die über die Passerelle-Klausel erlassen werden, nicht mehr ratifiziert werden.

Offene Methode der Koordinierung

Die „Offene Methode der Koordinierung" (OMK) hat der Europäische Rat zum ersten Mal im Jahr 2000 im Zuge der Lissabon-Stra-

tegie formuliert. Damit sollte die Steigerung der Wettbewerbsfähigkeit und die Modernisierung der nationalen Volkswirtschaften
erreicht werden. Seither hat sich die Anwendung der OMK auf zahl-
reiche andere Bereiche ausgedehnt. Die wichtigsten sind die Be-
schäftigungs-, Wirtschafts-, und Sozialpolitik. Aber auch in Fragen
von Bildung und Forschung sowie der Gesundheitspolitik gewinnt
die OMK an Bedeutung. Bei der OMK verständigen sich Mitgliedstaaten auf gemeinsame Ziele in einem bestimmten Politikfeld, behalten dabei aber die vollständigen Kompetenzen. Wie die festgelegten Ziele erreicht werden, bleibt im Prinzip den Mitgliedstaaten
selbst überlassen.

Die OMK setzt auf freiwillige Kooperation, auf Erfahrungsaus-
tausch und auf gegenseitiges Lernen. Konkret umfasst die OMK vier
Stufen: Zuerst werden die gemeinsamen Ziele bestimmt. Anschließend wird eine Reihe von Indikatoren festgelegt, anhand derer Fortschritte gemessen werden sollen. Die Mitgliedstaaten bereiten daraufhin nationale Strategieberichte vor, in denen sie darlegen, welche
konkreten Schritte sie planen, um die Ziele zu erreichen. In Zusammenarbeit mit der Kommission werden diese Strategien dann beurteilt. Auf diese Weise sollen sich letztendlich die besten Politikansät-
ze durchsetzen („best practices"). Auch wenn die Ziele rechtlich nicht
verbindlich sind, wird angenommen, dass sich die Mitgliedstaaten
daran halten. Anreize dafür sollen über Gruppendruck in den Gremi-
en („peer pressure") und über Veröffentlichungen von Berichten („public pressure") geschaffen werden.

Die Beurteilung der Offenen Methode der Koordinierung fällt unterschiedlich aus. Befürworter sehen darin die Möglichkeit, die Politik der Mitgliedstaaten im Sinne der Subsidiarität auf eine flexible,
und dezentrale Art und Weise anzugleichen. Als Vorteil gilt auch, dass
die OMK in besonders sensiblen Politikbereichen eingesetzt werden
kann, da die Mitgliedstaaten ihre Souveränität behalten können. Kritiker bemängeln hingegen mangelnde Verbindlichkeit und Kontrolle
der OMK. Das Europäische Parlament beispielsweise hat lediglich
das Recht, informiert zu werden. Insbesondere die Anwendung der
OMK auf Bereiche, die eigentlich in den Kompetenzbereich der Union fallen und von den EU-Organen geregelt werden müssten, wird
als Gefahr für den Integrationsprozess gesehen. Auch der Vertrag von
Lissabon, der die OMK erstmals primärrecht erwähnt, leistet keine
klare Kodifizierung dieser Methode.

Hallstein, Walter, 1969: Der unvollendete Bundesstaat. Europäische Erfahrungen und Erkenntnisse, Econ-Verlag, Wien/Düsseldorf.

Hix, Simon/Høyland, Bjørn, 2011: The Political System of the European Union, Palgrave Macmillan, Hampshire.

Heinelt, Hubert/Knodt, Michele (Hg.) 2008: Politikfelder im EU-Mehrebenensystem: Instrumente und Strategien europäischen Regierens, Nomos Verlag, Baden-Baden.

Streinz, Rudolf, 2011: Europarecht, 9. überarb. Aufl., C.F. Müller, Heidelberg.

Wallace, Helen/Wallace, William/Pollack, Mark A. (Hg.), 2010: Policy-Making in the European Union, 6. überarb. Aufl., Oxford University Press, Oxford.

TEIL III:

HANDLUNGSFELDER UND ENTWICKLUNGSPERSPEKTIVEN

Die Europäische Union hat sich zu einem politischen Akteur entwickelt, der sowohl nach innen als auch nach außen Wirkung entfaltet. Im Folgenden werden mit der Wirtschafts- und Währungspolitik (Kapitel 7) und den Außenbeziehungen der Union (Kapitel 8) zwei zentrale Handlungsfelder näher beleuchtet. Das Schlusskapitel stellt mögliche Szenarien für die weitere Entwicklung der europäischen Integration vor und zeigt die aktuellen und künftigen Herausforderungen auf, denen sich die EU und die Europapolitik zu stellen hat (Kapitel 9).

7. Der Binnenmarkt und die Wirtschafts- und Währungsunion

Der Binnenmarkt gilt bis heute als das Herz des europäischen Einigungsprozesses. Die wirtschaftliche Integration ist eine Erfolgsgeschichte, die mit der Wirtschafts- und Währungsunion eine weltweit einzigartige Stufe erreicht hat. Gerade eine exportorientierte Volkswirtschaft wie die deutsche, die knapp 60 Prozent ihrer Waren ins EU-Ausland verkauft, profitiert besonders vom europäischen Binnenmarkt.

7.1 Der Binnenmarkt mit den Grundfreiheiten

Zunächst ist zwischen unterschiedlichen Formen der wirtschaftlichen Integration zu unterscheiden. Die lockerste Form des Zusammenschlusses ist die *Freihandelszone*, in der Zölle und Handelshemmnisse zwischen den teilnehmenden Staaten abgeschafft werden. Ein solches Freihandelsabkommen besteht beispielsweise zwischen den USA, Kanada und Mexiko (NAFTA). Eine höhere Stufe stellt die *Zollunion* dar, die neben der Abschaffung der Binnenzölle auch einen gemeinsamen Außenzoll gegenüber Drittstaaten vorsieht. Die Römischen Verträge sahen eine sukzessive Umsetzung der Zollunion innerhalb der EWG vor, die 1968 fristgerecht vollendet werden konnte. Schon in den Römischen Verträgen bekundeten die Mitgliedstaaten ihren Willen, über die Zollunion hinauszugehen und einen *Gemeinsamen Markt* zu errichten. Dabei sollten die Volkswirtschaften der beteiligten Staaten zu einem einheitlichen Markt verschmelzen und eine unbeschränkte Mobilität der Produktionsfaktoren gewährleistet sein. Weitgehend realisiert werden konnte dieses Ziel erst zum 1. Januar 1993, nachdem der damalige Kommissionspräsident Jacques Delors Mitte der 80er Jahre ein großes Programm zur Verwirklichung des Binnenmarktes angestoßen hatte, das auch in die Einheitliche Europäische Akte aufgenommen wurde. Einen wesentlichen Beitrag, die Mitgliedstaaten von der Notwendigkeit dieses Ziel zu überzeugen, leistete zudem der 1988 vorgelegte *Cecchini-Bericht*. Diese von der Kommission in Auftrag gegebene Studie hatte in konkreten Zahlen die Vorteile einer Binnenmarktvollendung für das Wirtschaftswachstum und den Arbeitsmarkt in Europa prognostiziert.

Das Abkommen über den Europäischen Wirtschaftsraum (EWR) dehnt den Binnenmarkt auf Norwegen, Lichtenstein und Island aus. Über bilaterale Vereinbarungen mit der EU ist auch die Schweiz an den europäischen Binnenmarkt angebunden. Die Begriffe *Gemeinsamer Markt* und *Binnenmarkt* werden oftmals gleichbedeutend verwendet, wobei die genaue juristische Abgrenzung strittig ist. Mit dem Vertrag von Lissabon ist primärrechtlich nur noch vom Binnenmarkt die Rede. Ein Binnenmarkt ist ein Raum ohne Binnengrenzen, in dem der freie Verkehr von Waren, Personen, Dienstleistungen und Kapital gewährleistet ist. Damit sind die *vier Grundfreiheiten* genannt, die einen vollendeten Binnenmarkt auszeichnen.

Freiheit des Warenverkehrs

Der freie Warenverkehr ist das Kernstück des Binnenmarktes. Er soll zum einen durch die Errichtung einer Zollunion und zum anderen durch das Verbot sonstiger, *nicht-tarifärer Handelshemmnisse* erreicht werden. Als nicht-tarifäre Handelshemmnisse gelten mengenmäßige Einfuhrbeschränkungen sowie Maßnahmen mit der gleichen Wirkung wie mengenmäßige Einfuhrbeschränkungen. Solche *Maßnahmen gleicher Wirkung* sind staatliche Vorschriften, die nicht ausdrücklich die Einfuhr ausländischer Produkte beschränken, aus deren Anwendung jedoch ein Handelshindernis für ausländische Produzenten folgt. Sie sind nur erlaubt, wenn „zwingende Erfordernisse" des Allgemeinwohls wie etwa für den Gesundheits-, Verbraucher-, und Umweltschutz bestehen („Cassis-Formel" des Europäischen Gerichtshofs, EuGH Rechtssache 120/78). Die Mitgliedstaaten verteidigten mit dieser auch primärrechtlich verankerten Ausnahmeregelung Vorschriften, die passgenau auf inländische Waren zugeschnitten waren und somit die Einfuhr und den Vertrieb ausländischer Produkte erschwerten.

Ein bekanntes Beispiel für eine Maßnahme gleicher Wirkung ist das deutsche Biersteuergesetz. Laut diesem Gesetz durften unter der Bezeichnung Bier nur Getränke in Verkehr gebracht werden, die ausschließlich aus Malz, Hopfen, Wasser und Hefe hergestellt waren. Während die Kommission hier ein verbotenes Handelshemmnis sah, argumentierte die Bundesregierung mit dem Gesundheits- und Verbraucherschutz: Der deutsche Biertrinker erwarte unter dieser Bezeichnung ein reines Bier, das als Grundnahrungsmittel schon aus Gesundheitsgründen rein gehalten werden müsse. Der Europäische Gerichtshof gab allerdings der Kommission Recht. Die deutsche Vorschrift stelle eine unverhältnismäßige Einschränkung des Warenverkehrs dar. Dem Verbraucherschutz könne auch durch entsprechende Etikettierung und dem Gesundheitsschutz durch ein Zulassungsverfahren Rechnung getragen werden (EuGH, Rechtssache 178/84). Ein anderes Beispiel ist eine Regelung in Belgien, wonach Margarine nur in Würfelform verkauft werden durfte. Margarine aus Deutschland, die in Schalenbechern verpackt wurde, war somit nicht verkehrsfähig. Da ein „Umpacken" der deutschen Margarine den Importeuren zusätzliche Kosten auferlegen würde, sah der Europäische Gerichtshof im belgischen „Gestaltzwang" eine unzulässige Beschränkung des Warenverkehrs (EuGH, Rechtssache 261/81).

Vor allem gegen diese Art der indirekten Handelsschranken, die von manchen Mitgliedstaaten gezielt vorgenommen wurden, um ihre heimischen Produkte zu schützen, richtete sich das von Jacques Delors initiierte Binnenmarktprogramm. Bis zum 31.12.1992 konnte ein Großteil der Handelshemmnisse beseitigt werden, weshalb ab diesem Zeitpunkt von der „Vollendung des Binnenmarktes" gesprochen wird. Gleichwohl bestehen bis heute Beschränkungen im Warenverkehr. Die Kommission bekämpft diese mit einer Verbesserung der Funktionsfähigkeit des Prinzips der gegenseitigen Anerkennung und mit einer zunehmenden Anwendung des „Neuen Harmonisierungsansatzes". Demnach werden die nationalen Regulierungen nicht mehr rigoros und im Detail harmonisiert, sondern lediglich wesentliche Anforderungen an in der EU hergestellte Produkte vereinheitlicht. Auf dieser Grundlage sind die Mitgliedstaaten bei der Ausgestaltung ihres Regulierungsregimes frei, dürfen aber den Marktzugang ausländischer Produkte nicht mehr verweigern, wenn diese wesentlichen Anforderungen erfüllt sind. Als wichtiger Schritt für einen echten Binnenmarkt gilt auch die Angleichung der Mehrwertsteuersätze. Bisher gibt es lediglich einen europaweiten Mindestsatz von 15 Prozent, wobei Ausnahmeregelungen möglich sind.

Freiheit des Personenverkehrs

Die Unionsbürgerschaft, die 1993 mit dem Vertrag von Maastricht eingeführt wurde, gibt allen EU-Bürger das Recht, sich frei in allen EU-Mitgliedstaaten zu bewegen und aufzuhalten. Hinzu kommt das Schengener Abkommen, das den Abbau von Grenzkontrollen vorsieht. Fast alle EU-Mitgliedstaaten sind heute Teil dieses Abkommens, das mit dem Vertrag von Amsterdam in EU-Recht überführt wurde.

Im Gegensatz zu dieser allgemeinen Freizügigkeit ist die Personenverkehrsfreiheit im Rahmen des Binnenmarktes an eine wirtschaftliche Tätigkeit gekoppelt. Ziel ist es, die Bürger der Mitgliedstaaten unabhängig von ihrer Nationalität bei der Erbringung von Arbeitsleistungen gleichzustellen. Schon der EWG-Vertrag beinhaltete die *Freizügigkeit der Arbeitnehmer*. Diese umfasst die Abschaffung jeder auf der Staatsangehörigkeit beruhenden unterschiedlichen Behandlung in Bezug auf Beschäftigung, Entlohnung und sonstige Arbeitsbedingungen (Diskriminierungsverbot). Lediglich bei hoheitlichen Tätigkeiten wie Justiz, Polizei, Militär und Steuerverwaltung gelten Ausnahmeregelungen. Außerdem haben die meisten „alten" Mitgliedstaaten, darunter Deutschland, im Rahmen der Erweiterungsrunden 2004 und 2007 mehrjährige Übergangsregelungen erlassen, die den Zugang von Arbeitnehmern aus den Beitrittsländern auf ihre Arbeitsmärkte einschränken.

Auch die *Niederlassungsfreiheit*, also das Recht in jedem Mitgliedsland eine dauerhafte selbstständige Tätigkeit auszuüben, besteht rechtlich schon seit dem EWG-Vertrag. In der Praxis ist die Niederlassung in reglementierten Berufen wie bei Rechtsanwälten, Apothekern oder Ärzten in einem anderen Mitgliedstaat jedoch nur möglich, wenn die Bildungsabschlüsse und Nachweise der beruflichen Befähigung des einen Landes auch im anderen EU-Land anerkannt werden. Da in den einzelnen Mitgliedstaaten die Voraussetzungen für die Zulassung unterschiedlich sind, kam es immer wieder zu Schwierigkeiten bei der Niederlassung. Deshalb wurden entsprechende Richtlinien verabschiedet, in denen die Anforderungen an Inhalt und Dauer der verschiedenen Ausbildungen geregelt wurden, die für eine EU-weite Niederlassung vorgewiesen werden müssen.

Dienstleistungsfreiheit

Die Freizügigkeit der Arbeitnehmer und die Niederlassungsfreiheit werden von der Dienstleistungsfreiheit dahingehend ergänzt, dass auch grenzüberschreitende erwerbswirtschaftliche Tätigkeiten ohne Wohnsitzverlagerung ermöglicht werden. Dies betrifft gewerbliche, handwerkliche, kaufmännische und freiberufliche Tätigkeiten. Dabei ist es unerheblich ob der Leistungserbringer, der Leistungsempfänger oder nur die Dienstleistung die Grenze übertritt. Auch hier gilt das Diskriminierungsverbot: Beispielsweise darf von einem Tourist aus einem EU-Land kein höherer Eintrittspreis verlangt werden als von einem einheimischen Museumsbesucher.

Wie die anderen Grundfreiheiten sah sich die Dienstleistungsfreiheit in der Praxis immer wieder Beschränkungen ausgesetzt. So durfte etwa ein deutscher Malermeister in Belgien zwar gegen Bezahlung Wände streichen, musste aber die Farben in einem vom belgischen „TÜV" abgenommenen Fahrzeug transportieren. Seinen in Deutschland zugelassenen Lieferwagen durfte er nicht benutzen. Um wettbewerbsverzerrende Hürden dieser Art abzubauen, wurde 2006 nach langwierigen Auseinandersetzungen die Dienstleistungsrichtlinie beschlossen. Der ursprüngliche Richtlinienentwurf der EU-Kommission hatte in ganz Europa für heftige Debatten gesorgt. Die Kommission machte sich dabei insbesondere für das „Herkunftslandprinzip" stark. Demnach sollten Dienstleister ihre Dienste europaweit nach dem jeweiligen Recht ihres Heimatlandes und nicht mehr nach dem des Ziellandes anbieten können. Kritiker befürchteten dadurch eine grenzüberschreitende Aushöhlung der Lohn-, Sozial-, Sicherheits- und Umweltstandards. Die öffentliche Unzufriedenheit mit diesem Richtlinienentwurf gilt auch als einer der Gründe für das negative Referendum in Frankreich über den Verfassungsvertrag im Frühjahr 2005. Einem Vorschlag des Europäischen Parlaments folgend einigte sich der Ministerrat schließlich auf einen Kompromiss, in dem der Begriff des Herkunftslandprinzips gestrichen wurde. Demnach müssen sich Dienstleistungsanbieter an die Bestimmungen des Arbeits-, Tarif- und sonstigen Sozialrechts des Landes halten, in dem sie ihre Dienstleistungen anbieten.

Freiheit des Kapitalverkehrs

Die Römischen Verträge sahen in Bezug auf die Liberalisierung des Kapitalverkehrs noch keinerlei förmliche Verpflichtung vor. Erst mit der Einheitlichen Europäischen Akte wurde der freie Kapitalverkehr mit den anderen Grundfreiheiten auf eine Stufe gestellt. Heute gewährleistet die Kapitalverkehrsfreiheit den unbeschränkten Kapitalfluss zwischen den Mitgliedstaaten. Der *freie Kapitalverkehr* umfasst dabei die Übertragung von Geld- und Sachkapital, insbesondere zu Anlage- und Investitionszwecken. Der Transfer von Geldmitteln für die Erbringung von Leistungen im Waren-, Personen- und Dienstleistungsverkehr wird als *freier Zahlungsverkehr* bezeichnet. Beschränkungen des Kapital- und Zahlungsverkehrs sind den Mitgliedstaaten nur zu Zwecken der Steuer- und Bankenaufsicht sowie zur Bekämpfung schwerwiegender Rechtsverstöße wie Drogenhandel, Geldwäsche oder Terrorismus erlaubt.

7.2 Die Wirtschafts- und Währungsunion

In einer *Wirtschaftsunion* harmonisieren die Mitgliedstaaten Teile ihrer jeweiligen Wirtschaftspolitik, wobei unterschiedliche Grade der Harmonisierung bzw. Koordinierung möglich sind. Sie stellt eine Weiterentwicklung des Binnenmarktes dar. In einer *Währungsunion* verzichten die Mitglieder auf eine unabhängige Währungspolitik und geben die geldpolitischen Kompetenzen und Aufgaben an eine gemeinsame, zentrale Behörde ab. Es existiert in der Regel nur noch eine allen Mitgliedern gemeinsame Währung.

Vom Werner-Plan über das EWS zum Delors-Bericht

Überlegungen zu einer Wirtschafts- und Währungsunion begleiteten den Integrationsprozess von Anfang an. Gerade in Krisenzeiten zeigte sich, dass sich starke Schwankungen der Wechselkurse und disparate Wirtschaftsentwicklungen störend auf die stark miteinander verflochtenen Volkswirtschaften der Gemeinschaft auswirkten. Als ab Mitte der 60er Jahre die Spannungen im Weltwährungssystem zunahmen, erschien eine engere wirtschafts- und währungspolitische Zusammenarbeit der Europäer immer dringlicher. Der *Werner-Plan*, der auf Grundlage eines Beschlusses des Den Haager Gipfels von 1969 ausgearbeitet wurde, sah schließlich die stufenweise Errichtung einer Wirtschafts- und Währungsunion bis zum Jahr 1980 vor. Das ambitionierte Projekt scheiterte jedoch am Beharren der Mitgliedstaaten auf einer eigenständigen Wirtschaftspolitik, das durch die aufkommenden ökonomischen Schwierigkeiten bestärkt wurde.

Um zumindest die Währungsschwankungen, die sich zunehmend negativ auf den innergemeinschaftlichen Handel auswirkten, besser kontrollieren zu können, folgten die Mitgliedstaaten einer Initiative von Valéry Giscard d'Estaing und Helmut Schmidt zur Errichtung des *Europäischen Währungssystems* (EWS). Das EWS trat 1979 in Kraft. Es ersetzte den als „Währungsschlange" bekannten *Europäischen Wechselkursverbund*, mit dem seit 1972 versucht worden war, die Währungen der Mitgliedstaaten innerhalb einer bestimmten Bandbreite zu halten. Das EWS zeichnete sich durch vier Grundelemente aus: einem Wechselkurs- und Interventionssystem der Zentralbanken der Mitgliedstaaten, Kredit- und Transaktionsmechanismen für den Zahlungsverkehr innerhalb des EWS-Raums, die Koordinierung der Wechselkurspolitik gegenüber Drittstaaten sowie die Einführung einer abstrakten Referenzwährung, der *European Currency Unit* (ECU). Trotz einiger Schwierigkeiten in den ersten Jahren wurde das EWS zu einem Erfolg und schuf damit die Voraussetzungen für weitergehende währungspolitische Schritte. Dabei setzten sich die Mitgliedstaaten auch mit dem in der Einheitlichen Europäischen Akte verankerten Ziel der Binnenmarktvollendung unter Druck, da dies die Liberalisierung des Kapitalverkehrs beinhaltete.

Außerdem verstanden es die Mitgliedstaaten zunehmend als Problem, dass die EG-Währungspolitik de facto von der Deutschen Bundesbank gemacht wurde. Auf Grund der Stärke der D-Mark mussten sich die anderen Zentralbanken zwangsläufig an der Bundesbank orientieren. Vor diesem Hintergrund setzte der Europäische Rat eine Expertengruppe unter dem Vorsitz des Kommissionspräsidenten Jacques Delors ein. 1989 legte sie einen dreiteiligen Bericht mit konkreten Vorschlägen zur Verwirklichung der Wirtschafts- und Währungsunion (WWU) in drei Stufen vor (*Delors-Bericht*). Mit der dritten Stufe sollte die gemeinsame Währung eingeführt werden.

Die Umsetzung der Wirtschafts- und Währungsunion (WWU)

Noch im selben Jahr beschloss der Europäische Rat den Einstieg in die erste Stufe der WWU zum 1. Juli 1990. Diese bestand im Wesentlichen aus einer Verstärkung der wirtschafts- und währungspolitischen Koordination. Zeitgleich begann die Liberalisierung des Kapitalmarkts. Das weitere Vorgehen war Gegenstand einer Regierungskonferenz, deren Ergebnisse im Vertrag von Maastricht festgeschrieben wurden, den die Staats- und Regierungschefs am 7. Februar 1992 unterzeichneten. Im Vertrag von Maastricht wurden das Ziel der Errichtung einer Wirtschafts- und Währungsunion und die Grundlinien des Delors-Berichts primärrechtlich verankert. 1994 begann vertragsgemäß die zweite Stufe der WWU. Mit der Gründung des Europäischen Währungsinstituts (EWI) in Frankfurt am Main als Vorläufer der Europäischen Zentralbank wurden in dieser Stufe die institutionellen Voraussetzungen für die Einführung einer gemeinsamen Währung geschaffen. Desweiteren wurde die Koordinierung und Überwachung der Wirtschaftspolitik der Mitgliedstaaten intensiviert. Außerdem sollten sich die Mitgliedstaaten bemühen, die Bedingungen für einen Eintritt in die dritte Stufe bis zum 31.12.1998 zu erfüllen. Diese im Vertrag von Maastricht festgelegten *Konvergenzkriterien* (auch: *Maastricht-Kriterien*) sorgten gemeinsam mit dem verbindlichen Zeitplan für einen hohen Druck auf die Mitgliedstaaten, ihre Wirtschafts- und Währungspolitiken stabilitätsgerecht auszurichten. Mit Ausnahme Dänemarks und Großbritanniens, die sich im Rahmen der Maastricht-Verhandlungen ein „opting out" ausbedungen hatten, verpflichteten sich alle EU-Staaten bei Erfüllung der Konvergenzkriterien die gemeinsame Währung einzuführen.

Infokasten 24: Die Konvergenzkriterien für den Beitritt zur WWU
– *Preisstabilität*: Die Inflationsrate eines Staates darf die durchschnittliche Inflationsrate der drei preisstabilsten Mitgliedstaaten nicht mehr als 1,5 Prozentpunkte übersteigen.
– *Solide Staatsfinanzen*: Die jährliche Neuverschuldung darf nicht über drei Prozent, die Gesamtverschuldung nicht über 60 Prozent des Bruttoinlandsprodukts liegen.
– *Wechselkursstabilität*: Die im Rahmen des Wechselkursmechanismus des EWS vorgesehenen normalen Bandbreiten müssen zumindest in den letzten zwei Jahren vor der Prüfung ohne starke Spannungen eingehalten worden sein.
– *Dauerhaftigkeit der erreichten Konvergenz*: Dieses Kriterium wird an den nominalen langfristigen Zinssätzen geprüft, die den Durchschnitt der langfristigen Zinssätze in den drei preisstabilsten Mitgliedstaaten nicht um mehr als zwei Prozent übersteigen dürfen.

Ergänzt werden die Konvergenzkriterien, die den Eintritt in die Währungsunion regeln, vom *Stabilitäts- und Wachstumspakt*, der die Haushaltsdisziplin der Mitgliedstaaten auch nach Einführung der einheitlichen Währung sicherstellen soll. Die Mitgliedstaaten verständigten sich mit dieser Vereinbarung, die von den Staats- und Regierungschefs 1997 in Amsterdam getroffen wurde, auf das mittelfristige Ziel eines nahezu ausgeglichenen oder einen Überschuss aufweisenden Haushalts. Dazu müssen die nationalen Regierungen entsprechende Stabilitätsprogramme vorlegen. Außerdem wurden ein Frühwarnsystem sowie ein Sanktionsverfahren eingeführt. Demnach können Mitgliedstaaten, deren Haushaltsdefizite über drei Prozent des Bruttoinlandprodukts liegen, mit Sanktionen belegt werden. Als vor allem Deutschland und Frankreich über mehrere Jahre diese Defizitgrenze nicht einhalten konnten und ein daraufhin von der Kommission eingeleitetes Verfahren vom Rat gestoppt wurde, entbrannte eine Diskussion um den Stabilitäts- und Wachstumspakt. 2005 konnte schließlich ein Kompromiss für eine Revision des Paktes gefunden werden. Seither führt ein Reißen der Verschuldungsgrenze nicht automatisch zur Einleitung eines Defizitverfahrens. Vielmehr sollen bei der Bewertung des Haushaltsdefizites eines Landes die besonderen Umstände und nationalen Reformvorhaben berücksichtigt werden. Dazu zählen beispielsweise die Lasten der deutschen Einheit, Reformen der Sozialsysteme und Programme zur Förderung der Wirtschaftsentwicklung.

Mit dem Beginn der dritten Stufe der WWU am 1. Januar 1999 wurde die gemeinsame Währung unter der Bezeichnung *Euro* in elf der 15 EU-Mitgliedstaaten eingeführt. Ab diesem Zeitpunkt wurde der Euro als Handlungswährung an den Börsen genutzt und konnte im bargeldlosen Zahlungsverkehr eingesetzt werden. Über bilaterale Währungsabkommen wurde der Euro außerdem zum gesetzlichen Zahlungsmittel in San Marino, dem Vatikan und Monaco. Ohne die Zustimmung der EU haben mittlerweile auch Montenegro und Kosovo den Euro zu ihrer offiziellen Währung erklärt. Zum Jahresbeginn 2001 begann die Einführung des Euro als Bargeld. Bis zum Jahre 2011 hat sich die Teilnehmerzahl der Währungsunion auf 17 EU-Staaten erhöht. Zur Koordinierung ihrer Wirtschafts- und vor allem ihrer Haushaltspolitik haben sich die EU-Mitgliedstaaten, die an der gemeinsamen Währung teilnehmen, zur *Eurogruppe* zusammengeschlossen. Dieses anfangs informelle Gremium, das seit Beginn der dritten Stufe der WWU immer mehr an Bedeutung gewonnen hat, wurde mit dem Vertrag von Lissabon primärrechtlich verankert und aufgewertet.

Im Gegensatz zur supranationalen Geldpolitik bleibt die Wirtschaftspolitik weiterhin in der Hand der Mitgliedstaaten. Dabei müssen sie aber gemeinschaftliche Vorgaben beachten. Dazu zählen die primärrechtlich festgelegten Ziele der Union wie die Förderung nichtinflationären Wachstums und eines hohen Beschäftigungsniveaus sowie die vom Rat als Empfehlung erlassenen wirtschaftspolitischen Grundzüge. Als langfristiges Ziel gilt dabei die Harmonisierung der Steuersätze. Allerdings konnte man sich bisher erst bei der Mehrwertsteuer auf die Einführung eines Mindestsatzes einigen, wobei bei einstimmigem Ratsbeschluss auch hier Ausnahmeregelungen möglich sind. Diese Maßnahmen im Rahmen der „Grundzüge der Wirtschaftspolitik" wurden durch mehrere flankierende Koordinierungsprozesse ergänzt. Am prominentesten ist dabei die im Jahre 2000 vom Europäischen Rat beschlossene *Lissabon-Strategie*. Dort wurde das Ziel formuliert, Europa bis zum Jahr 2010 „zum wettbewerbsfähigsten und dynamischsten wissensbasierten Wirtschaftsraum der Welt" zu machen. Dazu sollten insbesondere die Investitionen in Forschung, Entwicklung und Bildung erhöht und das europäische Sozialmodell modernisiert werden. Nachdem die Halbzeitbilanz im Jahre 2005 sehr ernüchternd ausfiel, wurde die Lissabon-Strategie neu ausgerichtet. Der Fokus liegt seither auf Wachstum und Beschäftigung, der Koordinierungsprozess wurde gestrafft und das Engagement der Mitgliedstaaten sollte durch die Vorlage nationaler Aktionspläne erhöht werden.

2010 wurde die Lissabon-Strategie erneut fortentwickelt und firmiert nun unter dem Namen „Europa 2020". Ihre Prioritäten sind seither Beschäftigung, Innovation, Klima, Energie, Bildung und soziale Inklusion. Inzwischen hatte die Verschuldungs- und Währungskrise die Notwendigkeit einer besseren Koordinierung der Wirtschaftspolitiken der Mitgliedstaaten drastisch vor Augen geführt.

7.3 Die Weiterentwicklung der Wirtschafts- und Währungsunion im Zuge der „Euro-Krise"

Die Staatsschuldenkrise im Euro-Raum, die oft als „Euro-Krise" bezeichnet wird, begann in Griechenland. Ein Regierungswechsel im Oktober 2009 hatte das ganze Ausmaß der Verschuldung des Landes ans Licht gebracht. Athen bat die EU und den Internationalen Währungsfonds um Hilfe. Doch die Krise ist grundsätzlicher. Ein Verschludern der ökonomisch-politischen Kultur in vielen Ländern der Europäischen Union hat zu einem Desaster der Überschuldung in etlichen Ländern geführt. Man hat es zugelassen, dass die Stabilitätskriterien nicht eingehalten wurden. Die EU durfte keine eigenen Daten erheben, sondern verhedderte sich im Datendschungel nationaler Angaben.

Nichts von dieser Grundproblematik ist neu. Alles lag bereits bei den Beratungen um den Vertrag von Maastricht auf dem Tisch. Man wusste: Jede Währung braucht einen politischen Rahmen zur stabilen Abstützung und zum Eingriff gegen Krisen. So war es beim US-Dollar geregelt, genauso bei der japanischen und der chinesischen Währung. So sollte es auch beim Euro sein. In der Debatte im Deutschen Bundestag kurz vor der Konferenz von Maastricht erklärte Bundeskanzler Kohl unter dem Beifall der Abgeordneten, die Annahme, man könne die gemeinsame europäische Währung ohne politischen Rahmen gestalten, sei abwegig. Und dennoch kam es dazu. Die Währung erhielt in Maastricht keinen politischen Rahmen. Alle diese Erwartungen schob man in einen einzigen Artikel des Vertrags von Maastricht – die Ankündigung eines neuen Vertrags, in dem dies nachgeholt werden sollte. Dazu aber kam es in den Schönwetter-Zeiten der Euro-Anfangsjahre nicht. Der Druck war verschwunden.

Vor allem die wirtschaftlich schwächeren Staaten Südeuropas konnten dank ihrer Mitgliedschaft in der Euro-Zone an den Finanzmärkten zu günstigeren Konditionen Kredite aufnehmen als es ihrer Wettbewerbsfähigkeit und ihrem Schuldenstand eigentlich entsprach. Bankenrettungen und Konjunkturprogramme, die in vielen Staaten im Zuge der weltweiten Finanz- und Wirtschaftskrise nötig geworden waren, verschärften dann den Schuldenstand weiter.

Auf die sich daraus entwickelnde „Euro-Krise" antworteten die Europäische Union und ihre Mitgliedstaaten mit einem Dreiklang: Aufspannen von „Euro-Rettungsschirmen", strukturelle Fortentwicklung der Wirtschafts- und Währungsunion sowie Bemühen um Haushalskonsolidierung und Reformen in den Mitgliedstaaten.

Die Euro-Rettungsschirme: Von der EFSF zum ESM

Als im Frühjahr 2010 die Schuldenkrise in Griechenland eskalierte, drohte sie, die Finanzstabilität der Euro-Zone als Ganzes zu gefährden. Man befürchtete, dass der Zahlungsausfall eines Euro-Staates die Kreditwürdigkeit auch anderer Euro-Staaten in Mitleidenschaft ziehen würde. Ein Vertrauensverlust an den Finanzmärkten führt dazu, dass die Risikoaufschläge auf die Zinsen steigen, die ein Staat für seine Refinanzierung erbringen muss. Auch andere Mitglieder der Euro-Zone mit großen ökonomischen und fiskalischen Problemen wie Portugal, Irland, Spanien oder Italien taten sich zunehmend schwer, Käufer für ihre Staatsanleihen zu finden. Hinzu kommt, dass das europäische Bankenwesen eng miteinander verwoben ist. So sind beispielsweise französische Banken stark in Griechenland engagiert und wären von einem dortigen Staatsbankrott unmittelbar betroffen.

Vor diesem Hintergrund beschloss die EU, unter Beteiligung des Internationalen Währungsfonds, im Mai 2010 zunächst ein bilaterales Hilfspaket für Griechenland. Um die nervösen Finanzmärkte zu beruhigen und die „Ansteckungsgefahr" hoher Refinanzierungskosten auf andere schwächelnde Euro-Länder zu verringern, wurde dann ein „temporärer Rettungsschirm" aufgespannt, der allen Euro-Ländern offen stand. Der temporäre Rettungsschirm bestand aus drei Teilen: Im Rahmen des „Europäischen Finanzstabilisierungsmechanismus" (EFSM) konnte die EU-Kommission Geld an den Märkten aufnehmen, für das mit dem EU-Budget gebürgt wird, und das sie dann ihrerseits an Mitgliedstaaten mit großen fiskalischen Schwierigkeiten verleihen konnte. Während der EFSM eine Maßnahme der ganzen EU war, wird das Herzstück des temporären Rettungsschirms nur von den Euro-Staaten getragen: die „Europäische Finanzstabilisierungsfazilität" (EFSF). Dabei handelt es sich um eine zeitlich befristete, zwischenstaatliche Zweckgesellschaft mit Sitz in Luxemburg, deren Anteilseigner die Euro-Staaten sind. Wie die EU-Kommission im Rahmen des EFSM konnte die EFSF am Kapitalmarkt Geld aufnehmen und gegen Auflagen an hilfsbedürftige Euro-Staaten weitergeben. Das dritte Element war ein Beitrag des Internationalen Währungsfonds (IWF). Damit speiste sich der Rettungsschirm aus unterschiedlichen Finanzierungsquellen. Nach außen hin traten die drei Institutionen aber gemeinsam auf. Die Umsetzung der Reform- und Sparprogramm in den Ländern, denen der Rettungsschirm Hilfe gewährt, wird dann auch von der sogenannten Troika überwacht, einer Gruppe von Experten der EU-Kommission, der EZB und des IWF.

Für die Anleihen, welche die EFSF aufnahm, haften die Euro-Staaten gemeinschaftlich. Die Höhe der Garantien für die einzelnen Euro-Staaten orientiert sich dabei am Kapitalschlüssel der EZB, der sich wiederum nach Wirtschaftskraft und Größe eines Landes berechnet. Deutschland beispielsweise musste demnach 211 Milliarden Euro Garantien für den ESFS-Garantierahmen von insgesamt 780 Milliarden Euro bereitstellen. Diese Garantien, welche die EFSF-Anteilseigner abgaben, werden erst dann fällig, wenn ein hilfesuchender Staat zahlungsunfähig werden sollte. Genau dies aber sollte die

EFSF verhindern, indem sie eine günstige Refinanzierung des hilfe-suchenden Staates sicherstellte. Dieser profitierte nämlich von den günstigen Konditionen, mit denen die EFSF, hinter der ja die geball-te Macht der Euro-Zone steht, Kredite aufnehmen konnte. Indem sie unter den Rettungsschirm schlüpften, umgingen in Schwierigkeiten geratene Staaten die hohen Zinsen, die sie auf dem Geldmarkt zahlen müssten. Nach Juni 2013 startet die EFSF keine neuen Programme mehr, bleibt als administrative Einheit aber aktiv, bis die Staaten, die ihre Hilfe in Anspruch nahmen (Irland, Portugal und Griechenland), ihre Kredite zurückgezahlt haben. Die Hilfen für den spanischen Bankensektor, die Mitte 2012 über die ESFS begonnen hatten, wur-den in den permanenten „Europäischen Stabilitätsmechanismus" (ESM) transferiert.

Der temporäre Rettungsschirm, der in aller Eile gestrickt worden war, hat große Kritik auf sich gezogen. Seit dem Vertrag von Maast-richt ist in den europäischen Verträgen die „Nichtbeistandsklausel" („No-bail-out"-Klausel) verankert (Art. 125 AEU). Diese schließt die Haftung der EU und aller Mitgliedstaaten für die Verbindlichkeiten eines anderen Mitgliedstaates aus. Mit dem Argument einer Notsitu-ation der betroffenen Staaten und der Freiwilligkeit der Hilfe mühte man sich, diese Vorschrift zu umgehen.

Die Einrichtung eines permanenten Krisenmechanismus sollte die entstandene rechtliche und politische Unsicherheit ausräumen. Im Oktober 2012 wurde der temporäre Rettungsschirm durch einen dau-erhaften Rettungsschirm ersetzt (wenngleich sie sich faktisch für einige Monate überschnitten). Kern dieses Rettungsschirms ist der „Europäischer Stabilitätsmechanismus" (ESM), der damit die Nach-folge der EFSF antritt. Der von der EU-Kommission administrierte und vom EU-Budget garantierte EFSM läuft mit dem Ende der ESFS-Aktivitäten aus. Eine Beteiligung des Internationalen Wäh-rungsfonds an künftigen Rettungsmaßnahmen wird hingegen wei-terhin angestrebt.

Der ESM ist ein permanenter Krisenmechanismus, der Finanzmit-tel für Euro-Staaten mobilisieren kann, wenn dieses schwerwiegende Finanzierungsprobleme haben und damit die Stabilität des gesamten Euro-Raumes bedroht ist. Der ESM funktioniert im Prinzip wie die EFSF. Er stellt eine Art „Europäischer Währungsfonds" dar und kann Mitgliedstaaten in finanziellen Schwierigkeiten zeitweise und unter strengen Reformauflagen unterstützen. Dazu vergibt er Darlehen an seine Mitglieder, räumt diesen vorsorgliche Kreditlinien ein und kauft Anleihen bei ihrer Emission (also auf dem Primärmarkt) oder Anleihen, die sich bereits auf den Finanzmärkten im Umlauf (also auf dem Sekundärmarkt). Außerdem kann er Darlehen an Mitgliedstaaten zur Rekapitalisierung von Finanzinstituten ausgeben.

Eine Neuerung im Vergleich zur EFSF ist ein Rechtsrahmen zur Gläubigerbeteiligung im Fall der Umschuldung eines betroffenen Staates. Damit soll nicht zuletzt verhindert werden, dass sich der Privatsektor den Risiken und Kosten einer solchen Umschuldung entzieht. Das Ausleihvolumen des ESM beträgt 500 Milliarden Euro. Dafür hat er ein Stammkapital von 700 Milliarden Euro. Dieses setzt sich jetzt nicht mehr nur (wie noch bei der EFSF) aus Garantien der beteiligten Staaten zusammen, sondern auch aus einem eingezahlten Kapitalstock von 80 Milliarden Euro. Für Deutschland bedeutet das eine Bareinzahlung von 22 Milliarden Euro. Der ESM ist eine eigene völkerrechtliche Organisation mit Sitz in Luxemburg. Er wird, wie schon die EFSF, von dem deutschen Volkswirt Klaus Regling geleitet. Mitglieder des ESM sind alle 17 Euro-Staaten. Die Einrichtung des ESM machte eine Änderung im Vertrag von Lissabon notwendig, die im vereinfachten Änderungsverfahren beschlossen wurde (siehe zum Verfahren der Vertragsänderung Kapitel 6.4). Nach einer positiven Entscheidung des Bundesverfassungsgerichts ratifizierte auch die Bundesrepublik am 27. September 2012 den ESM-Vertrag, der damit in Kraft treten konnte.

Zusätzlich zur Errichtung der Rettungsschirme fungiert die Europäische Zentralbank als eine Art „Feuerwehr" in der Staatsschuldenkrise, die bedrohten Euro-Staaten zu Hilfe eilt. Die EZB kaufte in erheblichem Umfang Staatsanleihen am Sekundärmarkt (also Staatsanleihen, die schon im Umlauf sind) von Griechenland und anderen schwachen Euro-Staaten wie Italien und Spanien. Für diese Staatsanleihen fanden sich kaum mehr Käufer. Indem die EZB einsprang, unterstütze sie die Refinanzierung der Staaten, die das Vertrauen der Finanzmärkte verloren hatten. Diese EZB-Strategie stieß auf große Kritik insbesondere deutscher Ökonomen. Andere lobten die EZB als handlungsfähigen Krisenmanager, der rascher reagieren konnte als die europäische Politik (siehe zur EZB Kapitel 4.6).

Jenseits dieser Rettungsmaßnahmen bemühten sich die Europäer, die Wirtschafts- und Währungsunion grundsätzlich in Richtung einer „Fiskalunion" weiterzuentwickeln. Als Fiskalpolitik werden die Maßnahmen eines Staates bezeichnet, mit denen über die Veränderung der öffentlichen Einnahmen und öffentlichen Ausgaben die konjunkturelle Entwicklung gelenkt werden soll. Die Versäumnisse bei der Architektur des Euro, die sich in der Krise gezeigt hatte, sollen über eine stärkere Annäherung und Koordinierung der Wirtschafts- und Fiskalpolitiken behoben werden.

Intensivere Koordinierung der Wirtschaftspolitik

Um ihre Wirtschaftspolitiken künftig besser abzustimmen, einigten sich die Mitgliedstaaten im März 2011 auf den „Euro-Plus-Pakt". Diesem zufolge sollen die Staats- und Regierungschefs nun jährlich gemeinsame Ziele beschließen, die anschließend jedes Land per Strukturreformen selbst umsetzen muss. Die Ziele umfassen die Steigerung der Wettbewerbsfähigkeit, eine Verbesserung der Arbeitsmarktsituation sowie eine Koordinierung und Evaluation bei der Steuerpolitik, bei der Stabilisierung des Finanzsektors und bei der Reform der Sozialsysteme. Der Pakt greift dabei auf die Wachstumsstrategie „Europa 2020" zurück. Allerdings handelt es sich beim Euro-Plus-Punkt nicht um ein verbindliches Abkommen, sondern um eine Form der „weichen" Politikkoordinierung. Der Euro-Plus-Pakt war zunächst nur für die Euro-Staaten konzipiert worden. Um eine weitere Entkopplung der Eurozone vom Rest der EU zu vermeiden, öffnete man ihn dann aber für alle EU-Mitgliedstaaten. Bis auf Großbritannien, Schweden, Tschechien und Ungarn schlossen sich alle an.

Der Euro-Plus-Pakt ergänzt das „Europäische Semester", das schon 2010 auf den Weg gebracht worden war. Dabei handelt es sich um einen Sechsmonatszyklus, der jährlich zum Abschluss kommen soll, bevor die Mitgliedstaaten ihre Haushaltspläne für das nächste Jahr beschließen. Auf Grundlage eines Jahreswachstumsberichts und Beratungen des Europäischen Rates erarbeitet die Kommission hierbei Empfehlungen für jedes einzelne Land. Die nationalen Parlamente sollen diese dann idealerweise berücksichtigen, ohne dass ihre Budgethoheit damit in Frage gestellt wird.

Neben der Haushaltskonsolidierung und verbesserten Koordinierung ihrer Wirtschaftspolitik, bemühen sich die Europäer im Zuge der Krise, die in vielen EU-Staaten in erster Linie eine ganz reale Wirtschaftskrise ist, generell um eine Dynamisierung des Wachstums in Europa. Die „Austeritätspolitik" (also eine Politik der Schuldenbekämpfung, die auf einen ausgeglichenen Haushalt zielt), wie sie insbesondere Deutschland einforderte, wurde damit ergänzt durch eine „Wachstumspolitik". Zu deren Advokaten hatten sich die Südeuropäer und nach dem Regierungswechsel in Paris – im Mai 2012 wurde der Sozialist François Holland zum Präsidenten gewählt

– vor allem auch die Franzosen gemacht. Im Juni 2012 beschlossen die Staats- und Regierungschefs einen „Wachstumspakt" mit einem Volumen von 120 Milliarden Euro. Damit sollen beispielsweise Infrastrukturprojekte angeschoben, die Jugendarbeitslosigkeit bekämpft und kleine und mittlere Unternehmen in Europa besonders gefördert werden.

Auf dem Weg zur Fiskalunion

Die Struktur der Wirtschafts- und Währungsunion beruht derzeit noch auf einer dezentralen einzelstaatlichen Fiskalpolitik innerhalb eines gemeinsamen europäischen Regelungsrahmens. Seit Ausbruch der Euro-Krise wurden aber Schritte unternommen, diesen Regelungsrahmen enger zu ziehen und die Fiskalpolitiken der Mitgliedstaaten auf europäischer Ebene wesentlich intensiver abzustimmen und zu kontrollieren. Die wichtigste Maßnahme hierfür war der „Fiskalpakt" (auch „Fiskalvertrag" genannt), der Ende 2011 beschlossen und am 1. Januar 2013 in Kraft getreten ist.

Der Fiskalvertrag heißt eigentlich „Vertrag über Stabilität, Koordinierung und Steuerung in der Wirtschafts- und Währungsunion" (und wird deshalb manchmal auch als SKS-Vertrag abgekürzt). Darin verpflichten sich 25 EU-Mitgliedstaaten, einheitliche und dauerhaft verbindliche Haushaltsregeln in ihre nationale Rechtsordnung aufzunehmen. Wegen des Widerstandes von Großbritannien und Tschechien ist er nicht Teil des Unionsrechts im engeren Sinne, sondern ein eigenständiger völkerrechtlicher Vertrag. Er soll später in das Unionsrecht überführt werden. Da man auch beim Abbau der Grenzkontrollen durch das Schengener Abkommen so vorgegangen war, wird dieses Modell „Schengen-Modell" genannt.

Der Fiskalvertrag geht über die Vorgaben des Stabilitäts- und Wachstumspaktes hinaus, der sich in der Vergangenheit als wenig robust erwies. Die Vorschriften des Fiskalvertrages sollen Teil des nationalen Rechts der Vertragsparteien werden und damit unmittelbar bindende Wirkung entfalten. Gerade Deutschland, das absolut gesehen die Hauptlast der Rettungsmaßnahmen für die überschuldeten und von der ESFS bzw. dem ESM gestützten Länder trägt, hatte sich für möglichst strenge Regeln zur Haushaltskonsolidierung ausgesprochen.

Infokasten 25: Der Fiskalvertrag

Der Fiskalvertrag (Vertrag über Stabilität, Koordinierung und Steuerung in der Wirtschafts- und Währungsunion) ist ein völkerrechtliches Abkommen zwischen 25 Mitgliedsstaaten der Europäischen Union, das am 1. Januar 2013 in Kraft trat. Seine wichtigsten Inhalte sind:

Schuldenbremse: Die Vertragsparteien verpflichten sich, spätestens ein Jahr nach Inkrafttreten des Vertrages eine Schuldenbremse in ihrem nationalen Recht zu verankern. Demnach soll das strukturelle Staatsdefizit in der Regel 0,5 Prozent des Bruttoinlandsprodukts nicht überschreiten.

- **Klagerecht:** Setzt eine Vertragspartei die Schuldenbremse nur unzureichend in nationales Recht um, so können andere Parteien dagegen vor dem Europäischen Gerichtshof klagen. Kommt die Vertragspartei dem Urteil nicht nach, kann eine Geldstrafe verhängt werden.
- **Sanktionen:** Für Sanktionen gilt eine sogenannte „umgekehrte Mehrheit". Das heißt, Empfehlungen der EU-Kommission zur Bestrafung von Verstößen gegen den Stabilitäts- und Wachstumspakt können nur dann verhindert werden, wenn eine qualifizierte Mehrheit der Euro-Staaten dies ablehnt.
- **Staatsverschuldung:** Liegt die Staatsverschuldung einer Vertragspartei bei über 60 Prozent des Bruttoinlandsprodukts, so ist sie verpflichtet, diese um jährlich ein Zwanzigstel zu verringern.
- **Kontrolle:** Vertragsparteien, die sich in einem Defizitverfahren befinden, müssen ein wirtschafts- und haushaltspolitisches Reformprogramm auflegen. Dessen Umsetzung wird von EU-Kommission und Rat überwacht.

Der Beitritt zum Fiskalpakt ist Voraussetzung dafür, Hilfen aus dem ESM in Anspruch nehmen zu können. Bis auf Großbritannien und Tschechien haben alle EU-Staaten ihren Beitritt entweder bereits vollzogen oder zugesagt.

Bereits vor der Verabschiedung des Fiskalvertrages, hatte man sich auf ein Maßnahmenpaket geeinigt, das unter dem Namen „Sixpack" bekannt ist und das Ende 2011 in Kraft trat. Das „Sixpack" umfasst sechs Rechtsakte, die ein Frühwarnsystem für makroökonomische Ungleichgewichte einrichten und den Stabilitäts- und Wachstumspakt reformieren. Dieser legt nun ein stärkeres Gewicht auf den

Schuldenabbau, verschärft den Sanktionsmechanismus und verpflichtet die Mitgliedstaaten zu höherer Transparenz bei ihren Haushaltsdaten.

Ein weiteres Element der Antwort auf die „Euro-Krise" stellt schließlich die Einrichtung eines Europäischen Finanzaufsichtssystems dar. Es nahm Anfang 2011 seine Arbeit auf. Dazu gehört eine Europäische Bankenaufsicht, eine Europäische Aufsicht für das Versicherungswesen und die Europäische Wertpapieraufsicht. Diese ersetzen aber nicht die nationalen Behörden und haben auch keine direkten Durchgriffsrechte. Vielmehr dienen sie der besseren Verzahnung der nationalen Aufsichtsstrukturen. Auf Initiative Frankreichs beschlossen außerdem einige EU-Staaten, eine Finanztransaktionssteuer einzuführen, um die Finanzmärkte an den Kosten der Krise zu beteiligen und Finanzspekulationen zu erschweren.

Mit all diesen Maßnahmen erreichte die Wirtschafts- und Währungsunion eine neue Stufe. Dies bringt letztlich einen wirklich relevanten Lernprozess unter ökonomischen und politischen Druck zum Ausdruck. Wie so oft in der Geschichte der Europäischen Union gelang ein Integrationsfortschritt erst angesichts akuter Krisen. Doch befindet sich die *economic governance* der EU und der Eurozone weiterhin in einer dynamischen und von unsicheren nationalen, europäischen und internationalen Bedingungsfaktoren bestimmten Entwicklung. In welchem Maße beispielsweise der Fiskalvertrag eine disziplinierende Wirkung auf die Mitgliedstaaten entfaltet, bleibt offen. Grundlegende Probleme, etwa hinsichtlich demokratischer Legitimation und personeller Führungsstruktur, sind nach wie vor ungelöst (siehe dazu die Einführung und Kapitel 9 sowie zur Legitimation auch Kapitel 1.5).

7.4 Die Agrar- und Regionalpolitik der EU

Neben dem Außenhandel sind die Agrarpolitik sowie die Regional- bzw. Strukturpolitik wichtige vergemeinschaftete Politikbereiche in der Wirtschaftspolitik. In beiden Bereichen war lange der Rat das maßgebliche Entscheidungsorgan. Erst mit Inkrafttreten des Vertrages von Lissabon ist das Europäische Parlament bei der Rechtsetzung in diesen Politikfeldern gleichberechtigt.

Die Gemeinsame Agrarpolitik

Die Gemeinsame Agrarpolitik (GAP) zählt zu den ersten Bereichen, in denen sich die Mitgliedstaaten auf eine gemeinsame Politik auf europäischer Ebene verständigt haben. Sie entstand nicht zuletzt vor dem Hintergrund der noch frischen Erinnerung an Hunger und Lebensmittelknappheit nach dem Zweiten Weltkrieg. Schon im EWG-Vertrag wurden die Ziele der GAP fixiert, die im Primärrecht bis heute unverändert geblieben sind: Steigerung der Produktivität der Landwirtschaft, Gewährleistung einer angemessenen Lebenshaltung für die landwirtschaftliche Bevölkerung, Stabilisierung der Märkte, Sicherstellung der Versorgung sowie Belieferung der Verbraucher zu angemessenen Preisen.

Anhand dieser Ziele haben sich im Laufe der Jahre drei Grundprinzipien der Gemeinsamen Agrarpolitik herausgebildet. Nach dem *Marktprinzip* soll ein einheitlicher und freier Markt für Agrarwaren innerhalb der Union bestehen und die Landwirte ihr Einkommen grundsätzlich selbst erwirtschaften. Dieses Prinzip ist allerdings durch ein System von Lenkungsmechanismen eingeschränkt. Das Prinzip der *Gemeinschaftspräferenz* besagt, dass der Binnenmarkt für landwirtschaftliche Erzeugnisse gegenüber den meist billigeren Waren aus Drittländern geschützt werden soll. Schließlich soll das Prinzip der *Gemeinschaftsfinanzierung* der GAP eine finanzielle Solidarität innerhalb der Union gewährleisten. Dazu wurde bereits 1962 der *Europäische Ausrichtungs- und Garantiefonds für Landwirtschaft* (EAGFL) geschaffen.

Als wichtigstes Instrument der GAP haben sich *Gemeinsame Marktordnungen* erwiesen, die eine Abgrenzung des innergemeinschaftlichen Marktes gegenüber dem Weltmarkt und eine Stabilisierung der Preise bewirken. Bei einigen Produkten wie Eiern und Geflügel gewähren die Marktordnungen dabei nur einen Außenschutz, der in der Regel durch Zölle sichergestellt wird. Daneben gibt es Marktordnungen mit Preisstützung, bei denen außerdem eine Preis- und Absatzgarantie gewährt wird. Darunter fallen die wichtigsten Getreidearten, Fleisch, einige Obst- und Gemüsearten, Milcherzeugnisse und Zucker. Bei Zucker und seit 1984 auch bei Milch besteht aber eine Quotenregelung: Die Preisstützung wird dabei nur für eine auf betrieblicher Ebene festgelegte Produktionsmenge gewährt. Für einige wenige Produkte wie etwa Oliven oder Hopfen bestehen schließlich Marktordnungen, die direkte Beihilfen vorsehen.

Die Preisanreize der GAP und die steigende Produktivität der Landwirtschaft führten im Laufe der Zeit zu erheblichen Überschüssen auf den europäischen Agrarmärkten. Die deshalb verstärkt in Anspruch genommenen Interventionsmaßnahmen und Exportsubventionen ließen die Ausgaben für die GAP explodieren. Im Jahre 1970 erreichte der Anteil der Agrarausgaben am Gemeinschaftshaushalt mit fast 90 Prozent einen Höhepunkt. Die staatlichen Abnahmegarantien führten zu „Butterbergen" und „Milchseen". Außerdem wurde der Protektionismus der GAP international zunehmend an den Pranger gestellt. Nachdem Gegenmaßnahmen wie die Einführung der Milchquote keine ausreichende Wirkung erzeugten, begann die Gemeinschaft 1992 mit dem Einstieg in einen grundlegenden Kurswechsel. Im Mittelpunkt der unter der Federführung von Agrarkommissar Ray MacSharry entwickelten Reform stand die Rücknahme der Preisstützung, deren negative Auswirkungen auf die Einkommen der Landwirte durch direkte Zahlungen ausgeglichen werden sollten. Die Landwirte mussten sich außerdem verpflichten, einen Teil ihrer Fläche stillzulegen. Gleichzeitig wurden flankierende Maßnahmen eingeführt, die eine umweltverträgliche Agrarproduktion fördern, eine Aufforstung von landwirtschaftlichen Flächen unterstützen und den Vorruhestand von Landwirten begünstigen sollten. Die im Rahmen der *Agenda 2000* gefassten Beschlüsse vertieften die Ansätze der Reform von 1992 und verstärkten insbesondere die Maßnahmen zur Entwicklung des ländlichen Raumes. Diese wurden gebündelt und als „2. Säule" den als „1. Säule" bezeichneten Maßnahmen zur Markt- und Preisstützung gegenüber gestellt. 2003 wurde schließlich ein erneuter großer Reformschritt vorgenommen. Die entscheidende Neuerung dabei war die Entkopplung der Direktzahlungen von der Produktionsmenge. Die Höhe der Direktzahlungen richtet sich nunmehr nicht mehr nach der aktuellen Produktionsstruktur eines Betriebes, sondern nach den in der Vergangenheit empfangenen Zahlungen. Dadurch sollen die Landwirte in die Lage versetzt werden, ihre Produktionsentscheidungen marktgerechter auszurichten. Die Prämiengewährung für Landwirte ist seither verpflichtend an die Einhaltung gesetzlicher Umweltstandards gebunden („cross compliance"). Ebenfalls beschlossen wurde die „obligatorische Modulation", wonach Direktzahlungen zu Gunsten von Maßnahmen zur ländlichen Entwicklung gekürzt werden. Im Rahmen der Reform der europäischen Agrarpolitik wurde auch beschlossen, die Milchquote spätestens 2015 abzuschaffen.

Zwar konnten die Kosten der GAP durch diese Reformen gesenkt und die Überproduktion reduziert werden, doch die Diskussionen um die Zukunft der GAP dauern an. Bis heute nehmen die Agrarausgaben etwa 40 Prozent des EU-Haushaltes in Beschlag. Bei der politischen Bewertung dieser Kosten ist jedoch zu beachten, dass die Landwirtschaft ein sehr vergemeinschaftetes Politikfeld ist, das fast ausschließlich aus EU-Mitteln finanziert wird. Die europäischen Ausgaben ersetzen somit zum Teil direkte nationale Ausgaben. Eine wichtige und zugleich kontroverse Rolle spielt die Agrarpolitik auch in den Verhandlungen im Rahmen der Welthandelsorganisation (WTO). Gerade die Entwicklungs- und Schwellenländer, aber auch Agrarexporteure wie die Vereinigten Staaten drängen die EU zum Abbau ihrer Agrarsubventionen und zur Senkung ihrer Außenzölle für landwirtschaftliche Produkte.

Die Regionalpolitik der EU

Ähnlich wie die Agrarpolitik stellt die Regionalpolitik, die auch als Strukturpolitik bezeichnet wird, ein wesentliches gemeinschaftliches Politikfeld dar. Etwa ein Drittel des EU-Haushaltes wird hierfür aufgewendet. Ziel der Regionalpolitik ist es, den wirtschaftlichen und sozialen Zusammenhalt – die „Kohäsion" – in der EU zu stärken. Dabei sollen Wachstum und Beschäftigung vor allem in den weniger entwickelten Regionen gefördert werden. Schon in der Präambel des EWG-Vertrages bekräftigten die Unterzeichnerstaaten ihren Willen, „ihre Volkswirtschaften zu einigen und deren harmonische Entwicklung zu fördern, indem sie den Abstand zwischen einzelnen Gebieten und den Rückstand weniger begünstigter Gebiete verringern." Als Begründung für die Regionalpolitik dient außerdem die Beobachtung, dass die wirtschaftliche Dynamik, die durch den Integrationsprozess ausgelöst wird, die Regionen in unterschiedlichem Maße erfasst. Deshalb sollte Unterstützung für die Arbeitnehmer in besonders negativ betroffenen Wirtschaftsbereichen bereitgestellt und die strukturelle Entwicklung benachteiligter Regionen gefördert werden.

Kernelement der Regionalpolitik sind die Struktur- und Kohäsionsfonds. Mit dem *Europäischen Fonds für regionale Entwicklung* (EFRE) und dem *Europäischen Sozialfonds* (ESF) gibt es zwei Strukturfonds. Während mit dem EFRE die Schaffung von Infrastrukturen sowie produktive, beschäftigungswirksame Investitionen insbesondere zu Gunsten von Unternehmen unterstützt werden, fördert der ESF gezielt die berufliche Eingliederung von Arbeitslosen und benachteiligten Bevölkerungsgruppen, indem er etwa Ausbildungsmaßnahmen finanziert. Die Strukturfonds funktionieren dabei nach dem *Prinzip der Kofinanzierung*: Zur Finanzierung der geförderten Projekte müssen stets öffentliche Mittel des betreffenden Landes beigesteuert werden. Außerdem ist das *Additionalitätsprinzip* zu beachten. Danach hat die EU-Regionalförderung zusätzlich zu den nationalen Maßnahmen zu erfolgen und darf diese nicht ersetzten. Zusätzlich zu den Strukturfonds hat die EU 1994 einen Kohäsionsfonds errichtet, um die wirtschaftliche, soziale und territoriale Konvergenz zu beschleunigen. Er ist für diejenigen Länder bestimmt, deren Bruttoinlandsprodukt pro-Kopf weniger als 90 Prozent des Gemeinschaftsdurchschnitts beträgt. Vom Kohäsionsfonds, aus dem Finanzierungsmittel für Infrastrukturvorhaben in den Bereichen Umwelt und Verkehr gewährt werden, profitieren heute neben den seit 2004 beigetretenen Staaten noch Griechenland, Portugal und Spanien, für das eine Übergangsregelung gefunden wurde. Insgesamt hat die EU in der Förderperiode 2007-2013 fast 350 Milliarden Euro für die Regionalpolitik zur Verfügung gestellt. Für die Bundesrepublik sind davon etwa 25 Milliarden Euro vorgesehen, mit denen größtenteils Projekte in den neuen Bundesländern finanziert werden.

Literatur

Busch, Berthold, 2009: Der EU-Binnenmarkt. Anspruch und Wirklichkeit, Deutscher Instituts-Verlag, Köln.

Cini, Michelle/Perez-Solorzano Borragan, Nieves (Hg), 2013: European Union Politics, Oxford University Press, New York.

Harold, James, 2012: Making the European Monetary Union, Harvard University Press, Cambridge.

Heinelt, Hubert/Knodt, Michele (Hg.), 2008: Politikfelder im EU-Mehrebenensystem. Instrumente und Strategien europäischen Regierens, Nomos Verlag, Baden-Baden.

Weidenfeld, Werner (Hg.), 2008: Die Europäische Union. Politisches System und Politikbereiche, 5. Aufl., Bundeszentrale für politische Bildung, Bonn (darin Teil III).

Sinn, Hans-Werner, 2012: Die Target-Falle – Gefahren für unser Geld und unsere Kinder, Carl Hanser Verlag, München.

Welfens, Paul, 2012: Die Zukunft des Euro. Die europäische Staatsschuldenkrise und ihre Überwindung. Nicolai Verlag, Berlin.

8. Die Europäische Union als internationaler Akteur

Während in vielen Bereichen der internen Politiken die Mitgliedstaaten weitreichende Kompetenzen an die europäische Ebene abgegeben haben (siehe Kapitel 7), ist die Integrationsdynamik in Fragen der auswärtigen Beziehungen zögerlicher. Zwar hat die Europäische Union in der gegenwärtigen strategischen Ausgangslage das Potenzial, sich zu einem kraftvollen internationalen Akteur zu entwickeln (Kapitel 8.1). Doch Fragen der Außen- und Sicherheitspolitik gehören traditionell zum Kern staatlicher Souveränität, den viele Mitgliedstaaten nicht aufgeben wollen. Diese Vorbehalte zu berücksichtigen und zugleich nach außen ein kohärentes Handeln sicherzustellen, ist eine der großen Herausforderungen der europäischen Integration (siehe zu den künftigen Herausforderungen für die EU auch Kapitel 9.1).

Die Außenpolitik der Union lässt sich in zwei Bereiche unterteilen, die sowohl institutionell als auch in der außenpolitischen Praxis oftmals verschränkt sind: Zum einem gibt es die außenpolitische Dimension der supranationalen „ersten Säule", deren Kern der Binnenmarkt ist. Dabei handelt es sich in erster Linie um die Außenhandels- und die Entwicklungspolitik (Kapitel 8.2). Die Gemeinsame Außen- und Sicherheitspolitik (GASP), einschließlich der Gemeinsamen Sicherheits- und Verteidigungspolitik (GSVP), bildet hingegen die intergouvernementale „zweite Säule" (Kapitel 8.3). Auch wenn der Vertrag von Lissabon die mit dem Vertrag von Maastricht eingeführte Säulenstruktur der EU formal überwindet, bleibt diese Zweiteilung im Bereich der Außenpolitik faktisch weiter bestehen. Im letzten Teil dieses Kapitels werden die Außenbeziehungen der EU in der Praxis zu ihrer Nachbarschaft (Kapitel 8.4) und zu ihrem traditionell wichtigsten Partner, den Vereinigten Staaten (Kapitel 8.5), skizziert.

8.1 Die strategische Ausgangslage

Die oft bemühte Formel von der EU als „ökonomischem Riesen und politischen Zwerg" spiegelt die Tatsache wider, dass die erfolgreiche wirtschaftliche Integration sich lange nicht in eine ebenso erfolgreiche außenpolitische Integration übersetzen konnte. Mit der Vollendung des Binnenmarktes und dem Beschluss über die gemeinsame

Währung wuchsen Anfang der 90er Jahre nochmals die Erwartungen an die EU, auch in der Außenpolitik zu einem international wirkungsvollen Akteur zu werden. Seit dem Ende des Ost-West-Konfliktes hat die Europäische Union ihren Anspruch auf Mitgestaltung der Weltpolitik nicht nur rhetorisch bekräftigt, sondern sich auch ein außen- und sicherheitspolitisches Instrumentarium geschaffen, das sukzessive ausgebaut wird. Wenn Europa aber ein erstzunehmender Akteur auf der Weltbühne werden soll, braucht es künftig mehr strategisches Denken und vor allem den echten und dauerhaften politischen Willen der Mitgliedstaaten, gemeinsam zu handeln.

Dieser Wille könnte aus der Krise entstehen. Krisen eröffnen Wege zu Erkenntnissen. Das weltweite Debakel der Finanzen, das im Herbst 2008 in den USA seinen Anfang nahm, und die folgende weltweite Wirtschaftskrise haben die großen Abhängigkeiten der kleinen Welt anschaulich gemacht. Die Symbiose von Lokalem und Globalem wurde zu einer dramatisch erfahrbaren Wirklichkeit. Die Nationalstaaten sind für die Herausforderungen unserer Epoche zu klein geworden. Wie sollen sie Klima schützen, Sicherheit garantieren, wirtschaftliche Wohlfahrt bieten – wo doch alle Problemnetze international gewoben sind? Dabei ist zu beachten, dass sich eine neue Konstellation in der internationalen Politik herauskristallisiert. Der unipolare Moment der Vereinigten Staaten geht vorüber. Mit dem Aufstieg Chinas und Indiens gewinnt die künftige multipolare Weltordnung an Kontur. In dieser Situation stellen sich zwei zentrale Herausforderungen: Zum einen muss eine neue Balance zwischen alten und neuen Großmächten austariert werden. Parallel dazu muss eine nie da gewesene Komplexität der Interdependenz, die sich von Welthandel und Weltfinanzen über Energie und Klimawandel bis hin zu Massenvernichtungswaffen und Staatsversagen spannt, konstruktiv bewältigt werden.

Europa hat keine Wahl: Es muss sich diesen Herausforderungen stellen. Ansonsten droht dem alten Kontinent erneut die Gefahr einer schleichenden Marginalisierung. Europa darf aber nicht nur reaktiv sein. Die Europäische Union hat das Potenzial, die Regeln der neuen ökonomischen und politischen Weltordnung nach ihren Vorstellungen mit zu entwickeln. Die EU erwirtschaftet heute rund 35 Prozent der Weltproduktion und ist der weltgrößte Exporteur von Waren. Mit einem Anteil am Welthandel von über 17 Prozent ist sie zudem die stärkste Handelsmacht der Welt. Zählt man den internen Handel zwischen den EU-Staaten hinzu steigt dieser Anteil auf über 25 Prozent. Ihre Bevölkerung ist mit fast 500 Millionen Einwohnern größer als die der USA und Russland zusammen. Europa verfügt über den höchsten Anteil bestens ausgebildeter Personen, die Forschung gehört zur Weltspitze. Dass der integrierte Kontinent – wenn er den politischen Willen dazu aufbringt – bei den immensen Anforderungen der Weltpolitik durchaus mithalten kann, hat nicht zuletzt der Erfolg des Euro gezeigt (siehe dazu Kapitel 7.2). Nicht erst seit 1989 ist das integrierte Europa eine Weltmacht im Werden. Die EU bündelt materielle und institutionelle Ressourcen in höherem Maße als die meisten Staaten der Welt. Ihre Schwäche liegt jedoch in der Lücke zwischen Potenzial und politischer Infrastruktur, in der wirksamen Bündelung der politischen Energien und im fehlenden Denken in weltpolitischen Kategorien.

Tabelle 6: Fakten zum weltpolitischen Potenzial der EU

	Bevölkerung (in Millionen) und Anteil an Weltbevölkerung *	Export (in Mrd. US-Dollar) und Anteil am Welthandel **	Bruttoinlandsprodukt (in Mio. US-Dollar) ***	Militärausgaben (in Mrd. US-Dollar) und Anteil des BIP ****
EU 27	501 (7,3%)	2133 (14,9%)	17.545,9	270,6 (1,5%)
China	1341 (19,4%)	1898 (13,2%)	7.062,8	143,0 (2,0%)
Indien	1225 (17,8%)	305 (2,1%)	1.944,1	48,9 (2,6%)
USA	310 (4,5%)	1480 (10,3%)	15.120,7	711,0 (4,7%)
Russland	143 (2,1%)	522 (3,6%)	1.841,1	71,9 (3,9%)
Japan	127 (1,8%)	823 (4,5%)	5.832,2	59,3 (1,0%)

Quellen:
*   Eurostat Jahrbuch 2012 (Zahlen für 2010)
**   World Trade Organization: International Trade Statistics 2012 (Zahlen für 2011)
***   United Nations, UNCTAD Handbook of Statistics 2012 (Zahlen für 2011, Schätzung)
****   SIPRI Yearbook 2012 (Zahlen für 2011)

Ein weithin sichtbares Beispiel für die Uneinigkeit der Europäer in der Außenpolitik war der Irakkrieg 2003. Dieser hatte einen nachhaltigen innereuropäischen Riss zur Folge, dem der damalige amerikanische Verteidigungsminister Donald Rumsfeld mit seiner süffisanten Einteilung in ein „neues" und „altes" Europa einen bleibenden Namen gab.

Die Defizite in der gemeinsamen Außenpolitik sind auch deshalb so gravierend, da Europa zu den störanfälligsten Akteuren in der Weltpolitik gehört. Seine wirtschaftlichen und politischen Interessen reichen deutlich über den eigenen Gestaltungsrahmen hinaus. Europa

ist durch Krisen und Konflikte etwa in der Rohstoff- und Energieversorgung (die EU ist der größte Importeur und zweitgrößte Verbraucher von Energie) unmittelbar betroffen. Geopolitisch gesehen liegt
Europa in sensibler und unruhiger Nachbarschaft, deren Politik und
Entwicklung zugleich besondere Interessen der anderen heutigen und
potenziellen Weltmächte berührt. Sicherheitspolitisch sieht sich Europa den Bedrohungen sehr unterschiedlicher und oft nur schwer
kalkulierbarer Akteure ausgesetzt – angefangen von terroristischen
Netzwerken wie Al-Kaida bis hin zu somalischen Piraten. Angesichts
dieses erheblichen Problemdrucks muss sich die Europäische Union
stärker als bisher als weltpolitischer Akteur begreifen. Dabei stärkt
die Idee eines differenzierten Europas im Bereich Sicherheits- und
Verteidigungspolitik die internationale Handlungsfähigkeit der EU.
Der Vertrag von Lissabon ebnet hierfür potenziell den Weg, und
Europa wird gut beraten sein, beizeiten diesen Weg zu gehen (zur
Strategie der differenzierten Integration siehe auch Kapitel 1.4).

8.2 Außenwirtschafts- und Entwicklungspolitik

Jahrzehntelang feierte das europäische Integrationsprojekt überwiegend mit ökonomischen Themen Erfolge. Die Entstehung eines wirtschaftlich integrierten Europas besaß dabei aber immer auch eine
außenpolitische Komponente. Von Anfang an bestand das Ziel, den
Gemeinsamen Markt durch eine Gemeinsame Handelspolitik außen-
wirtschaftlich abzusichern. Bereits im EWG-Vertrag (1957) traten die
Mitgliedstaaten umfangreiche Kompetenzen zur einheitlichen Gestaltung der Außenwirtschaftsbeziehungen an die Gemeinschaft ab.
Seit 1970 ist die Handelspolitik vollständig integriert. So werden
beispielsweise die Verhandlungen im Rahmen des Welthandelsre-
gimes (GATT bzw. seit 1995 WTO) von der EU-Kommission geführt,
wobei ihr der Rat über die Erteilung eines „Verhandlungsmandats"
einen engen Spielraum setzen kann. Zur Handelspolitik gehören alle
die Einfuhr und Ausfuhr von Waren betreffenden vertraglichen Vereinbarungen der EU mit Drittstaaten oder Drittstaatengruppen wie
etwa dem südamerikanischen Mercosur. Daneben kann die EU so
genannte „autonome" außenwirtschaftliche Maßnahmen ergreifen.
Dazu zählen Schutzmaßnahmen gegen Dumping, subventionierte
Importe und unerlaubte Handelspraktiken sowie politisch motivierte
Handelssanktionen (Kontingente und Embargos). Bei diesen Sanktionen, wie sie derzeit etwa gegen Syrien und Iran bestehen, zeigt sich

die Verknüpfung von Außenwirtschafts- und Außenpolitik auf besondere Weise. Sie werden nach einer entsprechenden Entscheidung im Rahmen der GASP auf Vorschlag der Kommission vom Rat mit qualifizierter Mehrheit beschlossen.

Die Idee der wirtschaftlichen Liberalisierung und Kooperation, die für das europäische Binnenverhältnis kennzeichnend ist, wird von der EU auch nach außen vertreten. Die EU setzt sich traditionell für einen freien Welthandel ein, wobei die Agrarpolitik eine umstrittene Ausnahme darstellt (siehe ausführlich zur Agrarpolitik Kapitel 7.3). Aufgrund ihrer weltweiten wirtschaftlichen Verflechtungen ist die EU in ganz erheblichem Maße auf freie Güter- und Dienstleistungsmärkte sowie die Mobilität von Kapital angewiesen. Ein wesentliches Ziel europäischer Außenpolitik ist es daher, neben einer Senkung von Zöllen und dem Abbau von Kapitalkontrollen, den politischen Rahmen aufrechtzuerhalten bzw. auszubauen, der notwendig ist, um offene Grenzen und funktionierende Märkte sicherzustellen. Um diese Zielsetzung zu verwirklichen, verfolgt die EU in der Regel einen kooperativen Ansatz. Dabei sollen gemeinsam mit wichtigen Partnerländern und internationalen Institutionen Regeln und Prozeduren für die Weiterentwicklung der weltweiten Handels- und Finanzregimes sowie für die friedliche Beilegung von Streitfragen geschaffen werden.

Neben den Außenwirtschaftsbeziehungen ist die damit verbundene Entwicklungspolitik zu einem wichtigen Tätigkeitsfeld europäischer Politik geworden. Diese soll allerdings die Entwicklungspolitik der Mitgliedstaaten ergänzen und nicht ersetzen. Eine besondere Stellung nimmt dabei die Zusammenarbeit mit 78 Staaten Afrikas, der Karibik und des Pazifiks („AKP-Staaten") ein. Bereits im Rahmen der EWG-Verträge hatte die Europäische Gemeinschaft Entwicklungshilfe für ehemalige Kolonien der Mitgliedstaaten geleistet. In der Folge wurden diese Maßnahmen durch die Partnerschaftsabkommen von Jaunde (1963), Lomé (1975, 1980, 1985, 1990) und Contonou (2000) weiterentwickelt, die von der Union mit den AKP-Staaten abgeschlossen wurden (rechtlich gesehen wurden bis zum Vertrag von Lissabon internationale Abkommen nicht von der EU, sondern von der EG, also der ersten Säule, abgeschlossen). Neben wirtschaftlichen und technischen Hilfeleistungen spielt dabei die Gewährung einseitiger Handelspräferenzen eine zentrale Rolle, die Importe aus den AKP-Staaten in die Europäische Union erleichtern. Mit der „Alles außer Waffen"-Initiative wurde außerdem eine Sonderregelung geschaffen, die seit 2001 (mit Übergangsregeln) völlige Zollfreiheit ohne quantitative Beschränkungen für alle Ausfuhren außer Waffen aus den 50 am wenigsten entwickelten Ländern gewährt.

Im Verlauf der 1990er Jahre wurde die klassische Entwicklungshilfe zunächst um die Förderung von Demokratie und Menschenrechten ergänzt. In Anbetracht fortgesetzten staatlichen Zerfalls in Afrika, der auch vermeintliche Musterländer wie Ruanda erfasste, wurde jedoch bald auch die sicherheitspolitische Relevanz von Entwicklungszusammenarbeit thematisiert. Die EU-Strategie ist seitdem grundsätzlich auf die Schaffung „struktureller Stabilität" in Entwicklungsländern ausgerichtet. Mit dieser Zielsetzung leistet die EU Hilfe bei politischen und rechtsstaatlichen Reformen, die die Funktionsfähigkeit der vorhandenen Institutionen erhöhen sollen. Die unterstützten Länder sollen so in die Lage versetzt werden, ihre Probleme selbstständig zu lösen. Gefördert werden zudem ökologische, soziale und ökonomische Maßnahmen, die einer nachhaltigen Entwicklung zuträglich sind. Europäische Entwicklungspolitik ist damit wesentlich breiter angelegt als dies zuvor der Fall war. Sie befindet sich an der Schnittstelle von außenwirtschaftlichem und sicherheitspolitischem Interesse sowie normativen politischen Grundhaltungen.

8.3 GASP und GSVP

Während der Bereich der Außenwirtschaftspolitik also schon früh integriert wurde, konnten Überlegungen zur außen- oder gar verteidigungspolitischen Integration lange Zeit keine Zustimmung finden. Angesichts der Bedrohung durch die Sowjetunion orientierten sich die Mitglieder der Europäischen Gemeinschaft in ihren sicherheitspolitischen Ansätzen in erster Linie an den Vereinigten Staaten und am nordatlantischen Verteidigungsbündnis, der NATO. Gleichwohl hatten sich die EG-Staaten 1970 mit der Europäischen Politischen Zusammenarbeit (EPZ) ein intergouvernementales Forum geschaffen, um außenpolitische Fragen zu erörtern und – wenn möglich – gemeinsame Positionen zu finden. Als sich die geopolitischen Bedingungen in Europa durch das Ende der Ost-West-Konfrontation wandelten und das europäische Integrationsprojekt in Form der Europäischen Union eine politische Ausgestaltung erhielt, wurde die EPZ zur GASP weiterentwickelt. Der Vertrag von Maastricht, der 1993 in Kraft trat, etablierte die Gemeinsame Außen- und Sicherheitspolitik (GASP) als zweite Säule der EU. Die rudimentären Strukturen und Prozesse, die dabei geschaffen wurden, erwiesen sich freilich als unzureichend zur Handhabe der sich stellenden Herausforderungen. Der Zerfall der Bundesrepublik Jugoslawien und die sich anschließenden blutigen Bürgerkriege auf dem Balkan zeigten schnell die Grenzen der GASP auf. Die EU und ihre Mitgliedstaaten waren weder politisch und noch weniger militärisch in der Lage, den Entwicklungen in ihrer unmittelbaren Nachbarschaft Einhalt zu gebieten.

Angetrieben von Ereignissen der Weltpolitik befindet sich die außenpolitische Komponente der EU seit Mitte der 1990er Jahre in einem kontinuierlichen Prozess der institutionellen und konzeptionellen Weiterentwicklung. Der Vertrag von Amsterdam, der 1999 in Kraft trat, schuf den Posten eines Hohen Vertreters für die Gemeinsame Außen- und Sicherheitspolitik, der vom ehemaligen NATO-Generalsekretär Javier Solana aus Spanien bekleidet wurde. Mit dem Inkrafttreten des Vertrages von Lissabon Ende 2009 wurde dieses Amt erheblich aufgewertet. Seither wird es von der britischen Labour-Politikerin Catherine Ashton ausgeübt (siehe zur Position des Hohen Vertreters Infokasten 18; zu den Entscheidungsverfahren in der GASP nach dem Vertrag von Lissabon siehe Kapitel 6.4).

Entscheidend für die Entwicklung einer Europäischen Sicherheits- und Verteidigungspolitik (ESVP) war ein bilateraler Gipfel zwischen Frankreich und Großbritannien auf St. Malo im Dezember 1998. Dort einigten sich die beiden größten europäischen Militärmächte auf eine Initiative, die EU mit einer militärischen Komponente auszustatten. Ausschlaggebend für den Vorstoß waren insbesondere der Eindruck der Abhängigkeit der Europäer von den USA im Zuge der Bürgerkriege auf dem Balkan und die Regierungsübernahme von Tony Blair. Der Europäische Rat nahm den französisch-britischen Vorschlag bei seinen Tagungen in Köln und Helsinki 1999 auf. Mit dem Vertrag von Nizza, der 2003 in Kraft trat, wurde die ESVP dann auch formal zur militärischen Dimension der GASP. Der Vertrag von Lissabon führte zu einer Umbenennung der ESVP in Gemeinsame Sicherheits- und Verteidigungspolitik (GSVP).

An der Umsetzung der ESVP wird schon seit Ende 1999 gearbeitet. Dazu werden die entsprechenden institutionellen Strukturen geschaffen und die Mitgliedstaaten verpflichten sich auf die Bereitstellung der notwendigen militärischen Kapazitäten. Da sich erhebliche Schwierigkeiten abzeichneten, die selbstgesteckten Ziele bezüglich Truppenstärke und Einsatzfähigkeit („Headline Goals") zu erreichen, wurde zur besseren Koordinierung der Rüstungsbemühungen eine Europäische Verteidigungsagentur eingerichtet. Ein bedeutender Fortschritt war 2003 die „Berlin-plus-Lösung", die es der EU erlaubt, gegebenenfalls auf Nato-Mittel zurückzugreifen. Auch wenn in der ESVP bzw. GSVP bis heute

Defizite zu verzeichnen sind, hat die EU ihre sicherheitspolitische bzw. militärische Handlungsfähigkeit bereits unter Beweis stellen können. Insbesondere auf dem Balkan und in Afrika wurden Missionen zur Konfliktbewältigung und Friedenssicherung durchgeführt.

Tabelle 7: Die wichtigsten ESVP-Missionen

Mazedonien (EU Militäroperation – CONCORDIA)
- Militärmission von März bis Dezember 2003
- Stabilisierung der Sicherheitslage in Mazedonien und Überwachung der Umsetzung des Friedensabkommens von Ohrid
- 350 Soldaten

Kongo (EU Militärmission – DRC/ARTEMIS)
- Militärmission von Juni bis September 2003
- Stabilisierung der Sicherheitslage in der Provinz Ituri sowie Verbesserung der humanitären Situation
- 1 800 Soldaten

Bosnien und Herzegowina (EUFOR – Althea)
- seit Dezember 2004 laufende militärische Mission, Übernahme der NATO-Mission
- Unterstützung der Umsetzung des Dayton-Abkommens
- 6 200 Soldaten aus insgesamt 24 Mitgliedstaaten der EU

Kongo (EU Militärmission zur Absicherung der Wahlen – EUFOR RD Congo)
- Militärmission von Juli bis November 2006
- Unterstützung der UN zur Absicherung des demokratischen Verlaufs der Wahlen im Kongo
- 1 700 Soldaten

Tschad (EU Militärmission – EUFOR Tchad/RCA)
- seit Januar 2008 laufende Militärmission
- Stabilisierung der Sicherheitslage, Schutz von Zivilisten und Flüchtlingen, Sicherung der humanitären Versorgung
- ca. 3 000 Soldaten

Kosovo (Polizei- und Justizmission der Europäischen Union – EU-LEX)
- seit Februar 2008 laufende Zivilmission
- Unterstützung beim Aufbau einer stabilen rechtsstaatlichen Struktur im Kosovo, insbesondere eines Justiz- und Verwaltungssystems
- 1 900 Polizisten, Richter, Staatsanwälte und Zollbeamte

Somalia (EU NAVFOR Somalia/Operation Atalanta)
- seit Dezember 2008
- Gewährung von Schutz für die Schiffe des Welternährungsprogramms und für zivile Schiffe, Überwachung der Gebiete vor der Küste Somalias, Bekämpfung von Piraterie
- sechs Schiffe, drei Aufklärungsflugzeuge und Bordschutzkräfte

Mali (Ausbildungsmission für die malische Armee – EUTM)
- Seit Februar 2013
- Ausbildung und Beratung der malischen Armee, um sie im Kampf gegen Islamisten zu stärken
- 450 Soldaten

Quelle: Tabelle adaptiert aus *Rummel, Reinhardt*, 2009: Europäische Union: Vielfalt als sicherheitspolitische Machtressource, in: *Ferdowsi, Mir A.* (Hg.): Internationale Politik als Überlebensstrategie, Bayerische Landeszentrale für politische Bildungsarbeit, München, 389-426, S. 407-409.

Zu Beginn des neuen Jahrtausends und in Reaktion auf die Anschläge des 11. September 2001 samt den folgenden Verwerfungen in den internationalen Beziehungen entwickelte die EU das konzeptionelle Fundament ihres außenpolitischen Handelns weiter. Mit der *Europäischen Sicherheitsstrategie* (ESS) aus dem Jahr 2003 verfügt die EU erstmals über ein Referenzdokument zur sicherheitspolitischen Ausrichtung ihrer Außenpolitik. Proliferation von Massenvernichtungswaffen, Staatszerfall, Organisierte Kriminalität, Terrorismus und regionale Konflikte werden in der ESS als die fünf Hauptbedrohungsszenarien für die EU bezeichnet. Peripher erwähnt werden zudem ökologische Probleme, Migration sowie die Sicherstellung der Energiesicherheit Europas. Vor allem diese letztgenannte Frage erfuhr seitens der Mitgliedstaaten und der Kommission seither verstärkte Aufmerksamkeit. In einem Zusatzdokument vom Dezember 2008 wurde die Energiesicherheit nochmals besonders hervorgehoben und außerdem neue Herausforderungen wie der Klimawandel aufgenommen.

Die europäische Außenpolitik hat sich seit dem Vertrag von Maastricht konzeptionell und institutionell erheblich fortentwickelt. In einer globalisierten Welt ist die EU ein globaler Akteur mit regionalen Handlungsschwerpunkten. Vor allem auf dem Balkan und in Afrika ist die EU auch militärisch engagiert. Doch viele der Maßnahmen stehen bisher unverbunden nebeneinander, ohne ein schlüssiges Gesamtbild zu vermitteln. Auch eine konzeptionelle Verzahnung innerer und äußerer Sicherheit fehlt.

Im Vertrag von Lissabon mühte man sich, die verschiedenen Dimensionen des auswärtigen Handelns der EU besser zu verknüpfen. Der Vertrag brachte hierfür zwei zentrale institutionelle Neuerungen. Erstens wurden die bisherigen Positionen des EU-Außenkommissars und des EU-Außenbeauftragten zusammengeführt. Das damit geschaffene Amt, das offiziell unter der Bezeichnung „Hoher Vertreter der Union für Außen- und Sicherheitspolitik" firmiert, wird seit dem 1. Dezember 2009 von Catherin Ashton ausgeübt (siehe dazu den Infokasten 18).

Zweitens begann auf der Grundlage des Vertrages von Lissabon der Aufbau eines Europäischen Auswärtigen Dienstes (EAD), der die Hohe Vertreterin unterstützen soll (englische Bezeichnung: *European External Action Service* bzw. EEAS). Am 1. Dezember 2010 nahm er offiziell seine Arbeit auf. Der EAD, der von der Hohen Vertreterin geleitet wird, ist ein funktional eigenständiges EU-Organ. Er umfasst die Zentrale in Brüssel und die rund 140 EU-Delegationen in aller Welt. Ein Drittel der Diplomaten des EAD soll aus den Außenministerien der Mitgliedstaaten kommen und von diesen temporär abgeordnet werden. Davon erhofft man sich eine engere Verzahnung der mitgliedstaatlichen Außenpolitik mit der Außenpolitik auf EU-Ebene.

Ungeachtet dieser Neuerungen durch den Vertrag von Lissabon ist die Gemeinsame Außen- und Sicherheitspolitik in den letzten Jahren in der Praxis nicht weit vorangekommen. Catherine Ashton, der es bisher kaum gelang, ein eigenständiges Profil zu entwickeln, ist dafür oft kritisiert worden. Grundlegender aber ist, dass die Mitgliedstaaten vielfach nicht bereit sind, ihre spezifischen nationalen Interessen und außenpolitischen Traditionen einem gemeinsamen europäischen Handeln unterzuordnen. Dies trifft besonders auf „harte" Fälle zu, wie die Libyen-Krise des Jahres 2011 veranschaulicht. So sprachen sich Frankreich und Großbritannien für militärische Maßnahmen gegen das Gaddafi-Regime aus, als dieses brutal gegen die Protest- und Aufstandsbewegung in Libyen vorging. Deutschland hingegen enthielt sich im UN-Sicherheitsrat bei der Abstimmung am 17. März 2011 zur Resolution 1973, die eine humanitäre Intervention zum Schutz der Zivilbevölkerung legitimierte. Berlin leistete dann auch keinen nennenswerten Beitrag zu der Intervention, deren Kommando die Nato übernahm. Die Rolle der Europäischen Union blieb in diesem Konflikt in ihrer unmittelbaren Nachbarschaft im Wesentlichen auf humanitäre Maßnahmen begrenzt. Ihrem eigenen Anspruch, zu einem sicherheitspolitischen Akteur zu werden, konnte die EU damit nicht gerecht werden.

8.4 Die Außenbeziehungen der EU zu ihrer Nachbarschaft

Ein zentrales Instrument in der Außenpolitik der EU zu ihren Nachbarn stellte lange die Beitrittsperspektive dar. Die für viele Staaten verlockende Aussicht, der prosperierenden Integrationsgemeinschaft beizutreten, stattete die EU mit erheblicher Verhandlungsmacht aus. Zwar spielt die Möglichkeit eines EU-Beitritts vor allem in den Beziehungen zur Türkei und zu den Staaten des westlichen Balkans weiterhin eine wichtige Rolle. Die Einsatzfähigkeit dieses außenpolitischen Mittels hat sich mit der großen Erweiterungsrunde 2004/2007 und angesichts der zunehmenden Zurückhaltung in der EU für weitere Erweiterungen allerdings reduziert. Der Kreis potenzieller Neumitglieder ist seither begrenzt (siehe auch Kapitel 1.3 zu den Erweiterungen der Union).

Die EU hat deshalb ihre Bemühungen verstärkt, eine spezifische Politik auch mit den Nachbarstaaten zu entwickeln, die über keine bzw. zumindest keine unmittelbare Beitrittsperspektive verfügen. 2004 wurde dazu die Europäische Nachbarschaftspolitik (ENP) ins Leben gerufen. Mit der ENP, die sowohl auf die südlichen wie östlichen Nachbarn ausgerichtet ist, wird das Ziel verfolgt, in der Nachbarschaft der EU Stabilität, Sicherheit, Wohlstand und eine bessere Regierungsführung zu fördern. Dazu werden bilaterale Aktionspläne und Assoziierungs- und Freihandelsabkommen zwischen der EU und den Zielländern ausgehandelt. Der Kernanreiz für die ENP-Länder soll dabei die Einbeziehung in die EU-Wirtschaft bis hin zur Integration in den Binnenmarkt sein. Auch wenn die ENP die Frage einer späteren Vollmitgliedschaft formal offen lässt, wird sie von einigen Zielländern als Alternative zur Erweiterungspolitik interpretiert und stößt diesbezüglich auf Kritik. Explizit als Teil der ENP schlugen Schweden und Polen im Jahre 2008 eine „Östliche Partnerschaft" zwischen der EU und Armenien, Aserbeidschan, Georgien, Moldau, der Ukraine und Weißrussland vor. Im Mai 2009 wurde die „Östliche Partnerschaft" unter tschechischer Ratspräsidentschaft begründet. Zur Finanzierung der ENP stellte die EU von 2007 bis 2010 rund 5,6 Milliarden Euro zur Verfügung, wobei 58 Prozent der Mittel für den Süden und den 25 Prozent für den Osten vorgesehen waren (die verbleibenden Mittel gingen in interregionale bzw. grenzübergreifende Programme).

Eine besondere Beziehung pflegt die EU zu Russland, das von Anfang klar gestellt hatte, nicht in die ENP einbezogen werden zu wollen und einen besonderen Status einforderte. Das Verhältnis der EU zu Russland ist von großer Interdependenz gekennzeichnet. Auf der einen Seite besteht eine Abhängigkeit der Europäer von Energielieferungen aus Russland. So kommen etwa 40 Prozent der Erdgasimporte der EU aus Russland. Dies entspricht aber gleichzeitig zwei Dritteln der gesamten Gasexporte der Russischen Föderation. Die Abhängigkeit ist also gegenseitig: ein Wegbrechen des europäischen Marktes für den Export würde die russische Wirtschaft auf Dauer nicht verkraften. Auch jenseits der Energielieferungen ist die EU für Russland der mit Abstand wichtigste Handelspartner. Schon seit 1997 besteht zwischen der Europäischen Union und Russland ein Partnerschafts- und Kooperationsabkommen, das den institutionellen Rahmen für die bilateralen Beziehungen und gemeinsame Ziele festlegt. Dazu zählen eine Verbesserung der Handelsbeziehungen, Kooperation in Forschung und Wissenschaft, Verbrechensbekämpfung sowie ein politischer Dialog über internationale Fragen, Demokratie und Menschenrechte. Selbst wenn Europäer und Russen stets die Bedeutung ihrer „strategischen Partnerschaft" betonen, so treten immer wieder mitunter erhebliche Spannungen auf. Dazu zählen beispielsweise die „Gaskriege" Russlands mit der Ukraine und Weißrusslands, die sich auch auf die Energieversorgung von EU-Mitgliedstaaten auswirkten und die EU an der Verlässlichkeit Russlands als Handelspartner zweifeln ließen. Dass die EU den Kontakt zu den Ländern Osteuropas und Zentralasiens auszubauen sucht, wird in Moskau außerdem als Eingriff in die traditionelle russische Einflusssphäre gedeutet und stößt auf entsprechenden Widerspruch.

Mit der Frage, wie mit den Nachbarn ohne Beitrittsperspektive umzugehen ist, sieht sich die EU auch an ihrer Südgrenze konfrontiert. Als die EU den Staaten Mittel- und Osteuropas nach dem Ende des Ost-West-Konflikts eine Vollmitgliedschaft in Aussicht stellte und ihre Entwicklung mit großzügigen finanziellen Hilfen unterstützte, drängten insbesondere südliche EU-Staaten wie Spanien darauf, den Mittelmeerraum stärker in den Fokus zu nehmen. Gleichzeitig wurde deutlich, dass die EU ein Eigeninteresse an einer verbesserten Kooperation mit den Mittelmeerdrittstaaten hat, um Sicherheitsherausforderungen wie illegale Einwanderung und Terrorismus effektiv angehen zu können. 1995 wurde schließlich die Euro-Mediterrane Partnerschaft (EMP) zwischen der EU und den südlichen Mittelmeeranrainern (einschließlich Jordaniens, Libyen hat Beobachterstatus) ins Leben gerufen. Nach ihrem Gründungsort wird die EMP auch „Barcelona-Prozess" genannt. Vereinbart wurden ein politischer Dialog, ein kultureller und sozialer Austausch sowie die Intensivierung der wirtschaftlichen Beziehungen, die insbesondere über die Errichtung einer euromediterranen Freihandelszone gefördert werden sollten. 2005 einigte man sich außerdem auf eine verstärkte Kooperation im Bereich Justiz und Inneres. Zur Umsetzung dieser Ziele stellte die EU über das Finanzierungsinstrument „Meda" von 1995 bis 2006 rund 13 Milliarden Euro zur Verfügung. Seither wird der Barcelona-Prozess über das Europäische Nachbarschafts- und Partnerschaftsinstrument (ENPI) finanziert. Auch wenn der Barcelona-Prozess ein innovatives Forum zur politischen, wirtschaftlichen und kulturell-sozialen Kooperation im Mittelmeerraum darstellte, konnten bisher nur wenig konkrete Erfolge realisiert werden. Nicht zuletzt war es der ungelöste Nahostkonflikt, der Fortschritte immer wieder verhindert hatte.

Angesichts der zunehmenden Unzufriedenheit mit dem Barcelona-Prozess und aus innenpolitischen Erwägungen heraus lancierte Nicolas Sarkozy 2007 im Zuge seines Präsidentschaftswahlkampfes das Projekt einer „Mittelmeerunion", das er nach seinem Amtsantritt weiter vorantrieb. Die neue Organisation sollte auf die Anrainerstaaten des Mittelmeeres begrenzt bleiben und in Parallelität zur Europäischen Union errichtet werden. Erst die reservierte Reaktion der südlichen Mittelmeeranrainer und der offene Widerstand innerhalb der EU – insbesondere seitens der Bundesrepublik Deutschland – veranlassten Sarkozy schließlich zur Aufgabe dieses Ansatzes. Die Initiative wurde daraufhin als Fortentwicklung der bestehenden Euro-Mediterranen Partnerschaft umdefiniert, in die weiterhin alle EU-Mitgliedstaaten einbezogen werden sollten. Die Einbettung in den Gemeinschaftsrahmen sollte auch in der Namensänderung hin zu „Union für das Mittelmeer" (UfM) zum Ausdruck gebracht werden. Im Zentrum der UfM soll die Umsetzung konkreter Projekte stehen. Beschlossen wurden der Kampf gegen die Verschmutzung des Mittelmeeres, die Verbesserung der Infrastruktur für den Seeverkehr, Kooperation im Zivil- und Katastrophenschutz, der Ausbau alternativer Energiequellen vor allem im Solarbereich, Zusammenarbeit in Wissenschaft und Forschung sowie die Förderung kleinerer und mittlerer Unternehmen. Rasch zeigte sich aber, dass die Union für das Mittelmeer die selbstgesteckten Erwartungen nicht erfüllen konnte. Neben den EU-internen Schwierigkeiten beim Aufbau des neuen Sekretariats in Barcelona und Inkonsistenzen im Bezug auf die bestehende EU-Mittelmeerpolitik trug der eskalierende Nahost-Konflikt dazu bei, dass die Initiative nie recht an Fahrt gewann.

Erhöhte Relevanz erhielt die südliche Nachbarschaft der EU, als in der arabischen Welt ein epochaler Transformationsprozess begann, der allerdings sehr langwierig und je nach Land differenziert verläuft. Die Selbstverbrennung eines jungen Gemüsehändlers in der tunesischen Provinz am 17. Dezember 2010 löste eine Protestwelle aus, die – befördert von neuen sozialen Medien und pan-arabischen Fernsehsendern – fast in der ganzen Region ihren Widerhall fand. Herrscher, die über Jahrzehnte regiert hatten, wie Ben Ali in Tunesien, Mubarak in Ägypten und Gaddafi in Libyen, verloren 2011 ihre Macht.

Für die Europäische Union stellt dies zum einen eine Chance für eine demokratische und ökonomisch dynamischere Entwicklung in ihrer südlichen Nachbarschaft dar. Zum anderen stieg mit den oft als „Arabischer Frühling" bezeichneten Transformationsprozessen das Risiko einer Destabilisierung und eines Machtvakuums in der Region. Nach anfänglichem Zögern hatten sich die Europäer für eine Unterstützung der arabischen Protest- und Demokratiebewegungen ausgesprochen. Für ihre langjährige Zusammenarbeit mit den nun geschassten Autokraten des südlichen Mittelmeers musste die Europäische Union viel Kritik einstecken. Im Zuge der Umbrüche in der arabischen Welt richtete sie ihre Nachbarschaftspolitik, die sich bereits seit Herbst 2010 auf dem Prüfstand befand, stärker auf die Förderung der Zivilgesellschaft sowie von Demokratie und Rechtsstaatlichkeit in der Zielregion aus. Auch sollte das Konditionalitätsprinzip in Zukunft stärker berücksichtigt werden: Die Zusammenarbeit mit denjenigen Partnerländern sollte vertieft werden, die Reformfortschritte machen und demokratische Mindeststandards einhalten („*more for more*"). Zusätzlich zu dieser Reform der Europäischen Nachbarschaftspolitik, die für die südliche und östliche Nachbarschaft gleichermaßen gilt, schnürte die EU ein eigenes Maßnahmenpaket für die arabischen Transformationsländer.

Infokasten 26: Die EU und der „Arabische Frühling"

Unter dem Motto der drei „M" – *money, market, mobility* – hat die Europäische Union 2011 verschiedene Maßnahmenpakete verabschiedet, mit denen die Transformation der arabischen Mittelmeeranrainer unterstützt werden soll. Für die Periode 2011-2013 wurden die ENP-Mittel (für die südlichen und östlichen Nachbarn) um 1,2 Milliarden Euro erhöht (zusätzlich zu den vorgesehenen 5,7 Milliarden). Speziell für die arabischen Transformationsstaaten kon zipiert wurde das Programm „SPRING" *(Support for Partnership,*

Reform and Inclusive Growth) mit einem Volumen von 350 Millionen Euro. Zudem intensivierte die EU bestehende Programme in der Region zur Stärkung von Bildung und Zivilgesellschaft, wie beispielsweise die Vergabe von Stipendien. Das Mandat der Europäischen Bank für Wiederaufbau wurde auf die südlichen Nachbarn ausgeweitet. Bei der Erleichterung von Marktzugang und Mobilität aus den südlichen Nachbarländern konnten hingegen keine raschen Fortschritte erzielt werden. Dem außenpolitischen Interesse der EU stehen hier Bedenken hinsichtlich Konkurrenz für die heimische Landwirtschaft und hinsichtlich der inneren Sicherheit bzw. der Migrationskontrolle entgegen.

8.5 Die transatlantischen Beziehungen

Europa und die USA sind politisch, kulturell und wirtschaftlich verflochten, wie nur wenig andere Regionen in der Welt. Über 60 Prozent der Direktinvestitionen in der EU kommen heute aus den USA und umgekehrt stammen etwa mehr als die Hälfte aller Auslands-Direktinvestitionen in den USA aus Ländern der Europäischen Union. Der transatlantische Handel bei Waren macht ein Drittel des Welthandels aus, bei Dienstleistungen sind es sogar fast 50 Prozent. Zur Verbesserung der ökonomischen Beziehungen wurde 1998 eine transatlantische Wirtschaftspartnerschaft (TEP) und 2007 der „Transatlantic Economic Council" (TEC) eingerichtet.

Die enge Verbundenheit zwischen Europa und den USA hat tiefe historische Wurzeln. Die Vereinigten Staaten waren aus der Ideenwelt der europäischen Aufklärung entstanden. Die Emigration in die Neue Welt stellte für viele Europäer einen Akt der Befreiung aus europäischem Leid dar. Die Ideale, Sitten und religiösen Überzeugungen für den Aufbau dieser Neuen Welt wurden dabei aus Europa mitgebracht. Auch der praktische Überbau der neuen amerikanischen Gesellschaft, das Rechts- und Verwaltungssystem, stammte aus Europa. Umgekehrt hat Amerika immer auch eine wichtige Rolle in der europäischen Ideenwelt und Politik gespielt. Außenpolitisch galt für die Amerikaner indes lange Zeit das Credo, das ihnen schon ihr erster Präsident George Washington ins Stammbuch geschrieben und das Thomas Jefferson in seiner Inaugurationsrede 1801 bestätigt hatte: das Vermeiden jeglicher fesselnder Allianzen („entangling alliances"), die eine Verwicklung in fremde Machtspiele nach sich ziehen könnten. Diese Haltung begann sich in der Zeit ab 1890 zu ändern, bis die USA schließlich mit dem Kriegseintritt 1917 den endgültigen Einstieg in die europäische Politik vollzogen. Nach dem Zweiten Weltkrieg schließlich blieben die Vereinigten Staaten – anders als noch nach dem Ersten Weltkrieg – auf dem europäischen Schauplatz präsent. Begründet auf dem gemeinsamen Interesse, die Sowjetunion einzudämmen, Westeuropa wieder aufzubauen und eine liberale Handelsordnung zu errichten, entwickelte sich ein enges transatlantisches Verhältnis. Die Gründung von Institutionen im Bereich der Sicherheitspolitik (NATO) sowie der Wirtschafts- und Handelspolitik (GATT, Internationaler Währungsfonds, Weltbank) gaben der Kooperationen der westeuropäischen Staaten mit den USA eine stabilen und dauerhaften Rahmen.

Der Zusammenbruch der Sowjetunion und damit der Verlust des sicherheitspolitisch und ideologisch gemeinsamen Gegners veränderten die Prämissen der europäisch-amerikanischen Zusammenarbeit grundlegend. Schon bald zeigten sich Differenzen beiderseits des Atlantiks über den Umgang mit den neuen Herausforderungen und der Gestaltung der neuen Weltordnung. Diese spitzten sich nach der Wahl George W. Bushs zum U.S.-Präsidenten im Jahre 2000 weiter zu. Zu Spannungen führte vor allem die amerikanische Ablehnung des Kyoto-Protokolls, die Aufkündigung des ABM-Vertrags sowie die Annullierung der Unterschrift unter dem Statut über den Internationalen Strafgerichtshof durch die USA. Außerdem wurden mehrere teils heftige handelspolitische Kontroversen ausgetragen. Die Terroranschläge vom 11. September 2001 führten zwar zuerst zu einer Welle der Solidarität mit den Amerikanern. Der darauf folgende „Krieg gegen den Terror" der Bush-Regierung und vor allem der Einmarsch im Irak, löste dann aber in weiten Teilen Europas – insbesondere in Deutschland und Frankreich – harsche Kritik aus.

Neben der Veränderung der weltpolitischen Rahmenbedingungen trug ein Generationswechsel auf beiden Seiten zu einem atmosphärischen Wandel in den transatlantischen Beziehungen bei. Für die Generation von Reagan, Thatcher und Kohl, die ihr politisches Weltbild in der klaren Ordnung des Kalten Krieges aufgebaut hatte, galt die transatlantische Solidarität als Kern von Sicherheit und Freiheit in Westeuropa. Daraus ergab sich ein ebenso emotionales wie programmatisches Gerüst, das der Politik jenseits der Tagesinteressen eine Orientierung und ein stabiles Fundament bot. In weiten Teilen der heutigen Politikergeneration, die eine andere Sozialisation erfahren hat, dominiert hingegen eine kühl abwägende, pragmatischere

Haltung. Selbst wenn mit Barack Obama seit Anfang 2009 ein Präsident im Amt ist, der vom Unilateralismus seines Vorgängers Abstand nehmen will und in Europa herausragende Popularitätswerte genießt, so bleiben in der Sicherheits- wie Wirtschaftspolitik konzeptionelle Unterschiede auf beiden Seiten des Atlantiks bestehen. Die Vereinigten Staaten und Europa müssen in der Welt des 21. Jahrhunderts ihre Beziehungen neu definieren. Dazu gehört auch eine angepasste Lasten- und Arbeitsteilung. Angesichts der eigenen wirtschaftlichen Probleme und den kostspieligen Erfahrungen in Afghanistan und im Irak rückt in den USA, insbesondere in der zweiten Amtszeit Obamas, *„nation building at home"* in den Vordergrund. Von den Europäern fordern die Amerikaner mehr Übernahme sicherheitspolitischer Verantwortung, gerade was die Nachbarschaft der EU betrifft. Hinzu kommt, dass sich die USA zunehmend auf den Pazifik konzentrieren (*„pivot to Asia"*), wo mit China nach und nach eine zweite Weltmacht herangewachsen ist. Dass die Vereinigten Staaten und Europa nichtsdestotrotz gewillt sind, weiter eng zusammenzuarbeiten, zeigen die Diskussionen um eine transatlantische Freihandelszone, die 2013 wieder an Fahrt gewonnen haben.

Literatur

Einführende Literatur

Algieri, Franco, 2010: Die Gemeinsame Außen- und Sicherheitspolitik der EU, UTB, Wien.

Fröhlich, Stefan, 2008: Die Europäische Union als globaler Akteur. Eine Einführung, VS Verlag, Wiesbaden.

Gaedtke, Jens-Christian, 2009: Europäische Außenpolitik, UTB, Paderborn.

Joop, Mathias/Schlotter, Peter (Hg.), 2007: Kollektive Außenpolitik. Die Europäische Union als internationaler Akteur, Nomos Verlag, Baden-Baden.

Weiterführende Literatur

Bendiek, Annegret/Kramer, Heinz (Hg.), 2009: Globale Außenpolitik der Europäischen Union. Interregionale Beziehungen und strategische Partnerschaften, Nomos Verlag, Baden-Baden.

Böttger, Katrin, 2010: Die Entstehung und Entwicklung der Europäischen Nachbarschaftspolitik. Akteure und Koalitionen, Nomos Verlag, Baden-Baden.

Dialer, Doris/Neisser, Heinrich/Opitz, Anja (Hg.) 2013: The EU's External Action Service: Potentials for a one voice Foreign Policy, Innsbruck University Press, Innsbruck.

Müller-Brandeck-Bocquet, Gisela/Carolin Rüger (Hg.) 2011: The High Representative for the EU Foreign and Security Policy - Review and Prospects, Nomos Verlag, Baden-Baden.

Ratka, Edmund/Spaiser, Olga (Hg.) 2012: Understanding European Neighbourhood Policies. Concepts, Actors, Perceptions, Nomos Verlag, Baden-Baden.

Weidenfeld, Werner, 2005: Rivalität der Partner. Die Zukunft der transatlantischen Beziehungen. Die Chance eines Neubeginns, Bertelsmann Stiftung Verlag, Gütersloh.

9. Herausforderungen für die Europapolitik

Der Handlungsdruck, dem sich die Europäische Union ausgesetzt sieht, ist außerordentlich groß. Dass die Strukturen, die in den 1950er Jahren für sechs Länder entworfen wurden, die Handlungsfähigkeit der Integrationsgemeinschaft immer weniger gewährleisten konnten, ist offensichtlich. Schon seit der Einheitlichen Europäischen Akte (unterzeichnet 1986) arbeiteten die Mitgliedstaaten zusammen mit den Gemeinschaftsinstitutionen daran, die Verfahren der Entscheidungsfindung zu optimieren. Die seither unternommenen Vertragsreformen blieben jedoch stets hinter den selbstgesteckten Zielen zurück. Ein Tiefpunkt war der gescheiterte Gipfel von Nizza im Jahre 2000. Erst mit dem Inkrafttreten des Vertrags von Lissabon am 1. Dezember 2009 konnte die jahrelange Phase institutioneller Stagnation beendet werden.

Die Hoffnungen und Erwartungen, die man in den Vertrag von Lissabon gesteckt hatte, waren groß. Zwar war man sich bewusst, dass insbesondere in puncto Transparenz und Verständlichkeit noch Schwächen zu beheben waren. Lissabon galt trotzdem als Errungenschaft. Zentrale Reformvorhaben aus dem 2005 in Frankreich und den Niederlanden gescheiterten Verfassungsvertrag konnten übernommen werden. Die neue vertragliche Grundlage der Union war weder eine bloße Einigung auf den kleinsten gemeinsamen Nenner, noch als Provisorium gedacht. Die Staats- und Regierungschefs der Mitgliedsstaaten ahnten, dass dieser Vertrag erst einmal den vorläufigen Schlusspunkt der Reformen markieren könnte. Deshalb stand im Mittelpunkt dieser Reformen das Bemühen, die Handlungsfähigkeit der EU, die 2004 ihren bislang größten Erweiterungssprung gemacht hatte, langfristig zu erhöhen. Doch die Finanz-, Wirtschafts-, Verschuldungs- und Währungskrisen, die den Kontinent seit 2008 erschüttern und die auch eine Krise des politischen Vertrauens bedeuten, haben die Defizite schonungslos offengelegt, die mit dem Vertrag von Lissabon und der Art und Weise seiner Implementierung nicht behoben werden konnten.

Die Akkumulation der Krisen überforderte die politische Klasse. Sie konnte keine normative Orientierung bieten. Schuldenberge wurden angehäuft. In Europa grassiert nunmehr die Angst um das eigene Geld und – gerade in Südeuropa – um den eigenen Arbeitsplatz. Folgerichtig kommen Zweifel an Handlungsfähigkeit und Legitimation der EU auf. Hinweise auf die Entmündigung des Bürgers durch das Monster Europa werden zum Bestseller. Krisenmanagement wird zum eigentlichen Inhalt und zum Erscheinungsbild der Politik. Wäre es eingebettet in eine klare Strategie und Perspektive, dann könnte man alledem ein Stück von seiner Dramatik nehmen. Aber das ist nicht der Fall. Jeder einzelne Schritt, jeder Kompromiss steht praktisch kontextlos da. Weit über zwei Drittel der Bürger Europas bekennen, dass sie das alles nicht verstehen. Zum eigentlichen Kern des Problems ist diese Orientierungslosigkeit geworden. Neben der Schaffung von Orientierung, gehören die Neuordnung der Führungsstruktur, eine strategische Gestaltung differenzierter Integration und die Gewährleistung von Legitimation und Bürgernähe zu den zentralen Aufgaben, denen sich die Europapolitik – jenseits der kurzfristigen Bearbeitung der „Euro-Krise" (siehe dazu Kapitel 7.3.) – zu stellen hat

Die Führungsstruktur ordnen

Mit dem Vertrag von Lissabon sollte eine europäische Führungsebene etabliert werden, die Verantwortung nach innen trägt und zugleich als „Aushängeschild" der Union fungiert. Es galt, die oft als bürokratisch wahrgenommene EU viel stärker zu personalisieren. Entscheidungen sollten damit zurechenbar, Politik greifbarer werden. Doch der Vertrag von Lissabon hat zwar ein Arsenal von Führungsämtern komponiert, aber deren Zuordnung offen gelassen. Der Präsident des Europäischen Rates, der Präsident des Ministerrates, der Präsident der Kommission, der Hohe Vertreter für Außen- und Sicherheitspolitik, der Vorsitzende des Euro-Rates – alle diese Ämter arbeiten allzu oft nebeneinander her. In diesem Dschungel von Führungsverantwortungen mischen sich die Staats- und Regierungschefs der großen Mitgliedsstaaten und inzwischen auch das selbstbewusster auftretende Europäische Parlament ein. Ein effektiver, zielführender Entscheidungsprozess ist auf diese Weise nicht zu organisieren. Effektivität und erfahrbare Führung sieht anders aus.

Deshalb steht die Neuordnung der Macht in Europa an. Die traditionell eher integrationspolitisch orientierten Entscheidungsträger wollen weiterhin Kommission und Parlament stärken. Das Europäische Parlament war bei allen neuen Verträgen seit der Gründung der EWG 1957 der eigentliche Gewinner. So soll es aus seiner Sicht weitergehen. Es lässt die kompetenzgestärkten Muskeln spielen. Sein Präsident Martin Schulz sagte der „Vergipfelung der Politik" den Kampf an. Aber dennoch gingen die eigentlichen Impulse zum Fiskalpakt von den Regierungen der großen Euro-Mitgliedstaaten aus. Deutschland und Frankreich bildeten ein Führungstandem. Sie waren nicht immer und von Anfang an einer Meinung. Dazu sind die politisch-ökonomischen Kulturen zu verschieden. Aber beide hatten erkannt, dass eine angemessene Antwort auf die Krise nur zu finden ist, wenn sie beide gemeinsam die Initiative ergreifen. Und so geschah es.

Als Sonderthema wurde in der Europadebatte der letzten Jahre kritisch beleuchtet, ob Deutschland die eigentliche Führung übernommen habe und ob dies angemessen sei. Die übliche politische Dialektik wurde ausgelöst: Wenn es an Führung in Europa fehlt, dann wird sie eingefordert; wenn Führung geleistet wird, dann wird sie kritisiert und beklagt. Es war nicht ungeschickt, dass Frankreich und Deutschland immer wieder Italien unter Mario Monti, der bis Ende 2012 dort Regierungschef war, in diesen Führungszirkel einbezogen. Ein weiteres Sonderthema bot Großbritannien. Es sagte „Nein" zu einem Gemeinschaftsvertrag zur Fiskalunion – ganz im Sinne seiner traditionellen Politik. Es beteiligte sich aber auf Arbeitsebene an den Ausarbeitungen – auch im Sinne seiner Tradition.

Wenn man alles summiert, dann wird klar, dass es um mehr geht, als „nur" um die Fiskalunion oder „nur" um die verbesserte *governance* des Euroraumes – es handelt sich um einen dramatischen Machtkampf in Europa. An der Oberfläche wird medial angemessen gelächelt, hinter den Kulissen wird um Einfluss hart gekämpft. Jenseits des Ringens der Mitgliedstaaten um Macht und Einfluss muss die Führungsstruktur der Europäischen Union weiter geklärt werden.

Differenzierte Integration gestalten

Zu einer Fortentwicklung der Führungskultur in einer nun erheblich größeren Europäischen Union gehört auch eine strategische Gestaltung differenzierter Integration. Bereits in den 1990er Jahren, als mit der Wirtschafts- und Währungsunion und dem bevorstehenden Beitritt neuer Mitgliedstaaten aus Mittel- und Osteuropa Strategien zur Vertiefung und Erweiterung parallel verfolgt wurden, besannen sich Europas Spitzenpolitiker einer Idee, die Willy Brandt und Leo Tindemans bereits 20 Jahre zuvor geprägt hatten und die Fragen der Führungsstrategie mit Fragen der Identität kombiniert: die differenzierte Integration. In den verschiedenen Politikbereichen sind seitdem Integrationsschritte erfolgt, an denen sich nicht alle EU-Mitgliedstaaten beteiligen. Die Eurozone, der Schengen-Raum und weitere Projekte zeigen, dass die differenzierte Integration schon seit etlichen Jahren ein fester Bestandteil des Integrationsprozesses ist. Im Zuge der integrationspolitischen Antworten auf die „Euro-Krise", bei denen den Mitgliedstaaten mit gemeinsamer Währung naturgemäß eine besondere Rolle zukommt, hat sich diese Differenzierung noch verstärkt.

Differenzierte Integration kann dabei als Laboratorium für das Innovationspotenzial der EU dienen. Die Heterogenität und die schiere Zahl unterschiedlicher Interessen laden geradezu dazu ein, Projekte voranzutreiben, die von einer Gruppe von Staaten für wichtig erachtet werden, die aber keine Realisierungschance im Geleitzug der ganzen Union haben. Dabei bedeutet differenzierte Integration nicht, eine Zweiklassengesellschaft der europäischen Staaten einzuführen. Stattdessen sollten dort, wo eine Vertiefung gegenwärtig nicht mit allen Mitgliedsstaaten erfolgen kann, gezielt sachorientierte Kooperationsformen entstehen. Ist ein solches Projekt dann erst einmal erfolgreich umgesetzt, wird dieses die notwendige Anziehungskraft für den Beitritt weiterer Staaten entwickeln.

Differenzierte Integration ist keine Gefahr, sondern eine Chance. Wer europäische Handlungsfähigkeit optimieren will, der muss sich den Mühen europäischer Selbstverständigung unterziehen. Die politischen und kulturellen Eliten müssen ihr Verständnis der Risiken und Chancen ineinander verweben. Die Mühe der Vorverständigung und der strategischen Zukunftsperspektive muss man in Europa auf sich nehmen, will man nicht immer wieder infantil beginnen und die alten Fehler wiederholen. Doch hat die Vergangenheit gezeigt, dass solche Verständigungsprozesse in einem Europa der 27 Mitgliedsstaaten Zeit brauchen – Zeit, welche die EU längst nicht mehr hat. Viel zu lange hat sie schon die politisch-kulturelle Dimension der Europäischen Integration vernachlässigt. Die differenzierte Integration bietet die Chance, die Handlungsfähigkeit der Union zu sichern, ohne Fragen der Selbstverständigung zu ignorieren.

Die Legitimation Europas sichern

Der Machtzuwachs Europas ist unübersehbar; der Bedeutungsschub Europas ist greifbar; der Souveränitätsverzicht der Staaten geht weiter. Zur Krisenbewältigung wird ein „mehr Europa" gefordert. Aber wird dies alles von den Menschen mitvollzogen? Bedeutet etwa ein „mehr Europa" nicht zugleich ein „weniger Demokratie"? Die Frage nach der Legitimation Europas ist gestellt.

Das Bundesverfassungsgericht hat bereits die rote Linie aufgezeigt. Es wird eingreifen, wenn der Souveränitätsverzicht die Staatlichkeit Deutschlands angreift. Die plakativen Forderungen sind bekannt: Mehr Macht für den Bürger, Volksabstimmungen über den Euro. Die Unzufriedenheit vieler Europäer führte in ungewöhnlich vielen EU-Mitgliedsstaaten zu Regierungswechseln und zu wachsenden Anteilen des rechten Populismus. Dass sich die „Euro-Rettungspolitik" aus Brüssel der Zustimmung der europäischen Bevölkerungen keineswegs sicher sein kann, hat nicht zuletzt die Wahl im Februar 2013 in Italien gezeigt, in der Protestparteien starke Zustimmung erfahren haben.

Der demokratische Wahlakt als Ausdruck der Volkssouveränität bietet die fundamentale Quelle moderner Legitimation. Aber im Blick auf das Europäische Parlament ist bisher nicht die Gleichheit der Wahl gewährleistet. Auch die Distanz zwischen Europäischem Parlament und europäischem Bürger erscheint immer noch als sehr groß. Die im Vertrag von Lissabon vorgesehene Bürgerinitiative ist hierfür keine grundsätzliche Lösung, wenngleich sie durchaus Akzente setzen kann, wie beispielsweise die relativ breite öffentliche Diskussion um die umstrittene EU-Wasserrichtlinie zeigte.

Verschärft wird die Distanz zwischen „Europa" und seinen Bürgern durch die anstehenden Erweiterungen der Europäischen Union – über Kroatien hinaus. Es stehen dann an: Montenegro, Serbien, Mazedonien, Albanien, Kosovo – nicht zu vergessen, die Türkei.

Die Distanz der Menschen zur Politik muss wieder reduziert werden, soll Europa handlungsfähig bleiben. In der Europäischen Union sind die Bürger dabei, der Politik ihr Vertrauen zu entziehen. Europa mutiert zur Misstrauensgesellschaft. Die Verfahren des Rechtsstaates und der Demokratie sind der Bevölkerung fremd geworden. Die Bürger wollen mitmachen, ihr Schicksal selbst in die Hand nehmen und nicht bloß Objekte ferner Entscheidungsinstanzen sein. In jedes Thema müssen die Europäer frühzeitig und direkt einbezogen werden. Nicht zuletzt eröffnen Internet-TV, Facebook und Twitter eine neue Welt der Mitwirkung, die dann auch in die persönliche Begegnung übergehen kann. „Partizipationslotsen", Planspiele, Jugendparlamente und vieles mehr – neue Wege der Vermittlung Europas gibt es durchaus. Nur müssen sie intensiver und strategischer genutzt werden. Die europäischen Institutionen müssen in intensivierter Direktheit vor Ort die Kontroverse initiieren und organisieren. Die Präsenz vor Ort kann zum Schlüssel neuen Verstehens werden: „Going local" sollte ein künftiges Motto werden, das Europa erlebbarer macht.

Strategische Orientierung schaffen

Das alles muss eingebettet sein, in einen Erklärungs- und Begründungszusammenhang für die europäische Integration. Der historische Hinweis auf die Gründerzeiten reicht dazu keineswegs aus. Manche politische Kulisse der Integration stammt noch aus den Gründerzeiten, als Antwort auf Krieg und Frieden zu geben war – oder dann, als die Einigung Europas politisches Überlebensprinzip im weltpolitischen Konflikt zwischen Ost und West war. Es bedarf jetzt der Verständigung auf einen neuen Begründungszusammenhang, um die Großmacht Europa zu verstehen. Schließlich hat es einen immensen Machttransfer nach Europa gegeben. Reichte es einst, auf die Frage nach europäischer Zuständigkeit mit dem Hinweis auf Agrarmarkt und Außenzoll zu antworten, so muss man heute umgekehrt argumentieren. Die 500 Millionen Menschen mit großem ökonomischem Potenzial und umfassender militärischer Ausstattung haben die EU in den Rang einer Weltmacht befördert. Umso dringlicher wird es, diese Weltmacht aus taumelnder Orientierungslosigkeit zu befreien.

Nur dann wird Europa eine zukunftsfähige Form finden können. Die Alternativen lassen sich beobachten: In fast jedem Mitgliedstaat gibt es Fluchtbewegungen aus der Komplexität der Lage in die einfache Formel des populistischen Extremismus. Das zu lösende Kernproblem ist klar: die Diskrepanz zwischen internationalisierter Problemstruktur, teilweise nationaler, teilweise europäischer Entscheidungsstruktur und nationaler Legitimation. Diese Diskrepanz ist nur zu überwinden, wenn der Machttransfer auf die europäische Ebene eine klare Deutung und eine transparente Erklärung erhält. Die Europapolitik darf sich nicht im gegenwärtigen Status quo der Reform erschöpfen. Denn angesichts der Erosion des gemeinsamen Symbolhaushalts lautet der aktuelle Befund: Europa braucht Ziele, Perspektiven, Orientierungen. Es muss eine strategische Kultur aufbauen. Was fehlt, ist eine neue Perzeption Europas, eine neue kulturelle Nutzung der Vertragsgrundlagen und ein neuer Zugriff auf die Zusammenhänge. Wer die große Zeitenwende Europas positiv beantworten will, der benötigt einen anderen kulturellen Umgang mit Europa.

Neue Vitalität wird Europa nicht aus bürokratischen Mammutverträgen erwachsen. Europa kann heute vor allem als die rettende, elementare Antwort auf die Globalisierung ein neues Ethos entfalten. In der Globalisierung liegt die Idee für die neue, kraftvolle Begründung. Ein Aufbruch aus der „zweiten Eurosklerose" kann nur vermitteln, wer die Kunst der großen Deutung beherrscht. Am Beginn steht die Globalisierung mit ihren dramatischen Konsequenzen für jeden Einzelnen. Europa liefert die Antwort darauf mit seinem strategischen Konzept der Differenzierung nach innen und nach außen. Nur die Union kann schlüssige Antworten liefern, nur die Gemeinschaft ist stark genug, den einzelnen Staaten Schutz, Ordnung und Individualität zu garantieren. Europa hat das Potenzial zur Weltmacht. Allerdings muss dieses Potenzial angemessen organisiert und mit dem Geist europäischer Identität erfüllt werden.

Eine mächtige politische Wirklichkeit, die ihre Identität sucht, braucht den Ort repräsentativer Selbstwahrnehmung. In der klassischen Lehre der repräsentativen Demokratie ist dieser Ort das Parlament. Das Europäische Parlament und die nationalen Parlamente sind heute aber weit davon entfernt der öffentliche Ort der Selbstwahrnehmung einer Gesellschaft mit ihren Zukunftsbildern und Hoffnungen, mit ihren Ängsten und Konflikten zu sein. Das Europäische Parlament muss also – wie auch die nationalen Parlamente – seine Rolle neu verstehen. Identität wird durch einen gemeinsamen Erfahrungshorizont kreiert. Die Möglichkeiten hierzu bieten sich in Europa schon jetzt. Die Dichte integrativer Verbindung hat drastisch zugenommen. Längst ist es nicht mehr die bloße Zollunion oder dann nur der Binnenmarkt. Die Wirtschafts- und Währungsunion hat einen schicksalhaften Schub des „Aufeinander-angewiesen-seins" ausgelöst. Auch aus der internationalen Politik kommen fast täglich Anfragen – sei es zum UN-Sicherheitsrat, sei es zur Transformation im arabischen Raum, sei es im Nahost-Konflikt oder in den Klima-Regimen. Aber eine kompakte europäische Antwort bleibt bisher aus. Allzu lange kann sich Europa dies nicht erlauben. Vielmehr muss es sich als Strategiegemeinschaft verstehen. Dies alles geht nicht von heute auf morgen. Und nicht jeder wird jeden Schritt mitgehen wollen. Entscheidend aber ist es, diese Tatsache nicht allein als Problem, sondern auch als strategische Chance für die Zukunft Europas zu sehen.

Literatur

Algieri, Franco/ Emmanouilidis, Janis A., Maruhn/Roman, 2003: Europas Zukunft – Fünf EU-Szenarien, C·A·P Working Paper, München 05/2003 (online unter: www.cap.uni-muenchen.de/publikationen/cap/szenarien.htm).

Beck, Ulrich, 2012: Das deutsche Europa – Neue Machtlandschaften im Zeichen der Krise, Suhrkamp Verlag, Berlin.

Enzensberger, Hans Magnus, 2011: Sanftes Monster Brüssel oder Die Entmündigung Europas, Suhrkamp Verlag, Berlin.

Generalsekretariat des Rates/Rat der Europäischen Union (Hg.), 2011: Projekt Europa 2030. Herausforderungen und Chancen. Bericht der Reflexionsgruppe über die Zukunft der EU 2030 an den Europäischen Rat, Dictus Publishing, Mauritius.

Habermas, Jürgen, 2011: Zur Verfassung Europas, Suhrkamp Verlag, Berlin.

Piris, Jean-Claude, 2012: The Future of Europe: Towards a two-speed EU? Cambridge University Press, Cambridge

Weske, Simone, 2011: Europapolitik im Widerspruch. Die Kluft zwischen Regierenden und Regierten, VS Verlag, Wiesbaden.

Register